非法证据排除规定和规程理解与适用

戴长林◎主编

法律出版社
LAW PRESS·CHINA

编 写 人 员

戴长林	罗国良	刘静坤
鹿素勋	朱晶晶	温小洁
魏　军	冯喜恒	王　彪

缩 略 语 表

序号	文件全称	文件简称	文号
1	最高人民法院、最高人民检察院、公安部、国家安全部、司法部《关于办理刑事案件严格排除非法证据若干问题的规定》	《严格排除非法证据规定》	法发〔2017〕15号
2	最高人民法院、最高人民检察院、公安部、国家安全部、司法部《关于办理刑事案件非法证据若干问题的规定》	《非法证据排除规定》	法发〔2010〕20号
3	最高人民法院《关于适用〈中华人民共和国刑事诉讼法〉的解释》	《法院解释》	法释〔2012〕21号
4	《人民检察院刑事诉讼规则(试行)》	《检察院规则》	高检发释字〔2012〕2号
5	《公安机关办理刑事案件程序规定》	《公安程序规定》	公安部令第127号
6	最高人民法院、最高人民检察院、公安部、国家安全部、司法部《关于推进以审判为中心的刑事诉讼制度改革的意见》	《改革意见》	法发〔2016〕18号
7	最高人民法院《关于全面推进以审判为中心的刑事诉讼制度改革的实施意见》	《实施意见》	法发〔2017〕5号
8	《人民法院办理刑事案件排除非法证据规程(试行)》	《法院排非规程》	法发〔2017〕31号
9	《人民法院办理刑事案件庭前会议规程(试行)》	《法院庭前会议规程》	法发〔2017〕31号
10	《人民法院办理刑事案件第一审普通程序法庭调查规程(试行)》	《法院庭审规程》	法发〔2017〕31号

目录

最高人民法院、最高人民检察院、公安部、国家安全部、司法部《关于办理刑事案件严格排除非法证据若干问题的规定》的理解与适用

一、一 般 规 定

第一条　严禁刑讯逼供和以威胁、引诱、欺骗以及其他非法方法收集证据，不得强迫任何人证实自己有罪。对一切案件的判处都要重证据，重调查研究，不轻信口供。

【条文要旨】

本条重申了刑事诉讼法的相关规定，强调严禁以非法的方法收集证据，明确规定不得强迫任何人证实自己有罪，强调重证据，重调查研究，不轻信口供。

【条文释义】

一、严禁刑讯逼供，实行非法证据排除规则

犯罪的反社会性与侦查的正义性决定了对抗性是侦查活动的永恒规律，[1]侦查活动本身所具有的对抗性则决定了犯罪侦查是一种具有博弈性的活动。具体来说，侦查人员的任务是查明犯罪事实并捕获犯罪人，从而维护

---

① 刘品新：《反侦查行为——犯罪侦查的新视角》，中国人民大学出版社2011年版，第1页。

国家的法律和秩序，保护公民的合法权利；而犯罪人为了保护自己和实现犯罪目的，就要千方百计逃避侦查和对抗侦查，竭尽全力掩盖案情真相并使侦查误入歧途。于是，侦查人员与犯罪人之间便形成了“侦查与反侦查”“犯罪与反犯罪”的对抗。[①] 由于侦查活动所具有的这种对抗性，当侦查人员面临命案必破、限期破案等各种压力时，就可能会违反法定程序使用违法方法收集证据。众所周知，非法取证不仅侵犯人权，所获得的证据也很有可能是虚假的。因此，世界各法治发达国家均严禁以非法的方法收集证据，实行非法证据排除规则，我国亦不例外。

（一）非法证据排除规则的产生和发展

我国非法证据排除规则的产生和发展，具有特定的历史和制度背景。从现有的排除规则看，既借鉴域外的先进理念，又立足中国国情和司法实际，尽可能适应刑事诉讼制度改革和发展的需要。

1979 年刑事诉讼法严禁刑讯逼供和以威胁、引诱、欺骗以及其他非法的方法收集证据，当时的立法之所以重点关注刑讯逼供等问题，主要是由于早期缺乏规范的刑事诉讼程序，刑讯逼供等非法取证行为大量存在，不仅严重侵犯人权，而且导致了冤假错案发生。但当时的刑事诉讼强调惩罚犯罪，偏重实体真实，非法证据排除规则缺乏产生的土壤。

1996 年刑事诉讼法修改，强调兼顾惩罚犯罪和保障人权，程序公正的观念开始得到认可，在修法过程中，已有专家学者建议确立非法证据排除规则，但由于有关部门对此仍有较大争议，该次修法并没有确立非法证据排除规则。1998 年和 1999 年“两高”陆续出台的刑事诉讼法司法解释才分别规定，采用刑讯逼供或者威胁、引诱、欺骗等非法方法取得的证人证言、被害人陈述、被告人供述，不能作为指控犯罪的根据和定案的根据。这是在规范层面首次确立非法言词证据的排除规则。有学者指出，遏制刑讯逼供等严重违法取证行为是非法证据排除规则确立的出发点，该规则正是力图从证据规则的层面解决长期困扰中国司法实践的刑讯逼供难题。与此相适应，在该规则的适用范围上，也是首先排除采用刑讯逼供等非法方法收集的犯罪

---

① 何家弘：《亡者归来——刑事司法十大误区》，北京大学出版社 2014 年版，第 36 页。

嫌疑人、被告人供述。从司法实践的运行状况看,各部门也将非法证据排除规则的适用主要集中在对通过刑讯等非法方法收集的供述的排除上。[①] 应当说,这种认识是比较中肯的。“两高”司法解释所确立的非法言词证据排除规则,主要目的就是遏制刑讯逼供,同时也应当认识到,以遏制刑讯逼供为目的确立的非法言词证据排除规则,实际上是以防范冤假错案的共识为基础的。

根据中央司法改革部署,2010 年“两高三部”联合出台《非法证据排除规定》,较为系统地建立了非法证据排除规则。与之前的司法解释相比,该规定扩大了非法证据的范围,除采用刑讯逼供等非法方法收集的言词证据外,还规定了非法实物证据的裁量排除规则,更重要的是建立了非法证据的排除程序和举证责任规则,使排除规则在司法实践中具有了可操作性。该规定的基本思路是:以规范司法行为、促进司法公正为目标,在中国现有法律框架下,借鉴与吸收国内优秀研究成果和国外有益经验,结合办理刑事案件工作实际,为排除非法证据制定具体化、程序化的操作规程,避免因为采纳非法证据而导致冤假错案的发生。[②] 与之前司法解释规定的主要关注证据真实性的非法言词证据排除规则相比,2010 年《非法证据排除规定》已经转向对正当程序和人权保障的关注。这与当时的时代背景和法治发展进程是分不开的。2004 年宪法修改,明确将“国家尊重和保障人权”写入宪法,这对刑事诉讼领域产生了深远的影响。尽管中国宪法和刑事诉讼法之间的关联不如美国、德国等国那样紧密,但刑事诉讼法作为“小宪法”的观念已经深入人心,如何加强刑事诉讼领域的人权保障,在当时成为理论界热议的焦点。有学者指出,非法证据排除规则作为一项程序性制裁措施,被赋予制裁警察程序性违法的使命;作为一种权利救济手段,被用作维护被告人权利的程序保障。[③]

2012 年刑事诉讼法修改,吸收了 2010 年《非法证据排除规定》的主要内

---

① 闵春雷:《非法证据排除规则适用问题研究》,载《吉林大学社会科学学报》2014 年第 2 期。

② 吕广伦等:《〈关于办理刑事案件排除非法证据若干问题的规定〉理解与适用》,载《人民司法》2010 年第 13 期。

③ 陈瑞华:《非法证据排除规则的理论反思》,载《法律适用》2006 年第 6 期。

容,在立法层面正式确立了非法证据排除规则,这不仅极大地提高了刑事程序法治的总体水平,也使得中国具备了与国外就非法证据排除规则进行制度比较的立法基础。“两高”在刑事诉讼法修改后陆续出台司法解释,对法律所规定的非法证据排除规则作出了进一步细化的规定。目前,一些国家尚未在立法和规范层面确立系统的非法证据排除规则,就这一点而言,中国的非法证据排除规则已经在规范层面取得了一定的成就。但是,与法治发达国家相比,中国的非法证据排除规则仍然有较大的发展空间,尚未完全发展到政策性规则的水平。囿于一些办案人员的传统观念,非法证据排除规则的适用尚未脱离对证据真实性的关注。有的办案人员仍然是以证据是否真实可靠为标准来认定非法证据。即使是刑讯逼供取得的被告人供述,如果能与其他证据印证,一些办案人员也不愿予以排除。这种司法现状弱化了非法证据排除规则的功能,在一些案件中甚至架空了非法证据排除规则。

需要指出的是,2013 年十八届三中全会《关于全面深化改革若干重大问题的规定》在“推进法治中国建设”部分专门指出,完善人权司法保障制度,并明确要求,严禁刑讯逼供、体罚虐待,严格实行非法证据排除规则。2014 年党的十八届四中全会《关于全面推进依法治国若干重大问题的决定》在“保证公正司法,提高司法公信力”部分专门指出,推进以审判为中心的诉讼制度改革,健全落实非法证据排除的法律制度,完善对限制人身自由司法措施和侦查手段的司法监督,加强对刑讯逼供和非法取证的源头预防。非法证据排除规则能够被写入中央新时期全面深化改革、全面推进依法治国的重要文件,这说明该制度的重要性已经得到普遍的认可。同时,中央改革文件是从加强人权司法保障、保证公正司法等角度,要求严格实行非法证据排除规则,健全落实非法证据排除的法律制度,这说明中央对非法证据排除规则的定位更加科学、合理,已经凸显出排除规则的政策性功能,其中侧重提到了刑讯逼供、非法取证的治理和预防,这与中国的法制传统有紧密关联。特别是四中全会决定提到推进以审判为中心的诉讼制度改革,要求完善对限制人身自由司法措施和侦查手段的司法监督,加强对刑讯逼供和非法取证的源头预防,这些都有助于进一步完善非法证据排除规则,并且有助于推进非法证据排除规则的贯彻落实。根据中央改革部署,“两高三部”联合出台的《严格排除非法证据规定》,已经将程序公正、人权保障作为重要的考量因素,非法证据排除规则的政策性功能正在逐步增强。

(二)不得强迫任何人证实自己有罪原则

2012年刑事诉讼法修改,第50条[①]在重申“严禁刑讯逼供和以威胁、引诱、欺骗以及其他非法方法收集证据”的基础上,增加规定:“不得强迫任何人证实自己有罪。”不得强迫任何人证实自己有罪原则的确立,对于强化无罪推定理念、转变司法观念具有重要的意义。(1)这是刑事诉讼法原则性质的规定,这一规定具有重要的法律引领和引导作用,体现了我国刑事诉讼制度对于程序公正的重视,体现了社会主义法治理念,体现了现代诉讼理念;(2)从原则和理念上进一步强化对于刑讯逼供的严格禁止;(3)与国际公约的有关规定相衔接,如“不得强迫任何人证实自己有罪”的规定与我国参加的《公民权利和政治权利国际公约》中“不得强迫作不利于他自己的证言或强迫承认犯罪”的规定的精神是一致的。[②] 对于这一规定,有学者也认为,这是我国刑事证据制度发展的又一重大突破,首次以立法的形式公开承认了强迫公民认罪的非正当性。[③]

我们认为,要准确理解这一规定,需要进一步考察何为“任何人不受强迫自证其罪”。对于“任何人不受强迫自证其罪”的性质,学界有多种理解,如有学者将其视为现代法治国家刑事诉讼中的公理性法则,[④]有学者将其视为现代法治国家刑事司法的一项重要原则,[⑤]还有学者则将其视为一项权利或者特权。[⑥] 此外,在西方法治国家也有不同的理解,如有西方学者甚至指出:“不被强迫自证其罪在不同的时间、不同的地点、不同的环境会有不同的

① 2018年刑事诉讼法第52条。

② 全国人大常委会法制工作委员会刑法室编:《关于修改中华人民共和国刑事诉讼法的决定——条文说明、立法理由及相关规定》,北京大学出版社2012年版,第47页。

③ 陈光中主编:《〈中华人民共和国刑事诉讼法〉修改条文释义与点评》,人民法院出版社2012年版,第57页。

④ 陈学权:《比较法视野下我国不被强迫自证其罪之解释》,载《比较法研究》2013年第5期。

⑤ 宋英辉、吴宏耀:《任何人不受强迫自证其罪原则及其程序保障》,载《中国法学》1999年第2期。

⑥ 樊崇义:《从“应当如实回答”到“不得强迫自证其罪”》,载《法学研究》2008年第2期。

含义。”[①]上述学者从不同的侧面揭示了“不受强迫自证其罪”的含义,如果要全面理解“不受强迫自证其罪”的规定,需要对其来龙去脉进行梳理。

关于不得强迫自证其罪原则的起源,西方法学界存在两种截然不同的观点。传统观点认为,不得强迫自证其罪特权起源于17世纪后期的英国,但也有学者认为,不得强迫自证其罪特权不可能在17世纪起源于英国普通法,它的产生可以追溯到早期吸收了教会法和罗马法的欧洲普通法。[②] 据国内研究沉默权的权威学者的考察,“不被强迫自证其罪”本来只是英美普通法上的一种证人特权,其含义随着时代的发展而有所不同。但自19世纪以后,这项特权的基本含义是指任何人对可能使自己受到刑事追究的事项有权不向当局陈述,不得以强制程序迫使任何人供认自己的罪行或者接受刑事审判时充当不利于自己的证人,其主要目的在于防止政府以强制手段获得个人的陈述,然后又以此为证据对陈述人进行刑事追究。[③] 尽管对不得强迫自证其罪原则的起源存在诸多争议,但认可不得强迫自证其罪原则已是一种共识。

目前,不得强迫自证其罪的规定在许多国家的立法中均有明确的体现。如在美国,联邦宪法第5条修正案规定:任何人于任何刑事案件中,不得被强迫成为对自己不利的证人。在加拿大,《权利和自由宪章》第11条规定:被告人有权在针对自己的刑事指控中不被强迫作证。在德国,被告人的沉默权以及必须告诉他享有沉默权体现了不必自我归罪原则。这个原则是依据基本法第1、2条和第20条的规定引申而来。[④] 在日本,《宪法》第38条第1项规定:对任何人都不得强制其做不利于本人的指控。事实上,不被强迫自证其罪的规定不仅在各国的国内立法中有所体现,联合国有关公约或文件以及其他区域性公约或文件中也有类似的规定。如联合国《公民权利和政

---

① David M. Paciocco & Lee Stuesser, *Essential of Canadian Law*: *The Law of Evidence*, Irwin Law, 1996, p. 154.

② 彭伶:《不得强迫自证其罪原则研究》,中国检察出版社2009年版,第2~14页。

③ 孙长永:《沉默权制度研究》,法律出版社2001年版,第9页。

④ [德]约阿希姆·赫尔曼:《〈德国刑事诉讼法典〉中译本引言》,载《德国刑事诉讼法典》,李昌珂译,中国政法大学出版社1995年版,第14页;[德]托马斯·魏根特:《德国刑事诉讼程序》,岳礼玲、温小洁译,中国政法大学出版社2004年版,第79页。

治权利国际公约》第14条第3款第7项规定,不被强迫作不利于他自己的证言或强迫承认犯罪。又如,联合国《保护所有遭受任何形式拘留或监禁的人的原则》第21条规定,应禁止不当利用被拘留人或被监禁人的处境而进行逼供,或迫其以其他方式认罪,或作出不利于他人的证言。审问被拘留人时不得对其施以暴力、威胁或使用损害其决定能力或其判断力的审问方法。再如,《国际刑事法院罗马规约》第55条规定:本规约所涉及的侦查中,个人不得被强迫控诉他/她自己,也不得被强迫承认有罪。在区域公约或文件方面,《美洲人权公约》第8条第2款第7项规定:有权不得被迫作不利于自己的证明,或者被迫服罪。与《美洲人权公约》中对不得强迫自证其罪明确规定不同的是,《欧洲人权公约》中没有类似规定。尽管《欧洲人权公约》第6条中没有明确规定不被强迫自证其罪权,但是欧洲人权法院认为:沉默权和不被强迫自证其罪权是受到普遍承认的国际标准,居于《欧洲人权公约》第6条第1款中公正刑事程序理念的核心地位。① 换句话说,欧洲人权法院在对该公约进行解释适用时认为此原则已经包含在公约的规定之中。

我国1996年刑事诉讼法对于不受强迫自证其罪问题没有作出规定,刑事诉讼法第93条规定:犯罪嫌疑人对侦查人员的提问,应当如实回答。学界一直以来都有学者主张在我国刑事诉讼立法中增加不被强迫自证其罪的规定。有学者认为,我国采纳不受强迫自证其罪原则是必然的趋势,但在时间上可能还有一个过程,可以分三步走:第一步是禁止刑讯逼供,第二步是赋予被告人沉默权,第三步是实行任意自白规则。② 2012年修改刑事诉讼法,我国在立法上确立了"不得强迫任何人证实自己有罪"的规定。但与学者的主张不同,我国立法并未将不受强迫自证其罪问题规定在总则的基本原则中,而是规定在总则的证据章节中,③且该条款中使用的是"证实"而非"证

① 张吉喜:《刑事诉讼中的公正审判权——以〈公民权利和政治权利国际公约〉为基础》,中国人民公安大学出版社2010年版,第89页;刘学敏:《欧洲人权体制下的公正审判权制度研究——以〈欧洲人权公约〉第6条为对象》,法律出版社2014年版,第80页。

② 杨宇冠:《论不强迫自证其罪原则》,载《中国法学》2003年第1期。

③ 在修法过程中,有学者主张,将不得强迫自证其罪条款作为原则性条款,抽离出证据章节,迁放至刑事诉讼法开篇,作为刑事诉讼法的一项基本原则单独加以确立。但该建议并未获得认同,参见董坤:《不得强迫自证其罪原则在我国的确立与完善》,载《国家检察官学院学报》2012年第2期。

明”的用语。我们认为,为准确理解立法确立的“不得强迫任何人证实自己有罪”的规定,以下四个问题需要进一步予以明确:

首先,关于不得强迫任何人证实自己有罪与沉默权的关系。一般认为,不强迫自证其罪可以通过多种方式实现,其中最常见的是通过赋予被指控人沉默权的方式,除此之外,不强迫自证其罪还可以通过任意自白规则实现。① 那么,我国确立了不得强迫自证其罪条款是否就意味着确立了沉默权呢? 对此,存在两种对立的观点。一种观点认为我国并未确立沉默权制度,如有观点认为,“不得强迫任何人证实自己有罪”仅仅是指不得以法律禁止的手段取证,而非谓犯罪嫌疑人有权保持沉默。② 有学者认为,不得强迫自证其罪与沉默权是两个不同的概念,既然我国法律中没有明示沉默权,仅确立了“不得强迫任何人证实自己有罪”,就暂不宜进行扩张性解释,将沉默权解释成此次修正案的立法内容。③ 另一种观点认为我国已经确立沉默权制度。如有学者认为,2012 年修改刑事诉讼法将“不得强迫任何人证实自己有罪”写入刑事诉讼法,就标志着接受了在当今世界具有普适价值的“反对强迫性自证其罪”的刑事诉讼规则,也就是确认了犯罪嫌疑人和被告人的沉默权。④ 我们认为,在仅规定不强迫自证其罪条款而缺乏相关配套措施的情况下,很难说我国已经在立法上确立了沉默权制度。尽管如此,但法律规定的羁押讯问在看守所内进行、讯问过程录音录像等制度,都是不得强迫自证其罪权利的重要程序保障。在我国现有的制度环境下,不仅羁押讯问具有内在的强制性,羁押期间在看守所外进行的讯问更加具有强制性,违反了法律规定的上述讯问程序制度,就意味着侵犯了不得强迫自证其罪权利,对由此取得的供述应当否定其证据能力。

其次,关于不得强迫任何人证实自己有罪与犯罪嫌疑人如实回答义务

---

① 杨宇冠:《论不强迫自证其罪》,载《甘肃政法学院学报》2011 年第 6 期。

② 万毅:《论“不强迫自证其罪”条款的解释与适用——〈刑事诉讼法〉解释的策略与技术》,载《法学论坛》2012 年第 3 期。

③ 董坤:《不得强迫自证其罪原则在我国的确立与完善》,载《国家检察官学院学报》2012 年第 2 期。

④ 何家弘:《中国式沉默权制度之我见——以“美国式”为参照》,载《政法论坛》2013 年第 1 期。

的关系。2012年刑事诉讼法在确立“不得强迫任何人证实自己有罪”条款的同时，仍然保留了“犯罪嫌疑人对侦查人员的提问，应当如实回答”的规定。那么，立法新增的“不得强迫自证其罪”条款与“应当如实回答”之间是否存在实质性的冲突呢？对此，有学者认为，“不得强迫自证其罪”条款有三种内涵，即狭义、本义和广义上的内涵，从狭义上理解“不得强迫自证其罪”条款，如实供述与其并不矛盾；从广义上理解“不得强迫自证其罪”条款，则如实供述与其明显存在矛盾；从本义上理解“不得强迫自证其罪”条款，由于“如实供述”条款的性质是一种指引性的刑事司法政策，与“不得强迫自证其罪”条款并不存在根本性的矛盾。① 也有意见认为，2012年刑事诉讼法修改明确规定不得强迫任何人证实自己有罪。这样的规定对司法机关是一个刚性的、严格的要求。至于犯罪嫌疑人应当如实回答，是从另外一个层面，另外一个角度规定的。我国刑法规定，如果犯罪嫌疑人如实回答了问题，交代了自己的罪行，可以得到从宽处理。刑事诉讼法作为一部程序法，要落实这一规定。犯罪嫌疑人要回答问题的话，就应当如实回答；如实回答，就会得到从宽处理。这是从两个角度来规定的，并不矛盾。②

在现行立法将“应当如实回答”与“不得强迫任何人证实自己有罪”均写入法典的情况下，如何处理两者之间的关系呢？我们认为，一方面，“不得强迫任何人证实自己有罪”是指不得以任何强迫手段迫使任何人认罪和提供证明自己有罪的证据。司法实践中，讯问犯罪嫌疑人时，应对其宣讲刑事政策，宣传法律关于如实供述自己罪行可以从轻处罚的规定，通过思想工作让犯罪嫌疑人交代罪行，争取从宽处理，不属于强迫犯罪嫌疑人证实自己有罪。③ 换句话说，根据2018年刑事诉讼法第120条的规定，犯罪嫌疑人、被告人在一定程度上有忍受讯问的义务。另一方面，当“不得强迫任何人证实自己有罪”与“如实回答”义务发生直接冲突时，可以通过下列方式协调两者

---

① 王雄飞：《论“不得强迫自证其罪”的内涵及其制度配套》，载《南京大学法论评论》（2013年秋季卷·总第40卷），法律出版社2013年版，第289页。

② 陈菲、崔清新、徐硙：《推进民主法制进步的重大举措——全国人大常委会法工委负责人就刑诉法修改回答中外记者提问》，载《新华每日电讯》2012年3月9日，第3版。

③ 全国人大常委会法制工作委员会刑法室编：《关于修改中华人民共和国刑事诉讼法的决定——条文说明、立法理由及相关规定》，北京大学出版社2012年版，第46页。

之间的关系：[①]当犯罪嫌疑人、被告人沉默不语时，司法人员应当提醒其在法律上有如实回答义务，如果如实回答，因坦白情节已成为法定从宽处罚情节，在量刑时会获得从轻处理；如果不如实回答，说假话、任意翻供并干扰司法，量刑时会受到酌情从重处罚。在此种情况下，犯罪嫌疑人、被告人在衡量利弊后一般会选择"如实回答"。但是，如果犯罪嫌疑人、被告人保持沉默，由于法律规定了"不得强迫任何人证实自己有罪"，司法人员不能够动用刑讯逼供、威胁、引诱、欺骗等非法手段以获取口供，而应当去尽力收集其他种类的证据来弥补口供证据的缺失，也不能以"沉默"为由认定犯罪嫌疑人、被告人有抗拒情节而从严惩处。

综上，我们认为，无论是文义解释，还是从司法实践来看，"应当如实回答"与"不得强迫任何人证实自己有罪"之间确实存在潜在的冲突。对于这种潜在的冲突，我们只能通过对相关条文进行合理解释的方法予以消除。

再次，关于"强迫"的具体内涵。有学者认为，强迫的明显或极端手段是施加酷刑，即所谓"刑讯逼供"，但"强迫"不仅限于刑讯，长时间进行讯问不让休息也可能构成"强迫"，为了获取口供而长时间关押当事人也可能构成"强迫"。此外，即使没有直接对当事人使用暴力，但以暴力威胁当事人也应当视为强迫。[②] 有学者则认为，讯问手段"强迫"性的标准，首先是该手段必须导致了被追诉主体的非自愿陈述，或者说使被追诉主体丧失了对提问回答与否的自由选择权；其次是该手段的强迫性应有一定的客观性基础或普遍共识。[③] 最高人民检察院的有关人员认为，"不得强迫任何人证实自己有罪"，是指不得采用刑讯逼供、威胁等强制力的手段强迫任何人提供证明自己有罪的言词证据。[④] 我们认为，所谓"强迫"就是指以"强迫手段"来"迫使"某人认罪和提供证明自己有罪的证据。具体何为"强迫手段"以及这种"强迫手段"是否达到了"迫使"某人认罪的程度，应当由法官结合各种主客

---

① 黄祖帅：《不得强迫自证其罪与如实回答之协调适用》，载《人民检察》2013 年第 9 期。

② 杨宇冠：《〈刑事诉讼法〉修改凸显人权保障——论不得强迫自证有罪和非法证据排除条款》，载《法学杂志》2012 年第 5 期。

③ 董坤：《不得强迫自证其罪原则在我国的确立与完善》，载《国家检察官学院学报》2012 年第 2 期。

④ 童建明主编：《新刑事诉讼法理解与适用》，中国检察出版社 2012 年版，第 81 页。

观情形予以判断。

最后,关于"证实"的含义。我国"不强迫自证其罪"条款中用的是"证实"的概念,学界对"证实"这一词语如何理解有不同的观点。有学者认为,在条文表述上采用"证实"二字明显背离了"禁止强迫作不利于自己的陈述"的要求,建议对这一规定作相应修改。[①] 而有学者则认为,此规定中的"证实"只能理解为"证明",而非"证明其确实"。该学者还认为,该"证实"理解为"证明"符合立法目的,且在我国刑事诉讼法中早有先例。[②] 我们认为,"不强迫自证其罪"条款更多强调的是取证过程中不得使用带有强迫性的手段,因此,此处的"证实"应当理解为"证明"。

二、与非法证据排除规则相关的概念辨析

2012年刑事诉讼法在立法上正式确立了非法证据排除规则,在非法证据排除规则实施一段时间后,有学者调研发现,司法实践中,司法实务人员对于何为"非法证据"往往缺乏正确的理解,[③]存在很多将"形式不合法"的证据当作"非法证据"予以处理的情形,[④]辩护词、判决书往往将一些因不符合"证据审查认定要求"的证据材料也视为"非法证据"。[⑤] 有法官调研发现,司法实践中,司法实务人员经常将非法证据与瑕疵证据予以混淆。[⑥] 在这种情况下,需要厘清相关概念,以确保非法证据排除规则的有效运行。

首先,关于非法证据与不合法证据。自20世纪50年代以来,关于证据的基本属性问题在我国法学界一直存在争议。目前,以客观性、关联性和合法性为内容的三性说占据主导地位,成为主流观点。这一观点认为,证据只有具备这三个属性才能作为定案的根据。根据传统的证据法理论,证据的合法性,是指运用证据的主体要合法,每个证据来源的程序要合法,证据必

---

① 张媛:《立法初步确立"反对强迫自证其罪"原则,专家建议进一步修改为"不得强迫任何人承认自己有罪"》,载《法制日报》2011年12月26日,第5版。

② 陈学权:《论不被强迫自证其罪的保护客体》,载《政法论坛》2013年第5期。

③ 孙长永、王彪:《审判阶段非法证据排除问题实证考察》,载《现代法学》2014年第1期。

④ 杨宇冠:《我国非法证据排除规则实施问题研究》,载《法学杂志》2014年第8期。

⑤ 吴宏耀:《非法证据排除的规则与实效——兼论我国非法证据排除规则的完善进路》,载《现代法学》2014年第4期。

⑥ 戴长林:《非法证据排除制度运行效果简析》,载《法制日报》2014年11月12日,第5版。

须具有合法形式,证据必须经法定程序查证属实。[①] 在此基础上,从合法性的视角出发,理论界往往将证据分为非法证据与合法证据。其中,"刑事诉讼中的非法证据,是指不符合法律规定的证据内容、证据形式、收集或提供证据的人员及程序、方法的证据材料",具体来说包括四种情形:证据内容不合法、证据表现形式不合法、收集或提供证据的人员不合法和收集提供证据的程序、方法、手段不合法。[②] 依此观点,证据合法性包括取证主体合法、取证程序合法、证据形式合法和证据的内容合法四项要素,缺少其中任一要素的证据都是非法证据。

然而,传统观点所理解的非法证据过于宽泛,且与国外法治国家所理解的非法证据有所差别。鉴于此,同时也为防止非法证据排除规则变成一个纯技术性的法律规则,有学者根据收集证据的方法在违法程度、侵害利益严重性方面的区别,将非法证据区分为三种:违反宪法的证据、一般的非法证据和技术性的违法证据。[③] 在此基础上,该学者认为对不同的非法证据应确立不同的法律后果。还有学者将传统关于非法证据的理解称为广义上的非法证据,并认为从比较法的角度来看对"非法证据排除规则"中的非法证据应持狭义的理解,即仅限于以"非法定方法取得之证据",主要考虑的是取证手段的合法性问题。[④]

事实上,非法证据排除规则中的"非法证据"是根据英文"evidence illegally obtained"翻译过来的,其原意为"非法获取的证据",即通过非法手段获取的证据。与此相对应,传统意义上的非法证据实质上指的是不合法的证据。非法证据和不合法的证据是不同制度语境下的概念,均有其自身的内涵和外延。我国确立的非法证据排除规则,虽说有中国特色,但该制度仍主要是从国外借鉴移植而来。因此,对非法证据的理解应遵循其在发源地国

① 樊崇义主编:《证据法学》,法律出版社2008年版,第139页;有学者认为,传统的"三性说"认为合法性也是证据的属性之一,所谓合法性,是指证据的形式以及证据收集的主体、方法和程序应当符合法律的规定,并且证据必须经过法定的审查程序,其中重点强调证据收集手段、方法的合法性。陈光中主编:《证据法学》,法律出版社2011年版,第148页。

② 李学宽:《论刑事诉讼中的非法证据》,载《政法论坛》1995年第2期。

③ 陈瑞华:《刑诉中非法证据排除问题研究》,载《法学》2003年第6期。

④ 万毅:《解读"非法证据"——兼评"两个〈证据规定〉"》,载《清华法学》2011年第2期。

家的概念，否则不仅可能达不到该规则所确立的制度目的，还可能“冲淡非法证据排除规则的意义，增加非法证据排除规则实施的难度”①。

综上，我们认为“非法证据”是指侦查部门以侵犯当事人权利的方式所收集的证据。然而，司法实践中，经常有人将非法证据与形式不合法的证据混为一谈，如某检察机关发现有一份鉴定结论是以传真方式从外地发来，而不是原件，办案的检察人员以该鉴定结论是“非法证据”加以排除。② 甚至在“两个证据规定”生效之后，仍有法院以讯问地点不符合规定为由，认定侦查机关程序违法，进而排除通过该违法程序获得的两次供述。③ 因此，在将来应严格区分非法证据排除规则中的“非法证据”与传统的证据合法性视角下的“不合法证据”。对于非法证据排除规则中的“非法证据”应当依据法律的明确规定进行处理，如对非法言词证据进行绝对排除，对非法实物证据进行裁量排除。对于传统的证据合法性视角下的“不合法证据”如何处理则要视情况而定。④

其次，关于非法证据与瑕疵证据。在我国证据法领域，瑕疵证据是一个新的概念，通常是指形式要件存在瑕疵（或者缺陷）的证据。刑事诉讼法对各类证据的取证规定了相应的程序和要求，实践中，由于各种主客观的原因，一些证据的收集程序、方式存在瑕疵，导致证据的形式要件不完备或者存在缺陷，影响了证据的证据能力，因此不能直接作为诉讼证据使用。与此同时，由于瑕疵证据只是证据的形式要件不完备或者存在瑕疵，并不属于非法证据，此类证据瑕疵也没有在实质上影响到证据的真实性，如一概予以排除，也不利于准确认定案件事实。国外法律对取证过程轻微违法或者存在

① 杨宇冠、孙军：《构建中国特色的非法证据排除规则——〈关于办理刑事案件非法证据排除若干问题的规定〉解读》，载《国家检察官学院学报》2010 年第 4 期。

② 杨宇冠：《执行〈非法证据排除规定〉应澄清两个问题》，载《检察日报》2010 年 8 月 11 日，第 3 版。

③ 卞建林、杨宇冠主编：《非法证据排除规则实证研究》，中国政法大学出版社 2012 年版，第 83 页。

④ 万毅：《微观刑事诉讼法学——法解释学视野下的〈刑事诉讼法修正案〉》，中国检察出版社 2012 年版，第 143 ~ 146 页。

程序瑕疵的证据,也并非实行严格的排除。[1]

对于此类瑕疵证据,2010 年《办理死刑案件证据规定》规定了附条件的排除规则。例如,《办理死刑案件证据规定》第 9 条第 2 款规定,物证、书证的收集程序、方式存在下列瑕疵,通过有关办案人员的补正或者作出合理解释的,可以采用:(1)收集调取的物证、书证,在勘验、检查笔录,搜查笔录,提取笔录,扣押清单上没有侦查人员、物品持有人、见证人签名或者物品特征、数量、质量、名称等注明不详的;(2)收集调取物证照片、录像或者复制品,书证的副本、复制件未注明与原件核对无异,无复制时间、无被收集、调取人(单位)签名(盖章)的;(3)物证照片、录像或者复制品,书证的副本、复制件没有制作人关于制作过程及原物、原件存放于何处的说明或者说明中无签名的;(4)物证、书证的收集程序、方式存在其他瑕疵的。对于该款规定的情形,如果上述瑕疵未能补正或者作出合理解释,对相关物证、书证应当予以排除。瑕疵证据排除规则,并未直接否定相关瑕疵证据的证据能力,因此并不属于严格意义上的证据能力规则。从规范意义上讲,瑕疵证据可以被视为证据能力待定的证据,其是否具有证据能力,取决于其瑕疵能否得到补正或者合理解释。[2] 如其瑕疵能够得到补正或者作出合理解释,具备了证据的形式要件,也就因此而取得了证据能力,可以作为诉讼证据使用;但如其瑕疵无法补正或者作出合理解释,就将因此而丧失证据能力,不得作为诉讼证据使用。

需要指出的是,非法证据和瑕疵证据都有特定的含义,虽然两者都涉及证据的合法性问题,但存在重大差异,不能混淆。具体区别如下:(1)违法的程度存在实质差异。非法证据通常是指通过违反法定程序并且侵犯宪法权利或者重要诉讼权利的方式取得的证据,并非所有违反法律规定收集的证据都是非法证据。瑕疵证据虽然也涉及违反取证程序的情形,但此类违法

---

① 例如德国,法庭可以纠正先前发生的程序错误,从而"挽回"有争议的证据。如果侦查法官忘记告知被告人的配偶其具有免证特权,审判法庭可以告知这一内容,之后再从被告人的配偶处获得可以采纳的陈述;法院甚至认为,在证人被告知其权利后,如果征得其同意,在上述情况下可以提交先前的陈述。[德]托马斯·魏根特:《德国刑事诉讼程序》,岳礼玲等译,中国政法大学出版社 2004 年版,第 200~201 页。

② 龙宗智等主编:《中国刑事证据规则研究》,中国检察出版社 2011 年版,第 257 页。

属于轻微违法,并未侵犯宪法权利。这是非法证据与瑕疵证据最本质的区别。(2)排除的方式存在差异。非法证据一经确认,就应当依法予以排除(当然,对于不同类型的非法证据,存在强制排除和裁量排除之分)。瑕疵证据则可以进行补正或者作出合理解释,属于附条件的排除。经补正或者作出合理解释的瑕疵证据,可以作为诉讼证据使用。(3)法庭的认定方式存在差异。非法证据排除规则涉及的是取证合法性问题,特别是供述的合法性争议,由于讯问是在封闭空间内进行,对于案件中是否存在刑讯逼供等非法取证情形,控辩双方通常会有争议。根据刑事诉讼法规定,当取证合法性存在争议时,控诉方应当举证证明取证的合法性。同时,法庭对证据收集合法性的调查,要启动专门的程序。具言之,对被告人及其辩护人提出的排除非法证据申请,法庭应当进行审查,经审查,对证据收集的合法性没有疑问的,可以驳回申请;对证据收集的合法性有疑问的,应当进行调查。在调查过程中,控诉方应当举证证明证据收集的合法性,控辩双方可以围绕证据收集的合法性进行质证、辩论。法庭经调查后,确认或者不能排除存在以非法方法收集证据情形的,对有关证据应当予以排除。相比之下,瑕疵证据排除规则,所针对的证据材料是由于其自身的特点而被纳入排除规则的范畴,并不存在需要专门调查的问题。因此,对于适用瑕疵证据排除规则的情形,无须启动专门的调查程序。

司法实践中,有些办案人员未能认识到非法证据和瑕疵证据的区别,或者将非法证据视为瑕疵证据,不予排除,或者将瑕疵证据视为非法证据,径行予以排除,这两种做法都是错误的,将会影响案件的公正处理。如将非法证据视为瑕疵证据,经过所谓的补正或者作出合理解释后予以采纳,将会架空非法证据排除规则;如将瑕疵证据视为非法证据,将会导致非法证据排除规则的适用范围不当扩张,变相增加非法证据排除规则在适用中面临的阻力。鉴于此,应当准确区分非法证据和瑕疵证据,厘清非法证据排除规则与瑕疵证据排除规则之间的界限。

最后,关于证据排除规则与非法证据排除规则。美国证据法学者彼得·墨菲曾言,“诉讼中所要解决的与证明有关的问题,说到底主要是对证据的采纳与排除问题”。[①] 美国证据法学家华尔兹也曾经指出，大多数证据规则都是关于什么应被接受为证据的问题——可采性问题。[②] 目前，证据排除已由普通法系的独特现象发展成为现代各国证据法一个共同的核心精神。有学者认为，根据设立原因的不同，英美的可采性规则可以分为两类：一类是确保证明真实性的可采性规则，主要包括意见证据规则、传闻证据规则和最佳证据规则；另一类是确保证明正当性的可采性规则，主要包括非法搜查、扣押证据的排除规则、非法自白排除规则、“毒树之果”的可采性规则以及特权证据规则。[③]

因此，我们在探讨非法证据排除规则的时候，应当把非法证据排除规则与其他的证据排除规则区分开来。非法证据排除规则是行使公权力的法律实施官员侵犯公民宪法权利的一种制裁措施，而其他的证据排除规则，则是由于证据的内容或者方式而对证据予以排除的证据法上的规定。其他的证据排除规则主要包括以下内容：相关性规则、专家意见规则、传闻证据规则、真品性验证规则以及最佳证据规则等。[④] 综上，我们很容易得出证据排除规则是种概念、非法证据排除规则是属概念的结论。

三、重证据，重调查研究，不轻信口供

刑事审判的主要任务就是认定控诉方指控的犯罪事实是否存在，即犯罪是否构成，构成犯罪的如何处罚。而犯罪事实的认定则完全有赖于证据。实际上，以事实为根据最终是要归结到以证据为根据上的。被告人供述作为一种法定的证据种类，在诉讼过程中具有重要的证明功能。但随着刑事诉讼的理性化和科学化，尤其是基于被告人供述而作出的错误定罪裁决被公之于众之后，被告人供述的证据功能和内在风险逐渐得到理性的审视。一方面，犯罪嫌疑人、被告人是被指控实施了犯罪行为的人，而是否实施了犯罪行为以及如何实施犯罪行为只有其本人最清楚，因此真实的口供具有极强的证明力，是认定案件事实的重要证据，司法实践中获取口供成为侦破

---

① Peter Murphy, *Murphy on Evidence*, Blackstone Press, 1997, p. 1.

② ［美］乔恩·R. 华尔兹：《刑事证据大全》，何家弘等译，中国人民公安大学出版社 1993 年版，第 10 页。

③ 郭志媛：《刑事证据可采性研究》，中国人民公安大学出版社 2004 年版，第 167～381 页。

④ 郑旭：《非法证据排除规则》，中国法制出版社 2009 年版，第 56～57 页。

案件和定罪量刑最直接、最便捷的方式。另一方面,承认犯罪就意味着面临刑事追诉,意味着可能丧失财产、自由甚至生命,出于趋利避害的人性本能,犯罪嫌疑人、被告人往往会提供虚假口供以逃避打击。在至今所发现的冤假错案中,绝大多数案件都有虚假供述的存在。如在某学者调研的50件刑事错案中,存在“被告人虚假口供”的就有47起,占94%。[①] 归纳起来,被告人供述之所以具有极高的错误风险,主要源于以下几个方面:

第一,刑讯逼供。刑讯作为一种取证手段,在世界各国普遍存在。我国古代曾将刑讯作为一种合法的取证手段,时至今日,执法领域的刑讯现象仍然时有发生。广义的刑讯,不仅包括殴打、变相的体罚措施等身体上的暴力,而且包括威胁、引诱、欺骗等精神上的暴力。经历刑讯之后,被告人或者无法承受身体痛苦,或者基于精神压力或错误认识,从而按照侦查人员的指示或者暗示作出虚假的供述。由于刑讯给被告人造成巨大的心理压力,并产生对司法的不信任感,所以,一些被告人不仅在侦查阶段作出虚假供述,而且在审判阶段继续维持其在侦查阶段的虚假供述。

第二,推卸责任。这种情况突出地体现在共同犯罪之中。共同犯罪的被告人基于趋利避害的心理,通常会将罪责推给其他被告人或者不在案的同案犯,从而避重就轻或者逃避打击。如果共同犯罪的被告人均已在案,就可能出现相互推诿的情形;如果共同犯罪的同案犯不在案,在案被告人就可能相约或者不约而同地将罪责推给不在案的同案犯。

第三,认识错误。认识错误又分为对事实的认识错误和对法律的认识错误。前者如被告人仅实施了前期犯罪行为,但其他人员在被告人不知情的情况下实施了后续犯罪行为,实际上是后续犯罪行为导致最终的犯罪结果;又如在共同犯罪中,被告人误认为特定的犯罪结果是自己所致,实际上该犯罪结果是其他被告人所致。或者如被告人认为自己杀害被害人的行为是故意杀人,而其行为实际上是正当防卫或者防卫过当,等等。

第四,认知障碍。认知障碍主要体现在感知、记忆和表达等方面的障碍,具体分为认知能力缺乏和认知能力受限。如果被告人系精神病人但未

① 何家弘、何然:《刑事错案中的证据问题——实证研究与经济分析》,载《政法论坛》2008年第2期。

经司法精神病鉴定，就可能因认知能力缺乏或者受限而作出虚假供述。如果被告人系未成年人，就可能因认知能力受限而作出虚假供述。

第五，替人顶罪。被告人基于情感或者利益方面的考虑，可能会谎称自己是犯罪行为人，从而包庇真正的罪犯。例如，犯罪行为人作案后，将犯罪事实告诉自己的家属，通常是家长。在亲情的支配下，其家长就可能会主动替自己的孩子顶罪，并根据其孩子转述的犯罪事实作出详细的供述。又如，在黑社会性质组织犯罪等共同犯罪中，为了获取金钱等非法利益，某些参与实施特定犯罪行为的共犯，就可能会包揽主犯尤其是首要分子的罪行。在替人顶罪的情况下，被告人的供述体现出很强的自愿性，比较难以识别。

第六，畸形心理。在畸形的出名观支配下，有些人可能在道听途说相关的案件情况后，谎称自己是犯罪行为人，从而根据自己听说的犯罪事实作出供述。尽管此类被告人的心理有些匪夷所思，但在司法实践中，的确出现过这方面的案例。

因此，预防冤假错案，确保刑事案件办理质量，必须坚持证据裁判原则，坚持重证据，重调查研究，不轻信口供，重视证据收集的合法性，并强调客观证据的收集、固定、保存、审查和运用。

事实上，重证据而不轻信口供，严禁刑讯逼供是中国共产党的两大口供政策之一。1931 年，中华苏维埃政权在训令中表示，“必须坚决废除肉刑，而采用搜集确实证据及各种有效方法”。1940 年，毛泽东同志在《论政策》中又指出，对任何人，应坚决废止肉刑，重证据而不轻信口供。[①] 此后，毛泽东在不同的场合对这一政策反复强调。以上指示在很多情况下又被直接吸纳进苏区、边区或解放区的施政纲领。在新中国成立以后，围绕该路线的执行，毛泽东、周恩来、董必武等许多党的领导都有过精辟论述。[②] 也正因如此，1979 年刑事诉讼法第 35 条、1996 年刑事诉讼法第 46 条和 2012 年刑事诉讼法第 53 条都一直强调，对一切案件的判处都要重证据，重调查研究，不轻信口供。

我们认为，刑事诉讼法规定“对一切案件的判处都要重证据，重调查研

---

① 《毛泽东选集》(第 2 卷)，人民出版社 1991 年版，第 767 页。

② 闫召华：《口供中心主义研究》，法律出版社 2013 年版，第 84 页。

究,不轻信口供”,对于指导司法实务部门正确认识口供这种证据是有积极意义的,也是对我国司法实践经验的科学总结。具体来说,“重证据”是指要重视一切证据的收集、认定,特别是口供以外的客观证据。“不轻信口供”是指公安司法人员在认定案件事实,作出相关诉讼决定时,对被告人的口供必须持十分慎重的态度,必须重视调查研究,重视全案各类证据材料的综合审查而不能轻信口供。

第二条　采取殴打、违法使用戒具等暴力方法或者变相肉刑的恶劣手段,使犯罪嫌疑人、被告人遭受难以忍受的痛苦而违背意愿作出的供述,应当予以排除。

【条文要旨】

本条明确了刑讯逼供这一非法方法的具体类型和常见情形。其中,暴力方法属于典型的刑讯逼供方法,变相肉刑属于变相的刑讯逼供方法。

【条文释义】

在现代法治国家,非法口供排除规则包括自白任意性规则和程序违法的口供排除规则,美国的米兰达规则即为程序违法的口供排除规则的典型表现形式之一。在我国,立法并未确立类似于米兰达规则那样的仅因程序违法而排除口供的规则,也没有确立自白任意性规则,[①]立法仅对以刑讯逼供等非法方法获取的口供规定了排除口供的程序性后果。这主要是考虑到,刑讯逼供等非法方法是非法取证情节最严重的情形,以上述方法取证,不仅严重侵犯当事人的人身权利,破坏司法公正,而且还极易酿成冤假错案。[②] 刑事诉讼法之所以规定以刑讯逼供等非法方法取得的供述应当予以排除,是因为立法者希望通过非法证据排除规则实现“非法取证的治理”与“冤狱误判的防控”。[③]

---

① 张建伟:《自白任意性规则的法律价值》,载《法学研究》2012 年第 6 期。

② 全国人大常委会法制工作委员会刑法室编:《〈关于修改中华人民共和国刑事诉讼法的决定〉条文说明、立法理由及相关规定》,北京大学出版社 2012 年版,第 56 页。

③ 熊秋红:《刑事证据制度发展中的阶段性进步——刑事证据两个规定评析》,载《证据科学》2010 年第 5 期。

除此之外，立法规定以刑讯逼供等非法方法取得的供述应当予以排除还与我国政府签署的相关条约有关。例如，我国政府已经签署并被批准的《禁止酷刑和其他残忍、不人道或有辱人格的待遇或处罚公约》第15条规定，每一缔约国应确保在任何诉讼程序中，不得援引任何业经确定系以酷刑取得的口供为证据，但这类口供可用作被控施用酷刑者刑讯逼供的证据。根据国际法原则，国际条约一旦生效，缔约国就应当履行。既然我国政府已经签署并批准《禁止酷刑和其他残忍、不人道或有辱人格的待遇或处罚公约》，就应当履行公约的相关规定。我国立法以排除证据的方式对刑讯逼供等非法方法予以规制，正是履行国际条约的一种方式。

一、刑讯逼供的认定标准和排除方式

在我国，自1979年刑事诉讼法以来，法律一直明文禁止刑讯逼供，2012年刑事诉讼法进一步强调不得强迫任何人证实自己有罪，并明确规定"采用刑讯逼供等非法方法收集的犯罪嫌疑人、被告人供述，应当予以排除"，但未对何为"刑讯逼供"作出明确界定。有学者调研发现，有相当数量的法官和检察官表示，司法实践中"感到头疼"的最突出问题是《非法证据排除规定》第1条"刑讯逼供等非法手段"中的"等"字究竟应当包括哪些非法手段？[①]相关司法解释等规范性文件在这方面作出了有益的探索。

1.《非法证据排除规定》对刑讯逼供方法的规定

在2010年起草《非法证据排除规定》过程中，针对如何规定刑讯逼供方法，存在以下几种不同的意见：第一种意见是，违反法律规定，采用刑讯、服用药物、催眠以及其他使人肉体上产生剧烈疼痛、精神上产生高度痛苦或者丧失意识、意志的方法。第二种意见是，违反法律规定，采用暴力或者使人肉体上、精神上产生高度痛苦或者模糊意识的方法。第三种意见是，违反法律规定，采取刑讯逼供、暴力取证、体罚虐待等方法。第四种意见是，采用刑讯逼供等非法方法。

当时研究认为，第一种意见参照了《反酷刑公约》第1条的规定，符合现代刑事诉讼理念，但是，"剧烈疼痛""高度痛苦"较为抽象，在实践中容易产

---

① 万毅、李勤、杨春洪、张艳秋：《"两个证据规定"运行情况实证调研——以S省G市地区法院为考察对象》，载《证据科学》2012年第4期。

生歧义。第二种意见不能全面涵盖非法取得供述的方法，实际上缩小了法律对非法言词证据的界定范围，是对刑事诉讼法的限制解释，并且“高度痛苦”同样很难界定。第三种意见列举的“刑讯逼供、暴力取证、体罚虐待”三种方式存在交叉关系，适用时容易导致分歧。考虑到刑讯逼供罪在刑法已有规定，程序法上也有必要相应作出规定，最终采纳了第四种意见。

鉴于采用刑讯逼供方法收集供述的行为，严重侵犯犯罪嫌疑人、被告人的基本人权，《非法证据排除规定》对采用此类非法方法收集的供述实行强制排除，明确规定不得作为诉讼证据使用。

有意见认为，有必要详细列举非法取证的具体方法，以免在司法实践中产生争议和分歧。当时研究认为，非法取证的方法很多，很难列举清楚，因此只列举了刑讯逼供等方法，“刑讯逼供等手段”中的“等”，是指与刑讯逼供相当的方法。在实践中，对“等”的具体理解可参照最高人民检察院《渎职侵权立案标准》关于刑讯逼供罪立案标准的规定中对非法手段进行的列举。①有学者指出，在法解释上，要求“等”与刑讯逼供应当具有等效性，即意味着凡是那些严重侵犯被追诉者基本人权、在程序上不人道或者容易诱发虚假证据的取证手段，都应当纳入“等”的解释范围。②

2. 2012 年刑事诉讼法及相关司法解释对刑讯逼供的规定

在 2012 年《刑事诉讼法修正案（草案）》向社会公开征求意见时，有意见认为，因为侦查人员除采取传统的暴力手段刑讯逼供外，还会使用一系列的变相逼供措施，如冻、饿、晒、烤、强光、噪声等非暴力的精神折磨方法，而后者正成为非法取证的主要手段，因此建议，修正后刑事诉讼法应详细列举非法取证的具体手段，避免在司法实践中产生争议和分歧。还有意见认为，可以参照《反酷刑公约》第 1 条的规定，对非法取证方法予以界定。③ 2012 年修改后的刑事诉讼法对刑讯逼供问题沿用了《非法证据排除规定》的表述，第 54 条④将采用刑讯逼供等非法方法收集的犯罪嫌疑人、被告人供述界定

---

① 涉嫌下列情形之一的，应予立案：(1)以殴打、捆绑、违法使用械具等恶劣手段逼取口供的；(2)以较长时间冻、饿、晒、烤等手段逼取口供，严重损害犯罪嫌疑人、被告人身体健康的……

② 龙宗智等主编：《中国刑事证据规则研究》，中国检察出版社 2011 年版，第 11 页。

③ 张军主编：《新刑事诉讼法法官培训教材》，法律出版社 2013 年版，“非法证据排除规则”一章。

④ 2018 年刑事诉讼法第 56 条。

为非法证据,并实行强制排除。

由于理论界和实务界均对"刑讯逼供等非法方法"中的"等非法方法"存在不同意见,2012 年《法院解释》和 2012 年《检察院规则》对此作出了进一步的解释。2012 年《法院解释》第 95 条规定,使用肉刑或者变相肉刑,或者采用其他使被告人在肉体上或者精神上遭受剧烈疼痛或者痛苦的方法,迫使被告人违背意愿供述的,应当认定为刑事诉讼法第 56 条规定的"刑讯逼供等非法方法"。2012 年《检察院规则》第 65 条首先对刑讯逼供作出界定,刑讯逼供是指使用肉刑或者变相使用肉刑,使犯罪嫌疑人在肉体或者精神上遭受剧烈疼痛或者痛苦以逼取供述的行为。该条进而规定,其他非法方法是指违法程度和对犯罪嫌疑人的强迫程度与刑讯逼供或者暴力、威胁相当而迫使其违背意愿供述的方法。

上述司法解释实际上将"刑讯逼供"解释为"肉刑或者变相肉刑",并将"其他使被告人在肉体上或者精神上遭受剧烈疼痛或者痛苦的方法"界定为"等非法方法"(或其他非法方法)。实务界普遍认为,这种解释虽然将排除范围扩大了,但其解释比较抽象,在实践中很难把握,特别是变相肉刑的认定比较困难。① 从司法解释的规定看,借鉴了《反酷刑公约》有关酷刑的界定,但对刑讯逼供的表现形式缺乏必要的列举,对刑讯逼供程度的规定也比较抽象,因此在可操作性方面显得有些不足。

3. 2013 年《防范冤假错案意见》对刑讯逼供的规定

针对刑讯逼供的界定比较抽象、不便操作的问题,最高人民法院在 2013 年出台的《防范冤假错案意见》中首次作出了列举式规定,第 8 条规定,采用刑讯逼供或者冻、饿、晒、烤、疲劳审讯等非法方法收集的被告人供述,应当排除。

之所以规定"冻、饿、晒、烤"非法方法,主要是参照最高人民检察院《渎职侵权立案标准》关于刑讯逼供案立案标准的规定。该规定指出,涉嫌以较长时间冻、饿、晒、烤等手段逼取口供,严重损害犯罪嫌疑人、被告人身体健康的,应作为刑讯逼供罪立案。据此,采用冻、饿、晒、烤的方法取得供述,

① 陈光中主编:《非法证据排除规则实施问题研究》,北京大学出版社 2014 年版,第 8 页。

属于“使用变相肉刑逼取口供”，对采用此类非法方法取得的供述，应当排除。

之所以规定“疲劳审讯”非法方法，主要基于以下考虑：第一，禁止疲劳审讯，是法律和相关司法解释的要求。刑事诉讼法第二章“讯问犯罪嫌疑人”一节第119条明确规定，传唤、拘传犯罪嫌疑人，应当保证犯罪嫌疑人的饮食和必要的休息时间。第二，疲劳审讯，不给被告人必要的休息时间，将使被告人在肉体或者精神上遭受痛苦，进而迫使被告人违背意愿供述，因此，疲劳审讯属于变相肉刑（或者与刑讯逼供相当的非法方法）。据此，对采用疲劳审讯的非法方法取得的供述，应当排除。

《防范冤假错案意见》出台后，得到社会各界积极评价。但也有意见指出，不能简单地认为采用冻、饿、晒、烤、疲劳审讯方法收集的犯罪嫌疑人、被告人供述就应当予以排除。[①] 理由如下：首先，“冻、饿、晒、烤、疲劳审讯”在目前尚无界定标准的情况下，有时较难准确确定。其次，根据“两高”司法解释，只有当冻、饿、晒、烤、疲劳审讯使犯罪嫌疑人、被告人“在肉体上或者精神上遭受剧烈疼痛或者痛苦的程度与刑讯逼供相当，迫使其违背意愿供述”时，获取的供述才应依法予以排除。无论冻、饿、晒、烤、疲劳审讯达到什么程度都一概予以排除的观点，有违刑事诉讼法第56条的规定和“两高”的司法解释。

针对该问题所产生的不同认识，与刑事诉讼法对非法方法的规定模式和“两高”司法解释对“刑讯逼供等非法方法”的界定方法有很大关系。从国内法律规范和比较法等角度分析，《防范冤假错案意见》第8条有关“冻、饿、晒、烤、疲劳审讯”是依法有据、较为合理的。具体分析如下：首先，刑事诉讼法禁止采用刑讯逼供等非法方法收集证据，但没有对刑讯逼供作出具体规定，这使得实践中如何认定刑讯逼供难度较大，通过司法解释等方式对刑讯逼供作列举式规定，无疑是较为可行的方法。《防范冤假错案意见》沿用最高人民检察院《渎职侵权立案标准》关于刑讯逼供案立案标准的规定，将其中的冻、饿、晒、烤和实践中常见的疲劳讯问方法规定为变相肉刑，是有规范

① 朱孝清：《刑事诉讼法实施中的若干问题研究》，载《中国法学》2014年第3期。

依据的。

其次,“两高”司法解释将“使被告人在肉体上或者精神上遭受剧烈疼痛或者痛苦”作为刑讯逼供等非法方法的程度限制,这主要是参照《反酷刑公约》有关酷刑的界定。实际上,在起草《反酷刑公约》过程中,由于“剧烈”(severe)一词的高度模糊性,围绕“剧烈”这一措辞曾有删除和保留两种建议,联合国人权委员会酷刑公约工作组最终保留了该表述,但并没有对“剧烈”的内涵加以规定。[①] 之所以保留“剧烈”的表述,一个重要的原因可能就是通过痛苦的程度来区分酷刑和其他残忍的、不人道的或者有辱人格的待遇。不过,以痛苦程度“剧烈”与否区分酷刑和其他残忍的、不人道的或者有辱人格的待遇可能有一定意义,但这种区分对排除非法证据并无实际价值。虽然《反酷刑公约》(禁止使用酷刑取得的供述)并未明确规定采用残忍、不人道或者有辱人格方法取得的供述是否应当排除,但一般认为,此类供述也应当排除。欧洲人权法院也在判例中指出,采用酷刑或者非人道待遇取得的供述,将导致审判不公正,此类供述应当予以排除。

最后,根据最高人民检察院《渎职侵权立案标准》关于刑讯逼供案立案标准的规定,涉嫌以较长时间冻、饿、晒、烤等手段逼取口供,严重损害犯罪嫌疑人、被告人身体健康的,应作为刑讯逼供罪立案。根据该规定,如果要求“冻、饿、晒、烤、疲劳讯问”达到“使人在肉体上或者精神上遭受剧烈疼痛或者痛苦的程度”,或者规定为“较长时间的疲劳讯问”,就意味着此类非法讯问行为已经符合刑讯逼供罪的立案标准,这将导致非法证据的认定标准与刑讯逼供罪的立案标准相等同,无疑是不妥当的。前文对此已有分析。

4.《严格排除非法证据规定》对刑讯逼供的规定

在起草《严格排除非法证据规定》过程中,围绕是否对刑讯逼供特别是变相肉刑的方法作出列举式规定,存在不同的意见。

有意见认为,建议保留 2012 年“两高”司法解释对刑讯逼供作出的抽象规定,不应当通过列举“冻、饿、晒、烤、疲劳讯问”等手段的方法对刑讯逼供

---

① 王光贤:《“酷刑”定义解析》,载《国家检察官学院学报》2002 年第 2 期。

作出规定。理由是:第一,冻、饿、晒、烤与刑讯逼供不能画等号,判断是否属于刑讯逼供应当考虑诸多因素。如规定冻、饿、晒、烤的程度,在实践中难以量化,无法操作。第二,"疲劳讯问"难以界定,实践中难以统一标准。也有意见认为,为加强人权司法保障,解决实践中刑讯逼供认定难的问题,有必要对刑讯逼供的方法作出列举式规定。具体理由如下:一是符合遏制刑讯逼供、防范冤假错案的现实需要。目前,殴打、捆绑、冻、饿、晒、烤、疲劳讯问等非法方法在实践中较为常见,是导致冤假错案的主要原因,如新近纠正的安徽于英生冤案中侦查人员就可能使用了冻的方法逼取口供。[①] 由于法律对刑讯逼供所作的规定过于原则,如不对常见的刑讯逼供方法作出明确的列举式规定,实践中仍然难以杜绝。二是上述列举式规定有明确规范依据,符合中央改革精神,能够体现刑事法治的进步。三是符合国际刑事司法准则的基本要求。国际公约明确禁止酷刑和其他残忍的、不人道或者有辱人格的讯问方法。许多国家都将采用此类方法取得的供述认定为非法证据并予以排除。这种列举式规定更加明确,也便于实践操作。

《严格排除非法证据规定》综合考虑各种因素,最终采纳了第一种意见,规定:采取殴打、违法使用戒具等暴力方法或者变相肉刑的恶劣手段,使犯罪嫌疑人、被告人遭受难以忍受的痛苦而违背意愿作出的供述,应当予以排除。但这样规定,并不意味着采用冻、饿、晒、烤或疲劳讯问等方法收集的证据具有合法性,而是为人民法院认定非法证据留下了合理的裁量空间。对

---

① 2013 年 8 月 13 日,安徽省高级人民法院再审宣告于英生无罪。面对央视记者的镜头,于英生说,自己的有罪供述都是在警方刑讯逼供的情况下做出的。连续七天七夜对我不间断地进行讯问、折磨。蚌埠都下雪了,他们就让死刑犯用水钵子舀凉水给我洗澡,洗了两个多小时,近三个小时。让你要死不行要活不行,他达到的目的就是让你去写,写你的认罪状,那没有的事情你怎么写呢?他就叫你编,你从强奸杀人,盗窃杀人,让你编,你就编吧。佚名:《蚌埠杀妻冤案当事人称遭逼供被警方折磨七天七夜》,载新浪安徽,http://ah. sina. com. cn/news/s/2015 - 01 - 13/detail - icesifvy3626380. shtml,最后访问时间:2015 年 1 月 22 日。

于司法实践中侦查人员故意冻、饿、晒、烤或疲劳讯问等情形[1]，人民法院可根据具体情节、是否对被告人在肉体上造成难以忍受的痛苦，或者对被告人身体造成的损伤和严重后果等因素判断是否构成非法证据。

二、关于刑讯逼供的程度要求

对于“刑讯逼供等非法方法”是否需要达到一定的程度才会有排除相关供述的后果，理论界与实务界存在争议。本条规定“使犯罪嫌疑人、被告人遭受难以忍受的痛苦而违背意愿作出的供述”，就意味着上述“殴打、违法使用戒具等暴力方法或者变相肉刑”需要达到一定的程度，具体可以从两个方面把握：一方面是犯罪嫌疑人、被告人在肉体上或精神上遭受难以忍受的痛苦；另一方面是犯罪嫌疑人、被告人因遭受痛苦而违背意愿供述。

根据这一规定，并非采用殴打、违法使用戒具等方法收集的供述都要予以排除，只有使犯罪嫌疑人、被告人遭受难以忍受的痛苦而违背意愿作出的供述，也就是非法方法与取得供述存在因果关系的情形，才予以排除。有的案件，犯罪嫌疑人在接受讯问时被侦查人员打了耳光或者踢了几脚，但这种轻微暴力显然并未达到使犯罪嫌疑人违背意愿供述的程度，检察机关一般认为这不属于刑讯逼供，而是归于不文明审讯的范畴，通常会口头向侦查机关提出纠正意见。一般认为，这种处理是可以接受的。[2] 实践中，要根据案件情况和在案证据正确区分非法取证与不文明司法的行为，避免将所有采用此类方法收集的证据一律作为非法证据予以排除，实现惩罚犯罪与保障人权的有机统一。

另外，需要注意的是，司法实践中，有的侦查机关在实施刑讯逼供时，往

---

① 实践中，对于侦查人员通过“催眠”“施用药物”等非法方法获取供述的情形，也可综合案件情况将相关供述予以排除。例如，佛山中院审理的被告人杨某某涉嫌走私珍贵动物制品罪一案，辩护人提出第二、三次供述的合法性存疑，请求排除上述供述。经审理查明：杨某某自2012年2月24日上午9时到案，至次日下午3时被刑事拘留送往看守所时止，一直在办案单位南海缉私分局接受问话，具体地点是在侦查人员办公室，其间侦查机关没有提供休息地方给予被告人必要的休息；其间侦查人员给杨某某服用过药物。法院认为，侦查机关涉嫌疲劳审讯且给被告人服用药物的行为，侦查机关无法提供药物品名及处方。最终，法院决定排除杨某某的第二、三次供述，并依法宣告其无罪。此外，某检察官的调研报告中也有因侦查人员给犯罪嫌疑人服用不明药物而排除供述的案例，参见赵赤、陈胜才：《检察环节证据合法性审查实证研究》，载《西南政法大学学报》2014年第6期。

② 陈光中主编：《非法证据排除规则实施问题研究》，北京大学出版社2014年版，第14页。

往是多种非法手段一起运用。例如,梁继平受贿案就是一个典型的例子。① 本案中,侦查机关除使用了抓头发摇晃、踢打身体、用皮鞋跟抽打脚心以及旋转踩碾大腿内侧肌肉等肉刑,还使用了让犯罪嫌疑人穿着内裤坐在地上接受讯问以及不间断地平举双手等变相肉刑,此外,侦查机关还通过"监视居住"的方式非法限制犯罪嫌疑人的人身自由。在一个案件存在多种违法取证手段的情况下,是否排除相关证据,不仅需要考察每种违法取证手段是否达到了立法规定的程度,还要考察多种违法手段相结合是否达到了使被讯问人在肉体上或精神上遭受难以忍受的痛苦,从而违背意愿作出供述。

由于刑法规定了刑讯逼供罪,就刑讯逼供行为而言,是否要求只能在构成犯罪的前提下,才能对刑讯逼供取得的供述适用排除规则呢?答案是否定的。根据最高人民检察院《渎职侵权立案标准》的规定,刑讯逼供罪是指司法工作人员对犯罪嫌疑人、被告人使用肉刑或者变相肉刑逼取口供的行为。涉嫌下列情形之一的,应予立案:(1)以殴打、捆绑、违法使用戒具等恶劣手段逼取口供的;(2)以较长时间冻、饿、晒、烤等手段逼取口供,严重损害犯罪嫌疑人、被告人身体健康的;(3)刑讯逼供造成犯罪嫌疑人、被告人轻伤、重伤、死亡的;(4)刑讯逼供,情节严重,导致犯罪嫌疑人、被告人自杀、自残造成重伤、死亡,或者精神失常的;(5)刑讯逼供,造成错案的;(6)刑讯逼供3人次以上的;(7)纵容、授意、指使、强迫他人刑讯逼供,具有上述情形之一的;(8)其他刑讯逼供应予追究刑事责任的情形。因此,在司法实践中,检察机关要对侦查人员的刑讯逼供行为提起公诉,通常需要以情节严重、造成严重后果为前提,在这种情况下获取的被告人供述应当予以排除。但是,刑

---

① 据报道,2007年5月28日20时,检察院将在连云港市工作的梁继平传唤到检察院审讯室。经过12小时审讯,因梁不承认受贿,于是,便宣布对其实施监视居住,继续将其控制在宾馆和度假村里审讯。在长达80多个小时审讯里,办案人员不间断地对其实施体罚和肉刑长达65小时,梁继平亦在无法忍受酷刑折磨时,也分别作了收受夏某300多万元和600多万元的受贿陈述。办案人员以其陈述事实与检察机关掌握的线索差距很大和不老实为由,继续对他实施酷刑。办案人员对梁继平实施的刑讯逼供手段:让其穿着内裤坐在地上接受讯问,不间断地平举双手、蹲下起立、仰卧起坐、地上打滚、抓头发摇晃、踢打身体、双手勾脚尖、双手托举沙盆(并宣读我是贪污犯,对不起老婆孩子,对不起家人)、用皮鞋跟抽打脚心、身体"打夯"、单或双劈腿、旋转踩碾大腿内侧肌肉。即使梁继平不能坐立和昏睡症状,仍没有放弃讯问,直到梁继平"睡着"死亡。王进东:《检察机关自侦案件中的刑讯逼供问题》,载陈瑞华主编:《社会学视角下的反酷刑问题》,北京大学出版社2012年版,第142页。

讯逼供罪属于实体性制裁，即对于实施刑讯逼供行为的侦查人员实施刑罚制裁，而非法证据排除规则是一项重要的程序性制裁措施，其实质是由法院宣告检控方违反法律程序所得的证据丧失法律效力，是一种惩罚检控方程序违法的手段。[①] 确立非法证据排除规则的主要功能在于维护司法尊严，保障基本人权，因此，即使刑讯逼供行为没有达到情节严重的程度，没有构成犯罪，但如果其侵害了公民的宪法性权利，影响了被告人供述的真实性和自愿性，也应当予以排除。[②] 换句话说，即使刑讯逼供行为没有达到情节严重的程度，没有构成犯罪，但如果达到了"迫使"犯罪嫌疑人、被告人供述的程度，就应当将相关供述予以排除。同理，非法证据排除规则中涉及的其他类型的非法证据，在适用排除规则时也不以相应的非法取证行为构成暴力取证罪、非法搜查罪、非法侵入住宅罪等为前提。

此外，非法证据排除规则中的刑讯逼供，要求刑讯行为与取得供述之间存在因果关系，即办案人员是通过刑讯来逼取供述。如果犯罪嫌疑人到案后拒不认罪，当侦查人员出示相关证据后，才放下侥幸心理供认所犯罪行，此时讯问已经结束，办案人员因对犯罪嫌疑人不满等原因而对其进行暴力殴打，此种情况下，由于犯罪嫌疑人的供述系自愿作出，与办案人员的暴力行为没有因果关系，因此，办案人员的暴力行为虽然构成酷刑，但却不能认定是刑讯逼供，不能据此排除相应的供述。不过，如果办案人员在犯罪嫌疑人到案后先对其进行暴力殴打，并警告犯罪嫌疑人必须如实回答办案人员的提问，即使办案人员随后并未紧接着讯问，而是时隔一段时间再进行讯问，但由于该行为已经对犯罪嫌疑人造成恐惧心理，犯罪嫌疑人因为担心再次遭到暴力殴打而不得不在随后的讯问中供认所犯罪行，此种情况下，该有罪供述与先前的暴力殴打行为之间存在因果关系，应当认为办案人员属于刑讯逼供，由此取得的供述应当予以排除。

在调研过程中，司法实务部门有意见认为，办案人员指使他人采用暴力或者威胁方法取得供述的排除问题有必要予以明确。司法实践中，有的办案人员指使狱内特情或者其他被监管人对犯罪嫌疑人实施殴打、体罚虐待

---

① 陈瑞华：《程序性制裁理论》，中国法制出版社2010年版，第104页。

② 张军主编：《刑事证据规则理解与适用》，法律出版社2010年版，第296页。

或者以暴力进行威胁,由此获得的供述,极易导致冤假错案发生,[1]对此类供述应当予以排除。但是,考虑到办案人员指使他人采用暴力或者威胁方法取证与办案人员自身非法取证并无二致,他人实际上是受办案人员的委托而非法取证,在这种情况下,根据委托代理理论,由此导致的程序制裁和实体制裁,侦查机关(人员)应当予以承受。就实体制裁而言,根据最高人民检察院《渎职侵权立案标准》的规定,纵容、授意、指使、强迫他人刑讯逼供,具有《渎职侵权立案标准》中所规定的情形之一的,侦查机关应当立案侦查。与此相对,就程序制裁而言,由此获取的供述应作为非法供述被排除。[2] 因此,对办案人员指使他人采取暴力或者威胁方法取得供述的排除问题没有必要单独规定,直接适用非法证据排除规则即可。

第三条　采用以暴力或者严重损害本人及其近亲属合法权益等进行威胁的方法,使犯罪嫌疑人、被告人遭受难以忍受的痛苦而违背意愿作出的供述,应当予以排除。

【条文要旨】

本条明确了采用威胁方法取得供述的排除规则及认定标准。

【条文释义】

刑事诉讼法规定,严禁刑讯逼供和以威胁、引诱、欺骗以及其他非法的方法收集证据。从法律规定看,威胁、引诱、欺骗是与刑讯逼供并列的非法方法,且威胁、引诱、欺骗三种非法方法之间也是并列关系。但实际上,刑讯逼供、威胁、引诱、欺骗四种方法之间在违法和侵权的程度上是存在一定差异的。刑讯逼供方法直接侵犯犯罪嫌疑人的人身权和意志自由权,对基本人权的侵犯程度最高;威胁方法虽未直接侵犯犯罪嫌疑人的身体,但对犯罪嫌疑人的精神实施强迫,侵犯了意志自由权,侵权程度仅次于刑讯逼供;引

---

① 在"浙江张氏叔侄冤案"和河南"马廷新冤案"中,张氏叔侄与马廷新之所以作出供述,在很大程度上就是受到"狱侦耳目"袁连芳的逼迫所致。具体案情与相关论述,参见卢勤忠:《"张氏叔侄强奸致死案"中"证人"的角色》,载《法学》2013年第5期;闫斌:《论"狱侦耳目"制度被滥用的危害及对策》,载《政法论丛》2013年第6期。

② 林国强:《刑事诉讼中的非法取供行为研究》,西南政法大学2014年博士学位论文。

诱、欺骗方法并未对犯罪嫌疑人的身体或者精神实施强迫,未直接侵犯人身权和意志自由权,侵权程度最低,但可能会影响司法公正。

对于采用威胁方法取得的供述是否应当作为非法证据予以排除?如需排除,应当实行强制排除还是裁量排除?司法实践中,关于通过采取威胁方法获得的言词证据如何处理的问题,司法部门产生了明显的分歧。一种意见认为,通过采取这种手段获取证据是一种严重侵犯人权的行为,应当一律予以排除。另一种意见认为,司法实践中,"威胁"的含义特别是标准不好界定,很多从气势上、心理上压倒、摧垮犯罪嫌疑人心理防线的讯问语言、行为和策略很难与之区分开来,如果这些讯问方法都被认为非法,会给侦查工作带来较大冲击,因此应当根据具体案件作出处理。结合司法实践,相关司法解释等规范性文件在这方面作出了有益的探索。

一、对采用威胁方法取得的供述实行排除规则

1.《非法证据排除规定》的态度

在起草《非法证据排除规定》过程中,关于采取威胁方法获得的供述应当如何处理的问题,存在不同的意见:一种意见认为,从规范司法行为的长远角度看,采取威胁方法获取的证据应当予以排除,并且刑事诉讼法对禁止此类非法方法也有明确的规定;另一种意见认为,对于此类证据,应当综合多种可能损害公正审判的因素决定是否排除。

当时研究认为,刑事诉讼法已经对威胁方法作出明确的禁止性规定,"两高"司法解释也将采用此类非法方法取得的供述界定为非法证据,应当说,威胁的非法性是毋庸置疑的。鉴于《非法证据排除规定》以遏制刑讯逼供为重点,加之对威胁与合法讯问策略的边界不好界定,在对该争议问题缺乏共识的情况下,暂不明确规定为宜。有学者指出,《非法证据排除规定》将非法取得供述的方法限为"刑讯逼供等非法方法",并未对"威胁、引诱、欺骗"方法作出规定,这种限缩解释可能引发实践中是否还允许威胁、引诱、欺骗取证的现实问题。[①] 实际上,这种担心是不必要的。《非法证据排除规定》未对"威胁"方法作出规定,存在着前述现实的考虑。尽管如此,并不意味着

① 龙宗智:《两个证据规定的规范与执行若干问题研究》,载《中国法学》2010年第6期。

“威胁”等方法就是合法的，如果采用“威胁”的方法严重违反法律的规定，迫使犯罪嫌疑人作出供述，并且有可能影响到口供的客观真实性的，就应当予以排除。①

2. 2012年刑事诉讼法修改过程中的争议

从十一届全国人大常委会第二十二次会议初次审议公布的2012年刑事诉讼法修正案草案看，该草案规定“严禁刑讯逼供和以其他非法方法收集证据”，删去了1996年刑事诉讼法中规定的“威胁、引诱、欺骗”方法。对此，有意见指出，实践中仍然存在个别办案机关和办案人员采用威胁、引诱、欺骗等方法收集证据的情形，还是将此类方法明确列举为非法方法较好。最终，2012年修改后刑事诉讼法维持了1996年刑事诉讼法的表述，即严禁刑讯逼供和以威胁、引诱、欺骗以及其他非法的方法收集证据。

从理论上讲，即使刑事诉讼法并未对威胁等方法作出列举式规定，法院对于采用侵犯人权的方法取得的证据，认为影响公正审判的，也可以依法予以排除。但在现有的制度背景下，对威胁等非法方法作出列举式规定，有助于明确执法规范，并为法院排除非法证据提供具体依据。

不过，2012年修改后刑事诉讼法在保留对“威胁、引诱、欺骗”的禁止性规定同时，对非法供述证据范围的界定，沿用了《非法证据排除规定》的表述，即“采用刑讯逼供等非法方法收集的犯罪嫌疑人、被告人供述，应当予以排除”，其中并未提及“威胁、引诱、欺骗”方法。这导致实践中对采用威胁、引诱、欺骗方法取得的证据是否应当排除存在较大的争议。

一种意见认为，法律采用的“宽禁止、严排除”的立法模式，即虽然原则上禁止采用“威胁、引诱、欺骗”的非法方法，但并未将采用此类非法方法取得的证据纳入排除规则的范畴。有意见指出，法律对非法证据排除范围的规定明确指出“刑讯逼供、暴力、威胁”的方法，而没有提及“引诱、欺骗”，应当理解为并不是所有以非法方法收集的证据都应当予以排除。② 有意见进而指出，在法律没有作出明确规定的情况下，排除采用“威胁、引诱、欺骗”取得的证据，缺乏法律依据。

---

① 张军主编：《刑事证据规则理解与适用》，法律出版社2000年版，第285页。

② 李寿伟：《非法证据排除制度的若干问题》，载《中国刑事法杂志》2014年第2期。

另一种意见认为,法律已经对刑讯逼供和威胁、引诱、欺骗等非法方法作出禁止性规定,只有依法排除采用此类非法方法取得的证据,才能落实法律的规定。同时,在法律已有明确禁止性规定的前提下,依法排除采用威胁、引诱、欺骗方法取得的证据,既有规范依据,也有利于保障犯罪嫌疑人的人权,并不存在法律上的障碍。司法实践中,也有排除通过威胁方法获取的供述的案例。①

由于刑事诉讼法没有对这一争议问题明确态度,"两高"制定的司法解释也回避了该问题,仅就"刑讯逼供等非法方法"作出了原则性规定,这导致一些侦查人员在讯问时存在心理顾虑,不好掌握法律的具体边界。案件到了审判阶段,法官也会因为规范依据不明确而陷入两难境地。

3.《严格排除非法证据规定》设定的排除规则

由于立法规定不明确,司法实务人员遇到类似问题时往往不知所措,如很多辩护人提出侦查人员在讯问犯罪嫌疑人时,有威胁、引诱或者欺骗行为,请求法庭排除相关供述。对此问题,法庭一方面难以判断相关讯问行为中是否有威胁、引诱或者欺骗的因素,另一方面对于通过威胁、引诱或者欺骗手段获取的供述是否一定要排除也存有疑惑。因此,有必要进一步明确通过威胁、引诱、欺骗方法获取的供述是否应当排除的问题。

尽管威胁与合法侦查策略之间存在一定的交叉,但毫无疑问,侦查策略应当在法制框架内进行,为防止办案机关以所谓侦查策略为名违法侦查、侵犯人权,也有必要为侦查策略设定法律的边界,以确保侦查策略依法和妥善

---

① 北京一中院审理的郭宗奎等四人涉嫌贩卖毒品一案,郭宗奎当庭表示:"我没有参与贩毒,我说的话,是警察恐吓后我才说的。他们拿我闺女吓唬我,我特别害怕。"由于郭宗奎在法庭上称公安人员2011年8月21日讯问时,以自己的家人作威胁,自己文化程度不高,当时非常害怕,自己供述的事实不真实。公诉机关申请抓捕郭宗奎的侦查人员王警官、李警官到庭,说明当时的讯问情况。两位警官表示在讯问郭宗奎的过程中,他比较紧张,讯问时告知郭宗奎此贩毒案件已经侦查很长时间,掌握了充分证据,希望他如实交代,但此过程没有使用威胁语言。合议庭认为公诉人当庭出示的证据不够确实充分,郭宗奎2011年8月21日的供述是侦查人员非法取得的可能性不能排除。合议庭决定:在后续的法庭调查阶段,公诉人不得宣读2011年8月21日郭宗奎所作的供述。参见黄洁、孔一颖:《北京一中院审涉毒案启动非法证据排除——被告称被"逼供",民警遮挡后出庭作证》,载法制网,http://www.legaldaily.com.cn/index/content/2012-09/13/content_3841325.htm?node=20908,最后访问日期:2015年2月4日;刘晓燕、杨清惠:《实体审理前先启动非法证据排除程序——北京一中院开庭审理新刑诉法预热第一案》,载《人民法院报》2012年9月15日,第3版。

运用,保证司法的公正性。通过设定威胁方法取证的排除规则,有助于明确侦查策略的法律边界。

从比较法看,许多国家都对采用威胁、引诱、欺骗取证设定了相应的排除规则。例如,德国刑事诉讼法在界定禁止的讯问方法时,列举了“欺诈、在刑事诉讼法准许的范围外实施强制、以刑事诉讼法不准许的措施威胁,以法律没有规定的利益许诺”等非法方法。日本刑事诉讼法列举了“强制、拷问、胁迫”等非法方法。英国《警察与刑事证据法》列举了“以暴力相威胁(无论是否达到刑讯程度)”等非法方法。中国台湾地区刑事诉讼法列举了“胁迫、利诱、诈欺”等非法方法。美国也有一些判例对威胁、引诱、欺骗取得的证据予以排除。

鉴于威胁方法和引诱、欺骗方法之间存在一定的差异,《严格排除非法证据规定》未对引诱、欺骗方法作出明确的排除规定,仅要求对采用威胁方法取得的供述实行排除规则,即采用以暴力或者严重损害本人及其近亲属合法权益等进行威胁的方法,使犯罪嫌疑人、被告人遭受难以忍受的痛苦而违背意愿作出的供述,应当予以排除。

关于对威胁方法所作的上述限定,有意见指出,可将其中“等进行威胁的方法”改为“等非法方法进行威胁”,以区分“非法的威胁”与“合法的威胁”(讯问策略)。鉴于刑事诉讼法严禁采用威胁方法取证,故威胁本身即属非法方法,从规范意义上并不存在“合法的威胁”,基于上述限定,刑事诉讼法所禁止的威胁方法,就是指以暴力或者非法损害本人及其近亲属合法权益等进行威胁。还有意见指出,在“本人及其近亲属”后增加“利害关系人”或者“亲友”。鉴于“利害关系人”或者“亲友”的范围过宽,与犯罪嫌疑人的关系并不特别紧密,故未采纳该建议。

二、威胁的认定标准和排除方式

根据威胁的内容,可以将威胁分为以下几种:第一,以暴力直接威胁犯罪嫌疑人,如侦查人员在讯问犯罪嫌疑人时直接或间接地表达这样的意思,即不如实供述就会遭到肉体上的伤害。如在赵作海案中,侦查人员威胁他“你不招,开个小车拉你出去,站在车门我一脚把你跺下去,然后给你一枪,我就说你逃跑了”。[①] 第二，以严重损害犯罪嫌疑人或其近亲属的合法权益相威胁，如侦查人员威胁犯罪嫌疑人“如果不供述，把你与艾滋病人关押在一起”，且真的将犯罪嫌疑人与艾滋病人关押在一起；又如，威胁犯罪嫌疑人“不如实供述，不让你女儿考研究生”，且真的已经采取相关措施准备在其女儿考研的当天询问其女儿。司法实践中也可能是几种方法一起使用，如原四川省乐至县交通局长宋立光涉嫌受贿案中，宋立光辩称遭到了亲情逼供、传染病逼供，侦查人员威胁他如果不承认受贿，就把在国外读书的女儿引渡回来，把家人都抓起来，在看守所中与麻风病病人、肺病病人等传染病人关在一起，其在巨大的心理和身体压力下才被迫违心地作出了有罪供述。[②] 当然，本案中宋立光的供述是否应当予以排除，还要进一步考虑侦查机关是否已经采取相关措施从而使得这种威胁达到了“迫使”其作出供述的程度。

此外，如果侦查机关有证据证明犯罪嫌疑人的亲属也涉嫌犯罪，则应允许采用“如不如实交代，将对其亲属采取强制措施或追究其刑事责任”的讯问策略。这种情况在受贿案件中较为常见，如俗语通常说的“老公用权，老婆收钱”。此种情况下，在讯问时使用“你不说，把你老婆抓来，我们有证据证明钱是她亲自收的”以及类似这样的用语应该是允许的。因为，侦查机关有一定证据能够证明犯罪嫌疑人的亲属涉嫌犯罪，抓捕犯罪嫌疑人的亲属并不违反法律规定。[③]

诚如美国审讯专家弗雷德·英博所言，“自我谴责和自我毁灭不是人的正常行为特征，人类一般都不会主动、自发地供认自己的罪行”。[④] 基于此，各国侦查主体通过讯问获取内部性证据的权力运作方式主要有两种：身体战术（以身体强制为导向的讯问）和心理策略（以心理影响为导向的讯问）。[⑤] 其中，心理策略的运用不可避免地带有一定的威胁因素，那么，如何

---

① 张寒：《赵作海：被打一个月，生不如死就招了》，载《新京报》2010年5月12日，A19版。

② 李薇薇：《审查逮捕工作中排除非法供述若干实务问题研究》，载《中国检察官》2013年第10期。

③ 林国强：《刑事诉讼中的非法取供行为研究》，西南政法大学2014年博士学位论文。

④ [美]弗雷德·英博：《审讯与供述》，何家弘译，群众出版社1992年版，导言第5页。

⑤ 林喜芬：《非法证据排除规则：话语解魅与制度构筑》，中国人民公安大学出版社2008年版，第292页。

把握威胁因素运用的尺度呢？换句话说，威胁因素运用的合理限度在什么地方，或者说带有威胁因素的心理审讯策略与讯问实践中应当禁止的威胁区别何在？

有学者认为，根据威胁的方式是否侵权及侵权的恶劣程度不同，可以将威胁区分为“技术性威胁”、“违法性威胁”与“非法性威胁”。其中，技术性威胁是指侦查人员通过言语的方式对犯罪嫌疑人进行威逼与胁迫，迫使犯罪嫌疑人作出供述的行为，如侦查人员对犯罪嫌疑人说：“如果不交代，将对你从重处罚”。技术性威胁的突出特点是：侦查人员对犯罪嫌疑人仅仅是一种言语“吓唬”，但并未真正地实施所威胁的内容。侦查人员通过技术性威胁方式获取供述的行为，属于侦查人员正常的讯问技巧。违法性威胁，是指侦查人员通过违法的恶劣言语，对犯罪嫌疑人进行威逼与胁迫，迫使犯罪嫌疑人作出供述的行为，如侦查人员对犯罪嫌疑人说：“如果不交代就弄死你！”或者说“如果不交代就判你死刑”等。违法性威胁的突出特点是：侦查人员使用的威胁言语带有侮辱或使人产生巨大恐惧的内容，不符合法律规则或者原则的要求。违法性威胁获取的供述是否能够作为定案根据，由公安机关、检察机关、审判机关根据威胁的具体情况自由裁量。非法性威胁是指侦查人员通过非法的言语和行为，对犯罪嫌疑人进行威逼与胁迫，迫使犯罪嫌疑人作出供述的行为，如侦查人员威胁犯罪嫌疑人如果不交代就将其与身患传染病的其他犯罪嫌疑人关押在一起，且真的将他们关押在了一起。非法性威胁的突出特点是：侦查人员不仅使用非法的言语威胁犯罪嫌疑人，并且将威胁的内容付诸实施，使犯罪嫌疑人在心理上产生剧烈痛苦或者恐惧。通过非法性威胁所获取的供述应当作为非法证据予以排除。①

为了合理确定威胁与合法侦查策略的边界，有必要区分一般意义上的“威胁”和排除规则意义上的“威胁”。在日常生活中，只要以不利的后果作为要挟，都属于威胁。但排除规则意义上的威胁，与供述的自愿性紧密相关，主要是指对犯罪嫌疑人采用威逼胁迫的手段迫使其违背意愿作出供述。只有那种严重的威胁，导致犯罪嫌疑人精神上剧烈痛苦，被迫作出的供述，

① 左宁：《中国刑事非法证据排除规则研究》，中国政法大学出版社2013年版，第156～157页。

才属于排除范围。[①] 对于讯问过程中一般性的威吓、呵斥,由于程度轻微,不足以迫使犯罪嫌疑人违背意愿供述,并不构成威胁。需要指出的是,一些程度轻微的威吓、呵斥,虽然不构成威胁,但有些仍属不规范的讯问,必要时可对相关讯问人员给予警告等处分,以便加强讯问用语规范。随着讯问过程同步录音录像制度的推广,如何进一步规范讯问用语值得侦查机关认真研究。

对此,国外的立法例和判例可以适当借鉴。德国刑事诉讼法禁止以刑事诉讼法不允许的措施相威胁。例如,警察告知犯罪嫌疑人,如不合作将会面临长期监禁,如果法律确实如此规定,则不构成威胁,而是法院实际量刑的预示;但如果这种声明是不真实的,则构成带有欺骗性质的威胁。英国也有许多判例对威胁方法作出界定。例如,1990 年埃莫森案件中,警察在讯问时提高嗓音并说一些脏话,表现出不耐烦、很生气的态度,法院认为,这种做法并不构成威胁,但如不当讯问行为达到影响供述自愿性的程度,就将构成威胁。又如,1993 年帕里斯案件中,被告人米勒遭到警察威吓,警察在讯问时出言辱骂和大声训斥,上诉法院指出,尽管警察未使用暴力,但很容易想象警察还能采用其他更为敌意并且具有胁迫性的讯问方式,故这种讯问行为应当构成威胁。法官在判断是否构成威胁时会考虑被告人的脆弱程度和经验。在 1992 年斯利格案件中,法官考虑到被告人斯利格作为经验丰富的银行家,其智商和情商较高,警察在该欺诈案件中对斯利格的严厉讯问并非其不能承受,据此认定讯问行为不构成威胁。不过,采用类似方式讯问未成年人或者老年人则可能被认定构成威胁。

三、关于通过引诱和欺骗方法获取的供述是否应当排除

与刑讯逼供和威胁相比,引诱、欺骗并不属于侵犯人身权和意志自由权的强迫方法,而且在侦查实践中,引诱、欺骗与合法侦查策略的边界也较为模糊,因此,理论界和实务界对引诱、欺骗方法的认可度(或称容忍度)较高。但是,一些引诱、欺骗方法可能突破法律的底线,甚至导致犯罪嫌疑人作出虚假供述,导致冤假错案,因此有必要明确引诱、欺骗的法律边界。

---

① 龙宗智:《我国非法口供排除的“痛苦规则”及相关问题》,载《政法论坛》2013 年第 5 期。

通过引诱、欺骗方法获取的供述是否应当排除、如何排除，学界主要有两种不同的主张。一种主张认为，通过特定类型的引诱、欺骗方法获取的供述应当予以排除。对于通过这种方法获取的证据如何排除则又有两种观点：一种观点是直接予以排除，如有学者认为，严禁采用以法律没有规定的利益相许诺或者欺骗的方法获取犯罪嫌疑人、被告人或其他人的证明自己有罪的陈述或者其他言词证据，以上述方法收集的言词证据不得作为定案的根据。① 还有学者建议，以不能兑现的承诺或者给予法律不容许的利益等引诱手段获得的言词证据，不具有证据能力。② 另一种观点则主张由法庭在考量各种因素后决定是否排除相关证据，如有学者认为，侦查人员、检察人员以许诺给予法律没有规定的利益或者欺骗的方法收集到的犯罪嫌疑人、被告人供述、证人证言、被害人陈述以及记载上述内容的音像资料，为非法证据。对于上述非法证据，法庭可以根据案件的具体情况，并综合考虑下列因素后，决定是否予以排除：(1)案件的性质和影响；(2)证据的可靠性及在证明体系中的地位与作用；(3)取证行为违法的原因及程度；(4)取证行为对人权保障及公共利益的影响。③

另一种主张仅笼统规定禁止以引诱、欺骗方法收集供述，对于通过这种方法获取的证据直接予以排除，如有学者建议，在对犯罪嫌疑人、被告人进行调查时，禁止使用诱骗的方法，以诱骗方法取得的证据不得作为认定有罪的根据。④ 还有学者建议，禁止以诱骗方法收集犯罪嫌疑人、被告人、被害人陈述和证人证言，以诱骗方法收集的证据不得作为本案提起公诉、判决有罪的证据。⑤

在起草《严格排除非法证据规定》过程中，对于采用引诱、欺骗方法取得

---

① 徐静村主编：《中国刑事诉讼法(第二修正案)学者拟制稿及立法理由》，法律出版社2005年版，第85～86页。

② 陈卫东主编：《模范刑事诉讼法典》，中国人民大学出版社2005年版，第274页。

③ 田文昌、陈瑞华主编：《〈中华人民共和国刑事诉讼法〉再修改律师建议稿与论证》(增补版)，法律出版社2012年版，第281～284页。

④ 陈泽宪、熊秋红主编：《刑事诉讼法修改建议稿与论证——以被指控人的权利保护为核心》，中国社会科学出版社2009年版，第6～7页。

⑤ 陈光中主编：《中华人民共和国刑事诉讼法再修改专家建议稿与论证》，中国法制出版社2006年版，第40页。

的供述是否应当作为非法证据予以排除,也存在不同认识。一种意见认为,不应当排除采用引诱、欺骗方法取得的供述。主要理由是:法律并未将采用引诱、欺骗方法取得的供述纳入应当排除的非法证据范围,而且引诱、欺骗与讯问技巧难以截然区分,对引诱、欺骗取得的供述是否应当排除,关键看是否系虚假供述。另一种意见认为,应当对采用引诱、欺骗方法收集的供述予以排除。主要理由是:第一,既然刑事诉讼法严禁引诱、欺骗,采用此类方法收集的供述就应当排除,否则,这种缺乏制裁后果的规定在实践中难以落实,有损法律的权威。同时,采用此类方法收集供述,极易导致冤假错案发生。第二,通过总结实践经验,对引诱、欺骗方法的范围作出合理限定,能够与合法讯问策略区分开来。办案人员在办案过程中采用以非法利益进行引诱的方法(例如,对吸毒的犯罪嫌疑人称,只要认罪就可以为其提供毒品)或者以严重违背社会公德的方式进行欺骗的方法(例如,对犯罪嫌疑人谎称其老母遭遇车祸,只有认罪才能见面),显然不符合公正司法的要求,不仅无法对社会公正起到引领作用,反而可能会产生破坏作用。第三,从国外法律对引诱、欺骗方法的禁止性规定看,主要是防止滥用此类方法导致宗教伦理、社会公德、司法制度的公信力等受到负面影响,一旦出现此种负面影响,司法公正也就无从谈起。

《严格排除非法证据规定》综合考虑各种因素,未对这一问题作出明确规定,但司法实践中,如果侦查人员采用以非法利益进行引诱的方法或者以严重违背社会公德的方式进行欺骗的方法收集犯罪嫌疑人、被告人供述,可能严重影响司法公正的,对有关供述应当予以排除。这里所谓的“司法公正”,不仅包括实体公正,即通过引诱、欺骗方法获取的供述有可能是虚假的,进而影响到案件实体上的正确处理,甚至还可能会冤枉无辜,还包括程序公正,即具体的引诱、欺骗方法违法程度严重,突破社会道德底线,造成犯罪嫌疑人、被告人精神上高度痛苦。

有意见指出,可以将“可能严重影响司法公正”修改为“严重影响司法公正”。鉴于该处的“可能”表示的是对是否严重影响司法公正的一种判断,并非确定的状态,故不宜删除。

第四条　采用非法拘禁等非法限制人身自由的方法收集的犯罪嫌疑人、被告人供述,应当予以排除。

【条文要旨】

本条明确了采用非法限制人身自由方法取得供述的排除规则及认定标准。

【条文释义】

刑事诉讼法在列举“刑讯逼供、威胁、引诱、欺骗”等非法方法的基础上,还规定了兜底性的“其他非法方法”。基于非法证据的界定,关于其他非法方法的认定,应当以侵犯宪法权利或者重要的诉讼权利为前提。司法实践中,除“刑讯逼供、威胁、引诱、欺骗”等典型的非法方法外,比较常见的就是通过非法拘禁等非法限制人身自由的方法取得口供。例如,有的办案单位未依法采取强制措施就非法拘禁犯罪嫌疑人、被告人,或者在采取强制措施超过法定期限后仍非法羁押犯罪嫌疑人、被告人,这种逼取口供的方法明显违反法定程序,且严重侵犯犯罪嫌疑人、被告人的人权,应视为刑事诉讼法规定的与刑讯逼供和威胁相当的“其他非法方法”,通过这种方法获取的供述,应当予以排除。

关于这一问题,有学者早已指出:“违法羁押既已侵害被害人身体自由,有违人权保障之道,是在违法羁押存在之情况下,其所为之自白,不应认为其具有证据能力”。[①] 还有学者认为,考虑到超期羁押在我国司法实践中普遍存在,而且通过各种实体手段处理依然屡禁不止,立法应当通过建立程序性制裁机制来加以补充,禁止违法羁押期间取得的言词证据作为证据使用。我国台湾地区“刑事诉讼法”第156条第1款(将违法羁押与强暴、胁迫、利诱、诈欺、疲劳讯问等方法均视为不正之方法)也有此规定。[②]

排除采用非法拘禁等非法限制人身自由的方法收集的犯罪嫌疑人、被告人供述,在国外也有相关立法例。例如,在日本,宪法第38条第2款规定,

---

① 蔡墩铭、朱石炎:《刑事诉讼法》,五南图书出版公司1980年版,第114页。

② 兰跃军:《论言词证据之禁止——以〈德国刑事诉讼法〉为中心的分析》,载《现代法学》2009年第1期。

用强制、刑讯或胁迫的方法获得的自白或者因长期不当羁押,拘禁后获得的自白,不能作为证据。刑事诉讼法第319条第1款也规定,强制、刑讯或胁迫获得的自白、因长期不当羁押后作出的自白,以及其他自愿的自白,都不能作为证据。[①] 日本早期的判例也认为:"被不当地长期关押拘禁后的自白或者不自愿的自白",由于具有很大的虚伪性,应当予以排除。[②] 在美国,康涅狄格州最高法院在审理康涅狄格州诉特劳伯案(1963年)的意见中认为:"当逮捕和随后的拘留是非法时,供述人在此期间所作的归罪性供述不能作为证据被采纳"。在此基础上进一步考察,"虽然——在非法拘留期间所作出的供述被发现确实是完全自愿的,但如果非法拘留是产生和带来供述的一个有效因素的话,该供述将被考虑作为这种非法拘留的成果而不予采纳"。[③]

在我国的司法实践中,对于通过非法限制人身自由方法取得的犯罪嫌疑人、被告人供述,有的没有作为指控犯罪的根据,[④]有的则没有作为定案的根据被人民法院予以排除。

十八届四中全会通过的《关于全面推进依法治国若干重大问题的决定》指出,要"完善对限制人身自由司法措施和侦查手段的司法监督"。本条规定将采用非法限制人身自由的方法取得的供述纳入排除范围,与四中全会决定的精神是契合的。

---

① 转引自[日]田口守一:《刑事诉讼法》,张凌、于秀峰译,中国政法大学出版社2010年版,第296页。

② 日本最高裁判所判例昭和二十三年(1948年)7月19日刑事判例集2卷8号,第944页。转引自张智辉主编:《刑事非法证据排除规则研究》,北京大学出版社2006年版,第52页。

③ [美]乔恩·R. 华尔兹:《刑事证据大全》,何家弘等译,中国人民公安大学出版社2004年版,第345页。

④ 例如,犯罪嫌疑人黄某涉嫌放火案。1997年7月19日,N市公安局B区分局以涉嫌放火罪将犯罪嫌疑人黄某移送N市B区人民检察院审查批捕。人民检察院审查后认为,公安机关指控犯罪嫌疑人黄某犯放火罪的证据不足,于1997年7月21日依法对黄某作出不批准逮捕决定。N市公安局B区分局在接到检察机关的通知后未依法立即释放犯罪嫌疑人黄某,而仍对其继续羁押,并于1997年7月23日在N市看守所内先后两次"讯问"犯罪嫌疑人黄某,并取得黄某供认纵火的"有罪供述"两份。之后,N市公安局B区分局于1997年7月24日将该案再次向人民检察院报捕,后人民检察院排除该供述。张智辉主编:《刑事非法证据排除规则研究》,北京大学出版社2006年版,第94~95页。

第五条　采用刑讯逼供方法使犯罪嫌疑人、被告人作出供述，之后犯罪嫌疑人、被告人受该刑讯逼供行为影响而作出的与该供述相同的重复性供述，应当一并排除，但下列情形除外：

（一）侦查期间，根据控告、举报或者自己发现等，侦查机关确认或者不能排除以非法方法收集证据而更换侦查人员，其他侦查人员再次讯问时告知诉讼权利和认罪的法律后果，犯罪嫌疑人自愿供述的；

（二）审查逮捕、审查起诉和审判期间，检察人员、审判人员讯问时告知诉讼权利和认罪的法律后果，犯罪嫌疑人、被告人自愿供述的。

【条文要旨】

本条明确了重复性供述的排除规则和例外情形。

【条文释义】

众所周知，被告人在庭审中翻供是困扰刑事法官的一个重要难题。某学者对Y省省会城市的三个基层法院调研后发现，J法院、N法院以及G法院近年来被告人的当庭翻供率分别为27.5%、21%和14%。被告人翻供的理由主要有刑讯逼供、骗供、诱供以及错误的讯问记录等，其中最主要的理由是刑讯逼供，在该学者调研的三个基层法院，共有55起被告人当庭翻供案件，其中被告人主张曾遭受刑讯逼供的案件共计19起，占翻供案件的34.5%。[①] 在审前供述率近乎100%的中国，[②]被告人当庭翻供确实是一个重要的问题。高供述率、较高的翻供率与刑讯逼供抗辩相结合，一个新的问题出现了，即被告人审前重复供述的排除问题。审前重复供述的排除问题，是指某次供述系刑讯逼供所得，与该供述内容相同或相近的后续供述该如何处理的问题。

---

① 左卫民等：《中国刑事诉讼运行机制实证研究（五）：以一审程序为侧重点》，法律出版社2012年版，第177页。

② 有学者对三个基层法院的调研结果显示，不同年份不同地区被告人的供述率从95.08%到100%。左卫民等：《中国刑事诉讼运行机制实证研究》，法律出版社2007年版，第41页；熊秋红教授调研的死刑案件有罪供述率是96%，参见熊秋红：《冤案防范与权力保障》，载《法学论坛》2010年第4期；麦高伟教授统计的供述率为95%，See Mike McConville, *Criminal Justice in China: An Empirical Study*, Edward Elgar, 2011, p. 72。

一、确立重复性供述排除规则

反复多次讯问以固定口供，并掌握供述变化情况，是侦查讯问的基本要求。司法实践中，侦查人员对犯罪嫌疑人的讯问往往不止一次，所形成的讯问笔录也不止一份，被告人在审前往往作出数份内容相同或相似的供述。有学者对某基层法院1984年、1994年和2004年三个年份刑事案件证据种类结构进行过统计分析，结果发现：1984年每案口供证据平均为8.11份，1994年为4.47份，2004年为6.5份。[①] 根据一般经验，侦查人员即便在某个案件中的某次讯问中存在刑讯逼供行为，但一般也不会在每次讯问时均有刑讯行为。但如采用刑讯逼供等非法方法迫使犯罪嫌疑人供述，势必对犯罪嫌疑人造成严重心理影响，以至于此后讯问即使不采用刑讯逼供等非法方法，犯罪嫌疑人仍会在前述心理影响下继续供述。那么，那些与刑讯逼供有一定时间间隔的供述是否需要排除？由于刑事诉讼法没有明确规定审前重复性供述是否应当排除，导致对这一问题有不同的看法。

我国学界主流观点认为，审前重复供述应当排除。主要理由如下：如果对审前重复供述的使用不作限制，侦控机关在面临口供合法性的争议时往往会无所作为，而通过援引重复供述来规避非法证据排除规则，那么，刑事诉讼法和司法解释所确立的非法证据排除规则有完全被架空的可能，[②]同时也使得该规则所具有的吓阻和遏制非法侦查行为、保障犯罪嫌疑人合法权利的功能无法实现，立法目的落空。[③] 但也有人认为，只要后续讯问没有采取刑讯逼供等非法方法，获取的重复性供述就可以作为证据使用，在重复性供述能够与其他证据材料相互印证的情况下，重复性供述能够作为定案的根据。调研发现，司法实践中，既有排除重复供述的案例，也有重复供述一律不排除的案例，但总体来说，很多法官倾向于不排除重复供述。如C市法院2013年1月至2014年6月排除非法证据的24例案件，全部排除的是非法供述，但没有一件排除重复供述，最终大部分案件依据重复供述定罪。

---

① 左卫民等：《中国刑事诉讼运行机制实证研究(二)：以审前程序为重心》，法律出版社2009年版，第232页。

② 龙宗智：《两个证据规定的规范与执行若干问题研究》，载《中国法学》2010年第6期；万毅：《论"反复自白"的效力》，载《四川大学学报》(哲学社会科学版)2011年第5期。

③ 张颖：《重复自白的证据能力》，载《中国刑事法杂志》2012年第7期。

关于采用刑讯逼供方法取得供述后，后续取得的重复性供述，许多国家都规定了相应的排除规则。美国通过判例确定了所谓的“出袋之猫”规则（cat out of the bag）。[①] 联邦最高法院在1947年合众国诉贝尔案中指出，如果被告人第一次已经作出供述，无论是基于什么动机，他都会在心理上和实践中受到该次供述的负面影响。他已经不能将“出袋之猫”装回到袋子中了。根据“出袋之猫”规则，被告人在作出第一次供述后，势必受到之前被迫作出的供述的负面影响，其再否认之前的供述已经没有意义，由于其没有办法撤回之前的供述，故只能重复之前的供述。此种情况下，之后的供述通常要被视为第一次供述的“毒树之果”，应当予以排除。不过，如果之后的供述与第一次供述没有关联，被告人不是因为“出袋之猫”而作出供述，例如，办案人员出示被告人实施犯罪的照片，或者基于其他独立的原因，之后的供述就不应当排除。[②]

在英国，如果被告人最初的供述被认定为非法证据，则影响到后续供述的可采性。例如，根据《警察与刑事证据法》第76条第（2）款（b）项规定，相关人员的言行导致某次供述不具有可采性，这就意味着，后续通过法定程序收集的供述可能因此受到“污染”，进而应当根据该条规定予以排除。同时，法官也可以基于确保公正审判的裁量权排除后续供述。实践中，后续通过法定程序收集的供述是否受到之前非法讯问的污染，取决于个案具体情况。例如，在1991年杰拉德案中，上诉法院指出，法官需要注意审查最初讯问是否存在压迫、引诱、压力等情形，进而对后续讯问具有严重影响。在1994年伍德案中，上诉法院指出，法官需要审查最初非法讯问属于严重违法还是仅仅属于技术性违法。究竟如何判断后续遵守法定程序的讯问是否消除最初非法讯问的影响，2002年兴格勒顿案件提出了二步式审查标准：第一，导致

① “出袋之猫”是西方谚语，通常是指泄露之前保密或者未披露的事实。

② 如果被告人最初的供述不是因为遭到暴力、胁迫而作出的，办案人员仅仅是违反了米兰达规则，则后续的重复性供述无须排除。因为米兰达规则不是一项宪法权利，而是落实宪法权利的保障措施，排除违反米兰达规则取得的供述是因为这种做法间接侵犯了联邦宪法第五修正案中不得强迫自证其罪的权利，而以该供述为线索取得的其他证据则是间接又间接地侵犯了第五修正案的权利，根据“毒素逐渐减弱原则”，这种间接又间接的证据不应当视为毒树之果，因而不予排除。杨宇冠：《非法证据排除规则研究》，中国人民公安大学出版社2002年版，第71～72页。

先前供述被排除的非法讯问情形是否具有根本性和持续性；第二，后续讯问是否充分保障被告人权利，促使其能够明智且独立地选择重复最初供述、撤回最初供述或者保持沉默。该案中，最初非法讯问情形并不具有持续性，兴格勒顿有充分理由和机会决定是否重复最初供述，因此后续供述不应排除。

日本对重复性供述适用非法证据排除规则中的毒树之果理论，重复性供述是否具有证据能力，取决于第一次供述和后续供述的关联性。① 德国刑事诉讼法第 136 条 a 具体列举了禁止讯问的方法，如果采用该条禁止的非法方法进行讯问，取得的供述不具有证据能力，即使后续讯问依法进行，考虑到后续供述仍受先前非法讯问的影响，故重复性供述仍不具有证据能力。②

我们认为，为保障非法证据排除规则的有效实施，重复性供述原则上都应当予以排除。实践中，绝大多数案件都不会仅有一份有罪供述，如果不排除重复性供述，会有鼓励侦查人员非法取证之嫌，因为即使排除非法供述，但只要有重复性供述的存在，仍然可以达到非法取证的目的，非法证据排除规则将变得没有实际意义。鉴于此，《严格排除非法证据规定》明确，采用刑讯逼供方法使犯罪嫌疑人、被告人作出供述，之后犯罪嫌疑人、被告人受该刑讯逼供行为影响而作出的与该供述相同的重复性供述，应当一并排除。

二、关于重复性供述排除规则的例外情形

在确定重复性供述应当排除的基调后，如何排除重复性供述呢？重复性供述是一律予以排除，还是可以设定例外情形呢？对此，存在不同的观点。一种观点认为，对于重复供述应持全部排除的态度。如有学者认为，只要侦查机关的非法讯问行为一经查证属实的，则侦讯阶段形成的所有口供均应无例外地一体排除。③ 有律师立足于我国的司法体制和实践，也认为区别对待说在我国不具有可行性，赞同全部排除说的观点。④ 另一种观点则认为，对于重复供述是否予以排除，要考察讯问人员的更换、讯问场所的变更、

---

① ［日］田口守一：《刑事诉讼法》，刘迪等译，法律出版社 1999 年版，第 251～252 页。
② ［德］克劳思·罗科信：《刑事诉讼法》，吴丽琪译，法律出版社 2003 年版，第 232 页。
③ 万毅：《论“反复自白”的效力》，载《四川大学学报》（哲学社会科学版）2011 年第 5 期。
④ 田文昌、邹佳铭：《排除非法言词证据的若干问题》，载《人民司法》2013 年第 7 期。

两次讯问的间隔时间以及先前违法取证的严重程度等因素，在此基础上决定是否予以排除重复供述。[①] 后一种观点是目前学界的主流观点。

从比较法的角度来看，在德国，刑事诉讼法第 136 条 a 具体列举了禁止讯问的方法，由于该条是《基本法》第 1 条的具体表现，因此，如果违反该规定，“则所得之证据绝无证据能力。即或后来的讯问方法并无违法情事，然其陈述仍受往昔不法之讯问的压力影响时，则此时虽属合法之陈述仍不具有证据能力”。[②] 在美国，一般认为若前面的供述仅是违反米兰达警告而取得的，则后面的供述无须排除。但如果前面的供述是以侵犯律师帮助权或者以暴力、胁迫等强迫方式获取的，由于这直接侵犯了嫌疑人的宪法性权利，该供述的毒性被认为很强，以其为线索取得的其他证据应当适用毒树之果原则予以排除。[③]

考虑司法实际需要，重复性供述一概排除，可能不利于惩罚犯罪，故有必要规定例外情形。对此，有学者认为，应当以诉讼程序的推进为基础，实行分阶段的重复供述排除方式。[④] 有学者则认为，应以犯罪嫌疑人自白的任意性有无受到影响为标准来确定是否排除重复供述，但由于这一标准较为抽象，应当将排除重复供述的条件进行物化。具体来说，排除重复供述必须具备以下几个条件：第一，讯问主体的身份不变；第二，讯问情境不变；第三，讯问者采用了威胁的方式，且威胁的内容与之前的违法行为有密切联系。[⑤] 还有学者认为，应当以非法取证行为的影响效力理论为基础，[⑥]判决非法取证行为与重复供述之间是否存在因果关系，[⑦]非法取证行为的影响仍然存在，重复供述与非法取证行为之间存在因果关系的，应当排除重复供述。

为便于司法实践中的操作，《严格排除非法证据规定》对重复性供述排

---

① 谢小剑：《重复供述的排除规则研究》，载《法学论坛》2012 年第 1 期；闫召华：《重复供述排除问题研究》，载《现代法学》2013 年第 2 期。

② [德]克劳思·罗科信：《刑事诉讼法》，吴丽琪译，法律出版社 2003 年版，第 232 页。

③ 杨宇冠：《非法证据排除规则研究》，中国人民公安大学出版社 2002 年版，第 71～72 页。

④ 闫召华：《重复供述排除问题研究》，载《现代法学》2013 年第 2 期。

⑤ 张颖：《重复自白的证据能力》，载《中国刑事法杂志》2012 年第 7 期。

⑥ 林国强：《论审前重复供述的可采性》，载《国家检察官学院学报》2013 年第 4 期。

⑦ 王彪：《审前重复供述的排除问题研究》，载《证据科学》2013 年第 5 期。

除规则设定了两种例外情形:一是(侦查阶段)主体变更的例外。侦查机关排除非法证据后,如果继续讯问取得的重复性供述仍不能作为证据使用,将影响侦查阶段排除非法证据的积极性。鉴于此,侦查期间,根据控告、举报或者主动发现等,侦查机关确认或者不能排除以非法方法收集证据而更换侦查人员,其他侦查人员再次讯问时告知诉讼权利和认罪的法律后果,犯罪嫌疑人自愿供述的,之后收集的重复性供述可以作为证据使用。二是诉讼阶段变更的例外。随着诉讼程序的推进,由检察人员、审判人员在后续诉讼阶段进行讯问,一般可以中断侦查阶段非法取证方法的影响。鉴于此,审查逮捕、审查起诉和审判期间,检察人员、审判人员讯问时告知诉讼权利和认罪的法律后果,犯罪嫌疑人、被告人自愿供述的,有关供述可以作为证据使用。不过,如果有证据表明,侦查人员在实施刑讯逼供或者威胁方法时,曾经警告犯罪嫌疑人不得在检察官面前翻供,虽然此后检察官讯问时并未采用非法方法,但因为先前的非法讯问继续影响犯罪嫌疑人的自愿性,因此,即使犯罪嫌疑人继续作出供述,同样在禁止使用之列。①

有意见认为,对侦查阶段排除非法证据(主体变更)的例外,可不以更换其他侦查人员为条件。这种观点与现有的法律规范和重复性供述的排除规则原理不符。侦查人员采用刑讯逼供或者威胁方法讯问,属于违法办案,应当依法回避,不得继续从事本案侦查工作。如不更换侦查人员,由之前违法办案的侦查人员继续讯问,不仅不符合法律精神和规范要求,也容易在后续诉讼阶段产生证据合法性争议。

第六条　采用暴力、威胁以及非法限制人身自由等非法方法收集的证人证言、被害人陈述,应当予以排除。

【条文要旨】

本条明确了证人证言和被害人陈述的排除规则。

【条文释义】

从诉讼证明的角度看,在一些案件中,特别是犯罪嫌疑人、被告人不认

---

① 林钰雄:《刑事诉讼法》(上册),元照出版有限公司2004年版,第176~177页。

罪的案件中,证人证言对认定案件事实具有决定性作用。根据法律规定,只有被告人供述,没有其他证据的,不能认定被告人有罪和处以刑罚;没有被告人供述,但有证人证言指证被告人犯罪,证据确实、充分的,可以认定被告人有罪和处以刑罚。据此,对于犯罪嫌疑人不认罪的案件,或者犯罪嫌疑人虽然认罪,但没有其他证据印证犯罪嫌疑人供述的案件,侦查机关通常会努力获取相关的证人证言。有的案件,在证人、被害人不配合的情况下,侦查人员就可能会采取非法方法逼取证人证言、被害人陈述。对证人、被害人非法取证,不仅严重损害司法的公正性和公信力,导致公众不信任司法,而且通过非法取证所刻意制造的虚假印证,法院在审判过程中难以有效识别,极易导致冤假错案。

1998 年《法院解释》和 1999 年《检察院规则》将非法取得的证人证言、被害人陈述和被告人供述一并作出规定,在具体的非法方法上未作区分,笼统地表述为"采用刑讯逼供或者威胁、引诱、欺骗等非法方法取得的证人证言、被害人陈述、被告人供述"。实际上,对证人、被害人的非法取证方法具有一定特殊性,笼统地将"刑讯逼供或者威胁、引诱、欺骗"作为非法取得证人证言、被害人陈述的方法并不准确。鉴于此,2010 年《非法证据排除规定》对非法取得证人证言、被害人陈述的方法专门作出规定,明确为"暴力、威胁等非法方法"。2012 年刑事诉讼法沿用了《非法证据排除规定》的表述,规定"采用暴力、威胁等非法方法收集的证人证言、被害人陈述,应当予以排除"。

根据相关解释,"所谓采用暴力方法收集的证人证言、被害人陈述,是指司法人员采用肉刑或者变相肉刑所获取的证人证言、被害人陈述。而采用威胁方法收集的证人证言、被害人陈述,是指司法工作人员虽未采用暴力手段,但对证人、被害人进行心理上的强制所获取的证人证言、被害人陈述。这里威胁的内容,既可以是针对被害人、证人及其亲友的人身暴力的内容,也可以是揭发其隐私,破坏其人格、名誉等威胁内容"。[①] 根据以上解释,所谓暴力方法,是指肉刑或者变相肉刑,所谓威胁方法,是指以准备实施人身

① 江必新主编:《〈最高人民法院关于适用〈中华人民共和国刑事诉讼法〉的解释理解与适用》,中国法制出版社 2013 年版,第 98 页。

暴力、揭发隐私以及破坏人格、名誉等方法对证人、被害人进行心理上的强制。无论是暴力方法还是威胁方法，证人和被害人的意志均受到限制。进一步分析，暴力方法是通过肉体上的疼痛来迫使证人和被害人作出证言和陈述，威胁方法主要是通过精神上的痛苦来迫使证人和被害人作出证言和陈述①。调研了解到，一些案件尤其是贪污贿赂犯罪案件中，通过非法限制人身自由的方法取得证人证言的情况也较为突出。鉴于此，《严格排除非法证据规定》规定，采用暴力、威胁以及非法限制人身自由等非法方法收集的证人证言、被害人陈述，应当予以排除。对此类严重侵犯证人、被害人人权的非法证据，应当实行强制排除。

第七条　收集物证、书证不符合法定程序，可能严重影响司法公正的，应当予以补正或者作出合理解释；不能补正或者作出合理解释的，对有关证据应当予以排除。

【条文要旨】

本条明确了非法实物证据的排除规则。

【条文释义】

基于对公民住宅权、隐私权等的法律保护，各国刑事诉讼法对搜查、扣押等收集物证、书证的措施规定了法定的程序，如采取搜查、扣押措施必须具备法定理由，必须经过司法机关批准等。对于采用非法搜查、扣押等措施取得的实物证据，各国大都规定了相应的排除规则，但具体的排除方式存在差异。

一、确立非法实物证据排除规则

非法实物证据与非法言词证据不同，一般情况下，违法收集实物证据并

---

① 以赵作海案为例，该案有两份关键证言，即赵作海的妻子赵小齐和情人杜金惠的证言。事后发现，侦查机关对这两位证人均实施了暴力、威胁以及非法限制人身自由的非法取证方法。据赵小齐回忆："在赵作海被抓后，她曾被关进附近一个酒厂一个多月，罚跪、殴打，逼她承认装尸体的化肥袋是她们家的，最终办案民警让她在口供上签字，承认'一看袋子上的补丁就认出是自己缝的'。"杜金惠回忆道："当时警方带我走，让我承认这事情和我有关系。我不承认，他们就用棍子打我，把我控制了29天，天天都被要求承认赵作海是因为她杀了人……他们说，承认了就没事了。有这事不承认也不行"。顾永忠主编：《刑事辩护律师审查、运用证据指南》，北京大学出版社2010年版，第234页。

不影响实物证据的真实性，且与非法言词证据相比，违法收集实物证据一般不会对相对人的人身造成伤害。对于采用非法搜查、扣押等措施取得的实物证据，各国法律大都规定了相应的排除规则，但具体的排除方式存在差异，主要有以下两种模式：

一是强制排除加例外的模式。这种模式以美国为代表。在美国，对非法收集的实物证据采取强制排除之立场，除少数判例确定的规则外，违反美国宪法第四修正案所获取的证据不被法庭审判采用。这些例外主要包括：稀释例外、独立来源的例外、不可避免发现的例外以及善意例外等。

二是裁量排除模式。除美国外的其他国家一般持较为宽松的态度，将最终是否排除的裁量权交给法官。在英国，根据 1984 年颁布的《警察与刑事证据法》第 78 条的规定，在任何程序中，对于检控方准备依据的证据，如果在法院看来，虑及所有情况，包括取得该证据的情况，采纳该证据将对程序的公平性造成不利影响，以至于法院不该采纳它，则法院可以拒绝允许提出该证据。① 对违法搜查扣押所获取的证据，英国法院有排除之先例。在 R v. Fennelley 中，法院判决警察违背了告知个人被截停和搜查的原因的要求，所获取的实物证据不可采。但司法实践中，此种排除实物证据的情形很少见。② 在德国，大多数人认为，搜查的非法对于被发现物品的可采性没有影响，但存有少数例外，即一些法院和学者不承认在严重或蓄意违法情况下非法搜查所获得的证据的可采性。③ 在俄罗斯，根据联邦刑事诉讼法典第 165 条第 5 款的规定，在特殊情况下，如果对住宅的勘验、在住宅内进行搜查、提取以及人身搜查刻不容缓，上述侦查行为可以根据侦查人员的决定实施，而无须得到法院裁判。在这种情况下，侦查员应在自开始侦查行为之时起的 24 小时内向法官和检察长报告实施侦查行为的事宜。报告应附上实施侦查行为的决定的副本和侦查行为的笔录，以备检查侦查行为决定的合法性。

---

① [英]克里斯托弗·艾伦：《英国证据法实务指南》，王进喜译，中国法制出版社 2012 年版，第 243～244 页。

② 陈泽宪、熊秋红主编：《刑事诉讼法修改建议稿与论证——以人权保障为视角》，中国社会科学出版社 2012 年版，第 138 页。

③ [德]托马斯·魏根特：《德国刑事诉讼程序》，岳礼玲、温小洁译，中国政法大学出版社 2004 年版，第 114 页。

在收到上述报告之后,法官在本条第2款规定的期限内检查实施侦查行为的合法性并作出侦查行为合法或不合法的裁决。如果认为实施的侦查行为不合法,则侦查行为过程中所取得的所有证据均依照本法典第75条被认为不允许采信。① 在日本,对于非法搜查、扣押而收集的证据材料是否应当排除,诉讼理论认为,根据《日本国宪法》第35条,违反令状主义进行搜查、扣押而取得的证据,不仅违反宪法,而且违反了宪法所要求的正当程序,因而必须排除;以刑法上应受刑罚处罚的犯罪行为作为收集证据的手段而取得的证据,也应予以排除;此外,依照刑事诉讼法应当认定为无效的搜查和扣押,也可以认为是符合排除法则的。在判例方面,下级审法院曾有排除非法证据的判例。最高法院在1949年判例中一度肯定了非法搜查、扣押取得的证据材料的证据能力。之后,在排除规则问题上,最高法院一直保持沉默。1978年,最高法院在判例中宣示,在符合以下条件时,应当否定非法搜查、扣押取得的证据:(1)在证据物的收集程序上存在忘却宪法及刑事诉讼法规定的令状主义的重大违法的;(2)从抑制将来的违法侦查的角度看将证据物作为证据是不适当的。②

正是因为非法实物证据本身所具有的特点,以及世界各法治发达国家对非法实物证据的态度,在我国,理论界对于是否排除非法实物证据以及如何排除非法实物证据均有不同的认识。对于排除非法实物证据的方式,主要有以下三种观点:

第一种观点认为,特定类型的非法实物证据应当予以绝对排除。如有学者建议,禁止违反法律规定进行搜查、扣押。对于以下列方式取得的证据,应当予以排除:(1)非法进入他人住宅所获取的证据;(2)违反法定程序并严重侵害公民的基本权利所获取的证据;(3)不具备相当理由而实施搜查所获取的证据。③

第二种观点认为,对于不同的非法实物证据,应确立不同的排除方式。

---

① 《俄罗斯联邦刑事诉讼法典》,黄道秀译,中国人民公安大学出版社2006年版,第153页。

② 宋英辉:《日本刑事诉讼法简介》,载《日本刑事诉讼法》,宋英辉译,中国政法大学出版社2000年版,第30~31页。

③ 陈泽宪、熊秋红主编:《刑事诉讼法修改建议稿与论证——以人权保障为视角》,中国社会科学出版社2012年版,第79页。

如有学者认为,以下述方式取得的证据,不具有证据能力:(1)没有合理根据而进行搜查、扣押;(2)搜查、扣押违反法定程序且严重侵犯公民宪法基本权利的。除此之外,违背法定程序所取得的实物证据,由法庭权衡违法原因及程度、违法行为对人权保障及公共利益的影响后,裁定是否具有证据能力。①

第三种观点认为,非法实物证据应由法官裁量排除。如有学者认为,对于通过非法手段或者非法证据而直接或者间接取得的实物证据,审判人员应当根据个案的具体情况、违法的严重程度、待证事项的重要性以及是否可能导致严重不公正的后果进行权衡,决定其是否可以采纳作为定案的证据。② 有学者则以列举加概括的方式确立了相对的非法实物证据排除规则,即禁止以非法方法搜查、扣押,非法监听,非法侵入他人住宅以及以其他非法方法收集物证、书证和音像、电子资料,严禁违反法定的程序进行勘验、检查。以上述非法方法收集的证据,由人民检察院、人民法院根据取证行为违法的程度和案件的具体情况决定是否可以采用。③ 还有学者认为,如果对非法实物证据也实行严格排除,将会对打击犯罪带来消极影响。因此建议规定,严禁以非法搜查、扣押,非法侵入公民住宅以及其他非法方法收集实物证据。非法收集的实物证据是否可以作为定案的根据,由法庭根据取证行为的违法程度和案件的具体情况决定。④

《严格排除非法证据规定》采纳了第三种观点,即对非法实物证据采取裁量排除原则,如果收集物证、书证不符合法定程序,可能严重影响司法公正的,应当予以补正或者作出合理解释;不能补正或者作出合理解释的,对有关证据应当予以排除。之所以这样规定,主要是基于以下考虑:首先,通过非法搜查、扣押收集物证、书证的行为,尽管侵犯了公民的宪法权利,但毕

---

① 陈卫东主编:《模范刑事诉讼法典》,中国人民大学出版社 2011 年版,第 207 ~ 208 页。

② 张保生主编:《〈人民法院统一证据规定〉司法解释建议稿及论证》,中国政法大学出版社 2008 年版,第 21 页。

③ 陈光中主编:《中华人民共和国刑事诉讼法再修改专家建议稿与论证》,中国法制出版社 2006 年版,第 333 页。

④ 徐静村主编:《中国刑事诉讼法(第二修正案)学者拟制稿及立法理由》,法律出版社 2005 年版,第 85 ~ 86 页。

竟与刑讯逼供等非法方法存在较大差异，后者侵犯的是公民人身权这一最基本并且不可克减的人权，因此，从兼顾实体公正和程序公正的角度，考虑中国现阶段的司法现状，不宜对非法实物证据实行强制排除，可借鉴国际公约和大多数国家的做法，实行裁量排除。将非法取得的言词证据与实物证据区别对待，目的就是平衡刑事诉讼惩罚犯罪和保障人权的双重价值取向。”①其次，美国的强制排除加例外的模式，完全依赖于判例法，这与中国的成文法制度差别太大。例如，作为该模式重要基础的诸多例外情形，完全依赖于合适的判例。这种模式本身也存在诸多问题，在非判例法国家运作时有些障碍仍待解决。② 最后，裁量排除的模式弹性较大，法院在决定是否排除非法实物证据时有较大的裁量空间，能够在个案中更好地兼顾实体公正和程序公正。

二、非法实物证据的认定标准和排除方式

（一）关于非法实物证据的认定

我国宪法对公民的住宅权、隐私权等作出了具体规定，刑事诉讼法为保障此类宪法权利，规定了侦查机关采取搜查、扣押等措施收集实物证据的法定程序。例如，为了收集犯罪证据、查获犯罪人，侦查人员可以对犯罪嫌疑人以及可能隐藏罪犯或者犯罪证据的人的身体、物品、住处和其他有关的地方进行搜查（第 136 条）。进行搜查，必须向被搜查人出示搜查证。在执行逮捕、拘留的时候，遇有紧急情况，不另用搜查证也可以进行搜查（第 138 条）。在侦查活动中发现的可用以证明犯罪嫌疑人有罪或者无罪的各种财物、文件，应当查封、扣押；与案件无关的财物、文件，不得查封、扣押（第 141 条第 1 款）。侦查人员认为需要扣押犯罪嫌疑人的邮件、电报的时候，经公安机关或者人民检察院批准，即可通知邮电机关将有关的邮件、电报检交扣押（第 143 条第 1 款）。

基于对公民住宅权、隐私权等的法律保护，许多国家的刑事诉讼法将非法实物证据主要限定为采用非法搜查、扣押等措施取得的实物证据。《严格

① 沈德咏：《中国刑事证据制度改革与发展需要处理好的几个关系》，载《中国法学》2011 年第 3 期。

② 林钰雄：《刑事诉讼法》（上册），元照出版有限公司 2004 年版，第 514 页。

排除非法证据规定》规范的非法实物证据也主要是针对侦查机关采取非法搜查、扣押等措施收集的实物证据。所谓非法搜查、扣押,主要是指未经合法批准或授权而滥用权力非法进行搜查、扣押的。[①] 为便于司法实践操作,自 2018 年 1 月 1 日起试行的《排除非法证据规程》第 3 条对非法实物证据作了进一步限定,即采用非法搜查、扣押等违反法定程序的方法收集物证、书证,可能严重影响司法公正的,应当予以补正或者作出合理解释;不能补正或者作出合理解释的,对有关证据应当予以排除。

(二)如何理解"可能严重影响司法公正"

关于非法实物证据排除规则中"可能影响司法公正"的认定标准,2012 年《法院解释》规定,应当综合考虑收集物证、书证违反法定程序以及所造成后果的严重程度等情况。这一解释仍显得较为抽象。有学者认为,严重影响司法公正可以被区分为严重影响实体公正与严重影响程序公正两种情形。其中,严重影响实体公正指的是通过违反法定程序的方法收集的物证、书证如果作为定案的根据,将会导致对被告人定罪或者加重刑罚的结果;严重影响程序公正指的是非法收集物证、书证的行为对法定程序不是轻微的违反,而是严重的违反,并且对程序的违反直接侵犯了物证、书证持有人的合法权益。[②]

我们认为,所谓"严重影响司法公正",主要是指严重影响程序公正,即由于违法搜查、扣押而侵犯了犯罪嫌疑人、被告人享有的宪法性权利。根据我国《宪法》的规定,任何公民享有宪法和法律规定的权利,公民的人身自由、人格尊严、住宅不受侵犯,通信自由和通信秘密受法律保护。如果收集实物证据严重违反法定程序,并且产生了侵犯公民的隐私权、财产权、通信自由权和通信秘密等基本人权的严重后果,就可以被视为"严重影响司法公正"。[③] 司法实践中,人民法院在裁量是否排除非法实物证据时,还可以根据澳大利亚 1995 年《证据法》的规定,考虑以下因素:第一,证据的证明价值;第二,证据在诉讼中的重要性;第三,相关犯罪的性质;第四,违法取证的严

① 张军主编:《新刑事诉讼法法官培训教材》,法律出版社 2013 年版,第 214 页。

② 樊崇义主编:《刑事证据规则研究》,中国人民公安大学出版社 2014 年版,第 264 页。

③ 南英、高憬宏主编:《刑事审判方法》,法律出版社 2013 年版,第 252 页。

重性;第五,违法取证是故意还是过失;第六,违法取证是否侵犯国际公约所保障的人权;第七,是否已经针对违法取证提起诉讼;第八,不违法取证的情况下获取证据的难度。

(三)如何理解"补正或者作出合理解释"

何为补正和合理解释呢?有学者认为,可将侦查行为分为调查工作和强制性措施两个部分,站在调查工作与强制性措施严格区分的角度来看,所谓证据的"补正"与"合理解释"之含义便有可能得到明确:若警察的调查工作存在"瑕疵",致使经由该调查工作所获得的认识在真实性上存在疑问,如果该疑问经某种程度的"补正"可以澄清的话,那么调查工作之结论依然有效。若警察在采取强制性措施时违反法定程序,由此取得的证据则为典型的非法证据,唯证据取得非法与证据排除之间并不存在必然联系,如果依据个案具体情况衡量,其违反法定程序的取证行为存在一定"合理解释"的话,则该证据仍可被法庭采用。换句话说,所谓"补正"是指对调查工作中所存在的瑕疵之补正,而"合理解释"是指对为取证而采取之"强制性措施"的违法情形之解释。调查工作之瑕疵影响证据证明力,而强制性措施之瑕疵则影响证据的合法性。① 有学者进一步建议,一方面要对严重影响司法公正的非法取证行为,直接予以否定,不再设定可以"补正"的条件;另一方面要对"合理解释"进一步予以明确,明确合理解释需要达到的证明标准。②

我们认为,从规范司法行为的角度看,应当对"补正或者合理解释"作出严格的限定。以搜查行为为例,《公安机关办理刑事案件程序规定》第219条明确要求,执行拘留、逮捕的时候,遇有下列紧急情况之一的,不用搜查证也可以进行搜查:(1)可能随身携带凶器的;(2)可能隐藏爆炸、剧毒等危险物品的;(3)可能隐匿、毁弃、转移犯罪证据的;(4)可能隐匿其他犯罪嫌疑人的;(5)其他突然发生的紧急情况。如果侦查人员实施了无证搜查,所谓"补正或者合理解释"并非指事后重新补充或者出示搜查证,而是要对无证搜查

① 孙远:《论"补正"与"合理解释"——从"瑕疵治愈说"到"法规范目的说"》,载《中国刑事法杂志》2015年第1期。

② 樊崇义主编:《刑事证据规则研究》,中国人民公安大学出版社2014年版,第290页。

行为作出符合以上规定情形的合理解释,并证明相关情况存在,否则相关物证应当予以排除①。

二、侦　　查

第八条　侦查机关应当依照法定程序开展侦查,收集、调取能够证实犯罪嫌疑人有罪或者无罪、罪轻或者罪重的证据材料。

【条文要旨】

本条明确了侦查机关依法、全面收集证据材料的职责要求。

【条文释义】

刑事诉讼法第52条规定:"审判人员、检察人员、侦查人员必须依照法定程序,收集能够证实犯罪嫌疑人、被告人有罪或者无罪、犯罪情节轻重的各种证据。严禁刑讯逼供和以威胁、引诱、欺骗以及其他非法方法收集证据。"该条是程序法定的刑事诉讼法基本原则在证据部分的具体化,从正反两方面对侦查机关应依法收集证据提出了明确要求。侦查人员收集证据遵守程序法定原则,是现代刑事法治的必然要求,对于遏制非法取证行为,切实保障诉讼参与人的权利,防止和减少冤假错案,维护司法公正,具有重要意义。从立案到侦查终结的各个环节,要求侦查人员牢固树立保护犯罪嫌疑人人权和严格依照诉讼程序行为的意识,克服和纠正侦查办案中"重实

① 例如,广东高院审理的被告人陈某某故意杀人一案。一审宣判后,陈某某上诉提出侦查机关的搜查证是在搜查发生后近八个月才到看守所让他签名的。辩护人提出侦查机关对陈某某暂住处进行的搜查是无证搜查,该次搜查所获得的物证应认定为非法证据予以排除。经审查卷宗材料,发现有一份搜查证显示侦查人员进行搜查的日期是2009年2月24日,但被搜查人陈某某签署的日期却是2009年10月16日18时。在案证据显示侦查人员在搜查陈灼昊暂住处的时候,并没有出现公安部办理刑事案件程序规定第二百零七条所列明的五种不需要出示搜查证的情形,在这种情况下,侦查人员不是去进行合理的补救或者说明,而是在时隔近八个月后报批获准了搜查证(办理搜查证必须经过公安机关主管局长的批准),把该搜查证的日期倒签至搜查当天,因而认定侦查机关在2009年2月24日对陈灼昊的暂住处进行的搜查属于无证搜查。综合全案情况,对非法搜查获得的实物证据予以排除。

体、轻程序”的错误倾向，提高程序驾驭能力，包括非法证据排除程序的适用能力，做到程序和实体公正并重，避免由于程序方面的缺失和瑕疵，导致具有客观真实性的证据材料被排除而无法进入诉讼程序的不利后果。

在诉讼实践中，经常有辩方以程序违法为由对证据的合法性提出抗辩。刑事诉讼法第59条规定：“在对证据收集的合法性进行法庭调查的过程中，人民检察院应当对证据收集的合法性加以证明。”根据这一规定，在法庭调查中，对证据收集的合法性的证明责任由检察机关承担，检察机关应当对证据收集的合法性加以证明。在非法证据排除程序中，由检察机关承担取证行为合法性的证明责任，符合证明责任分配的诉讼法理和诉讼规律。结合《法院解释》第101条的规定，证明证据收集合法性的方法包括出示、宣读讯问笔录、录音录像、羁押记录、体检记录等材料，有针对性地播放讯问过程的录音录像等，或者提请法院通知侦查人员出庭说明收集证据的合法性。为此，要求侦查机关在执法办案中，既要全面收集影响犯罪嫌疑人定罪、量刑的各种证据材料，也要收集证明自身取证行为合法性的证据材料，坚决杜绝刑讯逼供等非法取证行为，避免执法过程不规范、不文明现象的发生。

目前诉讼实践经常出现检察机关无法提供证明取证过程合法性的证据材料或者证明不充分的情形，检察人员难以如期履行法定的证明责任，甚至使得证明过程中的举证、质证、辩论处于尴尬境地，或难以有效采取补救措施。有研究发现，司法实践中存在证据合法性证明的形式化，公诉人只是根据法律规定的证明方法进行机械的、空洞的证明。① 又如，在某学者调研的10例启动排除非法证据调查的案件中，有7例公诉机关未提供任何证据证明取证的合法性，有2例仅提供了情况说明或情况解释，有1例有体检、情况说明、看守所证言等综合证据。② 针对于此，有必要对侦查机关依法收集有关取证合法性的证据材料的职责加以明确化，这样有助于强化侦查人员的责任意识，避免由于相关证据的缺失而导致依法收集的证据被排除。

证据的合法性内容，不仅包括收集主体和程序合法，而且包括证据的来

---

① 闵春雷：《非法证据排除规则适用问题研究》，载《吉林大学社会科学学报》2014年第2期。

② 王爱平、许佳：《“非法供述排除规则”的实证研究及理论反思》，载《中国刑事法杂志》2014年第2期。

源形式、取证方法以及法律对各类证据的特殊要求等。① 侦查人员作为收集证据的责任主体，要规范证据收集过程，有效保障证据收集的合法性。一是严把证据形式合法性的审查。在诉讼实践中，形式违法的证据主要表现在证据构成要素不全，如讯问笔录在姓名、讯问时间上没有正确填写，事后补填，造成同一时间同一侦查人员讯问不同被告人的冲突；再如，伤情鉴定文书中只盖鉴定机构的章而没有具有资格的主检医师签名等。二是严把证据收集程序合法性的审查。取证既然是一种诉讼活动，必然受到一定的程序限制，不同类别的证据，调取制作的程序也有所不同。比如使用技术侦查手段监听监视应有有关机关的审批手续；扣押、勘验、检查、搜查应首先出示相应的法律文书等。如果不遵守这些程序要求，则取证违法。三是严把证据收集手段合法性的审查。这是非法证据排除规则所要解决的重点内容，即通过明显侵犯公民的宪法性权利和一般性实体权利以及程序性权利而获取的非法证据，应当予以排除。这也是目前诉讼实践中辩方提出非法证据排除的主要缘由。在我国司法实践中，以刑讯逼供、引诱、欺骗手段获取口供、证言的现象时有发生，冤假错案的屡屡出现也与此密切相关。为此，刑事诉讼法进一步完善了规范取证手段合法性的规定，从而使得我国关于非法证据排除规定的效力位阶上升到基本法律的高度，有利于防范侦查人员对公民权利的不当侵犯，也符合国际刑事诉讼立法趋势。在诉讼实践中，侦查工作要特别注意从以下几个方面来收集固定证明自身取证合法的证据：一是要注意收集、固定能够证明犯罪嫌疑人身体状况的证据材料，如看守所入所体检表、医院检查证明等证据；二是要注意固定提审、还押犯罪嫌疑人的记录证据；三是要注意固定审讯时的同步录音录像资料。特别是对拒不配合侦查以及翻供可能性较大的犯罪嫌疑人，每次讯问时尽可能地制作同步录音录像资料；四是要注意固定犯罪嫌疑人书写或表达侦查人员没有对其非法取证的证据，注意固定辩护人在会见犯罪嫌疑人后没有提出侦查人员非法取证的证据，确定犯罪嫌疑人没有向辩护人提出遭受非法取证的辩解。

---

① 这里所说的证据合法对应的是广义上的证据非法，但我国非法证据排除规则排除的对象在于特定的非法言词证据及实物证据。

第九条　拘留、逮捕犯罪嫌疑人后，应当按照法律规定送看守所羁押。犯罪嫌疑人被送交看守所羁押后，讯问应当在看守所讯问室进行。因客观原因侦查机关在看守所讯问室以外的场所进行讯问的，应当作出合理解释。

【条文要旨】

本条明确了讯问场所的规范要求。

【条文释义】

刑事诉讼法第118条第2款明确规定，犯罪嫌疑人被送交看守所羁押后，侦查人员对其进行讯问，应当在看守所进行。在此基础上，中央政法委《关于切实防止冤假错案的规定》第1条明确要求："讯问犯罪嫌疑人、被告人除情况紧急必须现场讯问外，应当在规定的办案场所进行。侦查机关不得以起赃、辨认为由将犯罪嫌疑人提出看守所外进行讯问。"2016年"两高三部"印发的《改革意见》第5条也规定，"严格按照有关规定要求，在规范的讯问场所讯问犯罪嫌疑人"。结合刑事诉讼法中关于"拘留、逮捕犯罪嫌疑人后，应当立即将其送看守所羁押，至迟不得超过24小时"的规定，我们可以得出：一方面，将看守所作为羁押后讯问犯罪嫌疑人的法定场所，从而否定了实践中常出现的从看守所提讯在押犯罪嫌疑人至侦查机关工作场所讯问的做法；另一方面，严格限制被拘留、逮捕后的犯罪嫌疑人在看守所之外接受讯问的时间，即不得超过24小时。侦查机关应当设立专门的讯问场所，讯问场所的设施能够将侦讯人员与被讯问人隔离开，禁止在侦查人员办公室等其他场所讯问。拘留、逮捕犯罪嫌疑人后，因客观原因侦查机关在看守所讯问室以外的场所进行讯问的，应当作出合理解释。这里提到的客观原因，主要是指拘留后，因犯罪嫌疑人身患严重疾病或者抓捕过程中受伤，需要进行紧急治疗，无法送看守所羁押，但又需要立即进行讯问等情形。

从立法的本意来说，对讯问场所的规定旨在发挥看守所及驻所检察官对讯问行为的监督与制约作用，但从实践中的执行状况来看并不乐观，其中被拘留后长时间被羁押于办案场所及超时限移送看守所缺乏程序性制裁措施是表现最为突出的两个问题。因超过24小时送看守所羁押的情况在立法上并未明确为拒绝收押的情形，因此，看守所对这一立法规定的实施能够发挥的制约监督作用有限，导致这一程序机制的适用基本上取决于办案机关的自律。所以说，这一程序设计在执法实践中仍然存在疏漏，仍有进一步完善的空间。为此，有学者提出建议，一方面，赋予看守所收押时审核这一期间的权力，并通过公安内网联网的信息化手段全程监控在押人员到案至送押之间的时限；另一方面，对于违反期间规定的超时送押行为应当设置程序性后果，如参照“在规定的办案场所外讯问”“未依法对讯问全程录音录像”的程序违法行为，可以纳入非法证据排除规则适用范围，对于不同原因、不同程度的超时送押行为也可以设置行政问责、行政处分等多层次的程序违法后果。①

从实践调研来看，为避免办案机关利用提解出所规避讯问应当在看守所内进行的规定，各地看守所均对提解出所行为持非常慎重的态度，并设置一系列措施防止提解出所过程中发生“提外审”的现象。这些措施包括：一是特殊的审批程序。二是严格限制提解出所事由。② 三是严格控制回所时间。《看守所条例》及《看守所条例实施办法》均未对提解出所的时间作出明确规定。实践中，有的看守所的做法是，提解出所的，当天晚上 12 点前必须送回看守所，有的则要求提解出所的时间一般不得超过 6 小时。为督促办案单位遵守上述规定，看守所还采用电话通知的方式进行提醒。四是回所体检。③ 看守所的这一做法，一方面，限制了办案人员掌握犯罪嫌疑人的时间长度，可以有效遏制各种不人道的取证行为；另一方面，如果提解出所后遭受了非法取证行为，归所时的体检材料和照片就会成为法官、检察官判断在押人员是否遭受非法取证的重要参考依据。五是归所访谈。实践中，有的看守所对于提解出所的在押人员归所后，会进行访谈，访谈内容主要就是在提解出所的过程中身体上有没有损伤，是否受到了变相的刑讯逼供等内容，

---

① 陈卫东、程雷：《看守所实施新刑事诉讼法实证研究报告》，载《政法论丛》2014 年第 4 期。

② 《看守所条例实施办法》第 23 条第 2 款明确规定，“因侦查工作需要，提人犯出所辨认罪犯、罪证或者起赃的，必须持有县级以上公安机关、国家安全机关或者人民检察院领导的批示，凭加盖看守所公章的《提讯证》或者《提票》，由二名以上办案人员提解”。

③ 《看守所执法细则》第 2－03 条规定：“对提解出所的在押人员，看守所应当对其进行询问和体表检查，并书面记录，由看守所民警、医生、办案人员和在押人员四方签字确认”，“发现在押人员体表和健康有异常的，看守所应当要求办案机关作出书面说明，并立即书面报告主管公安机关、上级业务指导部门和人民检察院驻所检察室；对有生命危险的，拒绝收押。”

访谈记录需在押人员确认无误后签字确认。①

对于司法实践中有的案件出于侦查需要将犯罪嫌疑人提押到看守所外起赃、辨认的，为防止在此期间有刑讯逼供等非法取证情形，要确保提押仅限于起赃、辨认等目的，严格禁止进行所外讯问，必要时需要全程同步录音录像，保证起赃、辨认过程的客观性，这与《改革意见》第3条的要求和精神也是相一致的。对于出现犯罪嫌疑人发生重大疾病等客观原因，确实只能在看守所讯问室以外的场所进行讯问的，侦查机关应当作出合理解释，并同时对讯问全程同步录音录像，避免取证的合法性产生不必要的争议。

第十条　侦查人员在讯问犯罪嫌疑人的时候，可以对讯问过程进行录音录像；对于可能判处无期徒刑、死刑的案件或者其他重大犯罪案件，应当对讯问过程进行录音录像。

侦查人员应当告知犯罪嫌疑人对讯问过程录音录像，并在讯问笔录中写明。

【条文要旨】

本条明确了讯问录音录像的案件范围和侦查人员的事先告知义务。

【条文释义】

2012年刑事诉讼法第121条②增加了讯问犯罪嫌疑人时录音录像的规定，这既是一项规范侦查行为，强化人权保障，从根本上杜绝刑讯逼供等违法办案现象的制度，同时也是一项固定证据，防止犯罪嫌疑人翻供的有效措施。刑事诉讼法的规定比较原则，本条作了细化解释，以便实践操作执行。

一、关于讯问犯罪嫌疑人时录音录像的案件范围

早在20世纪末，讯问录音录像制度就出现在公安与检察机关的部门规章之中，③但因立法所采取的“可以”的裁量适用方式，并未引起司法实务部

---

① 陈卫东、程雷：《看守所实施新刑事诉讼法实证研究报告》，载《政法论丛》2014年第4期。

② 2018年刑事诉讼法第123条。

③ 1998年《公安机关办理刑事案件程序规定》第184条第3款规定，“讯问犯罪嫌疑人，在文字记录的同时，可以根据需要录音、录像”。1999年《人民检察院刑事诉讼规则》第144条规定，“讯问犯罪嫌疑人，可以同时采用录音、录像的记录方式”。

门的重视。直至最高人民检察院于2005年下发《人民检察院讯问职务犯罪嫌疑人实行全程同步录音录像的规定(试行)》和《人民检察院讯问职务犯罪嫌疑人实行全程同步录音录像技术规范》,对讯问全程同步录音录像的范围、时间、地点、实施主体、技术要求以及录音录像资料的复制、移送、使用和管理等,从程序和技术层面进行了规定,明确要求在全国推行讯问职务犯罪嫌疑人同步录音录像,并提出了“三步走”计划。① 与此同时,公安机关也积极开展了侦查讯问全程录音录像的探索,各地公安机关特别是东南沿海发达地区,较早就开始全力推动对命案和涉黑案件嫌疑人的讯问实行全程录音录像。② 但是各地的实践情况存在很大的差异,对侦查讯问全程同步录音录像的探索并没有上升到统一部署、统一要求的层次。最高人民法院、最高人民检察院、公安部、司法部于2007年3月9日联合发布的《关于进一步严格依法办案确保办理死刑案件质量的意见》第11条规定,讯问可能判处死刑的犯罪嫌疑人,在文字记录的同时,可以根据需要录音录像。实践证明,侦查讯问实行全侦查讯问时录音录像制度在我国刑事司法实践中也取得了一些经验和成果,2012年刑事诉讼法及时吸收了这些重要成果,其中有关录音录像的制度规定,标志着对侦查讯问过程实行录音录像制度在我国立法上得到正式确立。

关于录音录像的案件范围,刑事诉讼法规定了讯问时录音录像分为“应当”和“可以”两种情况。立法的考虑主要出于两方面的因素:一方面,鉴于各地经济发展不平衡,物质技术保障方面受人力、财力等司法资源不足的制约,如果在所有地区的所有案件中实施全程同步录音、录像制度,存在较大困难,尚难以保证所有案件的侦查讯问都全程录音录像;另一方面,许多案

---

① 第一步,从2006年3月1日起,全国检察机关办理职务犯罪案件讯问犯罪嫌疑人必须全程同步录音;同时,最高人民检察院、省级人民检察院、省会(首府)市人民检察院、东部地区州市级人民检察院办理贿赂案件和其他职务犯罪要案,讯问犯罪嫌疑人时还必须全程同步录像。第二步,从2006年年底开始,中西部地区州市级人民检察院和东部地区县级人民检察院办理贿赂案件和其他职务犯罪要案,讯问犯罪嫌疑人必须全程同步录音录像。第三步,从2007年10月1日开始,全国检察机关办理职务犯罪案件讯问犯罪嫌疑人必须全程同步录音录像。——王永杰:《新刑诉法中侦查讯问同步录音录像的程序规制:困境与出路》,载《华东师范大学学报》2014年第1期。

② 王姝:《公安部强调命案必破将全力推动命案讯问全程录音录像》,载《新京报》2006年5月17日。

件本身没有必要进行全程录音录像，如情节轻微、案情简单的案件，还有一些案件是基于侦查工作需要等特殊情况无法及时进行录音录像等，因而，立法首先考虑在严重犯罪案件的讯问活动中实施，待条件成熟后，再逐步推广这一制度。[①] 2014 年 10 月，公安部发布《公安机关讯问犯罪嫌疑人录音录像工作规定》，并在通知中要求："各地公安机关要在严格按照修改后《刑事诉讼法》要求对重大案件进行讯问录音录像的同时，根据本地实际情况，逐步扩大讯问录音录像的案件范围，并抓紧建设数量充足、功能完善、设置规范的标准化讯问室，最终实现对所有刑事案件的讯问过程进行录音录像。东部地区和执法办案场所规范化建设基础较好的地区，要力争在 2015 年实现对全部刑事案件讯问过程录音录像的工作目标；中西部地区要进一步加强执法办案场所的规范设置和使用管理，力争在 2016 年实现上述目标；个别执法办案场所规范化建设基础薄弱的地区，要力争在 2017 年实现上述目标。"根据上述通知精神，虽然立法把录音录像的裁量权留给了司法实务部门，但从有利于司法公正、程序正义和犯罪嫌疑人人权保障的角度考虑，在侦查讯问的实务中还是应当尽可能地进行录音录像，最终实现侦查讯问以全程录音录像为原则，不适用为例外。此外，刑事诉讼法条文中关于"录音或者录像"的规定意味着二选其一，但无疑，录像不仅可以听到声音，而且可以看到讯问时发生的情景，对于保证讯问的合法性、防止刑讯逼供具有十分重要的意义。因此，在录音还是录像方式的采用上，考虑到录像较之于录音有着明显的直观效果，应以录像为原则，条件不具备的情况下才可单独采用录音方式。同时，讯问录音录像要以能够反映侦查讯问过程的全貌和全景为原则，在录音录像设备可全程监控的范围内，不仅要包括犯罪嫌疑人，还要有侦查讯问人员及讯问时的重要场景。

对于"应当录音录像"案件的把握，刑事诉讼法采取了选择性的规定，把讯问录音录像强制实施的案件范围确定为可能判处无期徒刑、死刑的案件以及其他重大犯罪案件。这里规定的"可能判处无期徒刑、死刑"是指案件交付审判适用的法定刑或者量刑档次包含无期徒刑、死刑的案件；"其他重

---

① 沈德咏、何艳芳：《论全程录音录像制度的科学构建》，载《法律科学》2012 年第 2 期。

大犯罪案件”，是指致人重伤、死亡的严重危害公共安全犯罪案件、严重侵犯公民人身权利犯罪案件，以及黑社会性质组织犯罪、严重毒品犯罪等重大故意犯罪案件。这其中既考虑到录音录像的技术和设备要求以及经济成本，又考虑到这些案件的疑难复杂性、犯罪嫌疑人权利保障的重要性及案件本身的社会影响度。立法的本意是好的，但在实践中操作起来可能会出现下述问题：首先，在对犯罪嫌疑人进行讯问之前，有些案件无法判定其案件的复杂程度和所涉犯罪可能判处的刑罚；其次，可能判处无期徒刑、死刑以及其他重大犯罪案件是个不确定的概念，对同一案件事实，侦查、检察、审判人员对案件事实的认识可能不同，难免会出现侦查机关以对适用的案件范围理解不同作为借口，推卸责任，不进行录音或录像的情形。为此，《公安机关讯问犯罪嫌疑人录音录像工作规定》第4～6条用列举的方式明确了侦查讯问应采取录音录像的案件范围，对重大犯罪案件的判定标准进行了细化，给实践部门提供了一定的操作标准。从规定的内容来看，主要有两个方面的考虑因素：一是要考虑案件本身的性质、社会危害性、社会影响；二是要考虑案件的证据情况，如果据以定案的证据偏重于言词证据，为防止犯罪嫌疑人翻供等情况，应进行全程录音录像，以证明取证程序的合法性。

二、侦查人员的事先告知义务

录音录像虽然具有保障人权和固定证据两方面的功能，但从目前司法实践情况来看，在讯问过程中处于弱势地位的往往是犯罪嫌疑人，其更多可能遭受来自讯问人员的不法行为，也可能最终由于被迫提供与讯问人员预期一样的口供而获得有罪判决，造成冤假错案。据此，就目前情形来说，录音录像的作用更多的是从维护犯罪嫌疑人、被告人的角度来考量的。为此，侦查人员在讯问前有责任告知犯罪嫌疑人进行录音录像，并应记录在案。《检察院规则》第197条第6款即规定：“讯问犯罪嫌疑人时，应当告知犯罪嫌疑人将对讯问进行全程同步录音、录像，告知情况应当在录音、录像中予以反映，并记明笔录。”

既然侦查人员有告知犯罪嫌疑人同步录音录像的职责，那么，与之相对应的一个问题就是，被同步录音录像是否是被讯问的犯罪嫌疑人的权利。对此，有学者持肯定态度，并认为既然被录音录像是犯罪嫌疑人的权利，则在录音录像之前，自然须征得被讯问的犯罪嫌疑人的同意[①]，并从比较法的角度论证应明确赋予被讯问人对录音录像的程序启动选择权。以英国为例，《警察与刑事证据法守则 E》规定，犯罪嫌疑人在录音开始时以及录音进行过程中有权随时拒绝录音："如果嫌疑人在会见开始时或在会见过程中，或在会见中断期间，对正在进行录音的会见提出抗议，警官应解释会见正在被录音及本守则的规定，即要求警官将嫌疑人的抗议录进录音带这些情况。当所有抗议已被录音或嫌疑人拒绝录他的抗议时，警官可以关掉录音机。"我们认为，从立法的规定来看，讯问全程同步录音录像是侦查行为的组成部分，具有职权性和一定的强制性，其目的在于维护社会公共利益和社会秩序，因此，犯罪嫌疑人对是否实行全程同步录音录像只能有知情权，而不具有选择权。同步录音、录像实施之前不需要征求犯罪嫌疑人的意见，犯罪嫌疑人也无权拒绝同步录音录像。否则，一旦遇到犯罪嫌疑人拒绝录音录像的情况，同步录音录像制度固定证据、指控犯罪的功能就会受到限制，从而使其取得的实际效果大打折扣。而且，在当前有些侦查人员还对该制度抱有抵触情绪的情况下，如果轻率地赋予被讯问人程序启动权，那么可以预料到有些侦查人员完全会事先做工作，让被讯问人被迫"自愿"放弃该制度的采用，这与同步录音录像设置的初衷是背道而驰的，立法的重要目的将会落空。[②]

有研究认为，同步录音录像虽非犯罪嫌疑人的权利，但是法律可以要求侦查讯问人员在同步录音录像之前告知被讯问人有关同步录音录像的事项。[③] 主要理由在于：侦查人员在讯问开始前告知犯罪嫌疑人录音录像的义务，可以在一定程度上降低侦查讯问氛围的强制性。因为，告知的行为可以很清晰地向被讯问人传递这样的信息：由于讯问过程是被录音录像的，因此侦查人员不会对被讯问人采取不合法的手段，即告知实际上意味着侦查人员准备尊重犯罪嫌疑人依法享有的一切权利。因此，告知义务对于犯罪嫌疑人供述的自愿性，起到一种促进和证明的作用。"告知"程序固然降低了

---

① 唐俊：《讯问录音录像制度下犯罪嫌疑人的权益保护》，载《法制与经济》2010 年第 7 期。

② 易延友、田昌喜：《同步录音录像问题研究》，载《人民检察》2012 年第 2 期。

③ 告知与征询意见不同。征询意见实际上是将是否录音录像的决定权赋予犯罪嫌疑人，而告知则仅仅是满足犯罪嫌疑人知情权的要求，因此，尽管同步录音录像无须征求犯罪嫌疑人的意见，却不能因此当然得出同步录音录像无须告知犯罪嫌疑人的结论。

侦查讯问氛围的强制性，但同时却也加强了这种讯问的正当性。[①] 从域外的经验来看，同步录音录像一般都要告知。例如，在英国，根据2002年《警察与刑事证据法守则F》的规定，讯问开始前，侦查人员必须当着犯罪嫌疑人的面开启录像带和录像设备，并告知嫌疑人录像的基本情况。[②]

第十一条　对讯问过程录音录像，应当不间断进行，保持完整性，不得选择性地录制，不得剪接、删改。

【条文要旨】

本条明确了讯问录音录像的制作要求。

【条文释义】

刑事诉讼法第123条第2款规定，录音或者录像应当全程进行，保持完整性。从非法证据排除的角度看，全程录音录像是检察机关证明侦控取证行为合法性的关键性证据，故要求该证据必须具有全面性、真实性。因此，要求公安司法机关特别是侦查机关从讯问犯罪嫌疑人伊始，无论犯罪嫌疑人是作有罪供述还是作无罪辩解，侦查机关都应当如实地、全面地加以录音录像，不能有选择地录制，更不能剪辑修改。否则，就会导致录音录像失去全面性和真实性，无法有效地证明侦查机关取证的合法与否，从而失去其应有的证明价值和意义。对于全程进行的含义，《公安机关办理刑事案件程序规定》第203条第3款作了进一步的阐释，“对讯问过程录音或者录像的，应当对每一次讯问全程不间断进行，保持完整性。不得选择性地录制，不得剪接、删改”。

目前在讯问录音录像实际操作中存在的突出问题是，因录制设备开启和结束的时间完全取决于讯问人员，那么刑讯逼供等非法取证问题仍然很难解决，这也是司法实践中反映比较多的选择性录音录像问题，即所谓的“打时不录、录时不打”。有调研认为，“同步录音录像只能说明在录音录像的讯问当时，不存在违法问题，但是对供述前有没有发生违法情况、犯罪嫌

① 易延友、田昌喜：《同步录音录像问题研究》，载《人民检察》2012年第2期。

② 瓮怡洁：《英国的讯问同步录音录像制度及对我国的启示》，载《现代法学》2010年第3期。

疑人有没有受到精神强制乃至刑讯逼供、讯问是不是犯罪嫌疑人在意志自由情况下的自行表达等问题,讯问的音像资料却无法予以证明……对于在讯问前,就及早使用不当手段‘说服’或‘制服’了犯罪嫌疑人,制造了合法假象的‘聪明’的侦查人员,录音录像无能为力”。① 应该说,同步录音录像制度本身无法全部承载防止刑讯逼供的功能,将防止刑讯逼供全部寄托于同步录音录像是不现实的。解决这一问题,同时需要相关配套措施的完善,如加大检察机关对侦查取证工作的监督力度,实行辩护律师讯问犯罪嫌疑人在场制度,实现讯问与录音录像的主体分离等。②

调研发现,在讯问录音录像过程中有时会出现一些故障:如突然停电、硬盘满了、设备无法正常运行等,而在诉讼实践中,侦查机关也是经常以此作为没有提供全程录音录像的理由,对此种情形,立法没有相关的处理规定。为了防止办案人员以各种理由不实行讯问全程同步录音、录像,《公安机关讯问犯罪嫌疑人录音录像工作规定》第 14 条第 1 款、第 15 条有关中止讯问情形及处理的规定为本条所吸收,即因技术故障等客观原因导致不能录音录像的应当中止讯问,且在中止讯问的情形消失后继续讯问的,应当说明中断的原因,并在讯问笔录中载明并由犯罪嫌疑人签字确认。英国《警察与刑事证据法守则 E》和《警察与刑事证据法守则 F》对可以中止录音录像的法定情形也作了类似的具体规定:一是由于讯问时间较长,在讯问中途进行休息的,应当中止录音录像;二是在录用录像过程中,如果设备发生了故障,无法正常进行录音录像的,那么侦查人员应当在故障排除后,继续录音录像,但侦查人员在重新录制时,应当就所发生的事情作出合理的解释,如果故障无法排除,那么讯问人员可以在获得羁押官的许可授权后,以书面记录方式继续讯问,或者中止讯问。③

---

① 方工:《讯问犯罪嫌疑人除同步录音录像还缺少一方》,载《法制日报》(周末版)2009 年 5 月 7 日。

② 从长远看,为保障立法中所确立的讯问录音录像制度目的能够落到实处,改革侦查机关在内部所建立的讯问与制作主体分离模式,将录制主体由羁押犯罪嫌疑人的看守所等部门实施,待经验成熟时,将看守所等羁押部门划归司法行政部门管辖,以实现讯问与录制主体的真正分离,增强录音录像在证明取证合法性时的证明力。

③ 王永杰:《新刑诉法中侦查讯问同步录音录像的程序规制:困境与出路》,载《华东师范大学学报》2014 年第 1 期。

对于在讯问后才发现因技术故障等原因未能录音录像，未在笔录中写明并由犯罪嫌疑人签字确认的，侦查人员应当作出书面说明，技术人员应当对技术故障等原因与修复过程作出书面说明。

司法实践中，在审查证据收集合法性的过程中，对依法应当对讯问过程录音录像的案件，应当重视对讯问录音录像的审查，并重点审查以下内容：首先，讯问录音录像是否依法制作。按照法律及相关规定，对于可能判处无期徒刑、死刑的案件或者其他重大犯罪案件，对讯问过程要进行录音录像。录音录像作为反映讯问过程合法性的最直接证据，在审查被告人供述收集合法性时，侦查机关应当提供讯问录音录像。侦查机关提供的讯问录音录像，一方面用于证明侦查机关对此类案件的讯问程序是否符合法律规定的形式要件；另一方面可通过审查讯问录音录像是否存在刑讯逼供、诱供等非法取证行为，证明讯问过程及讯问内容的合法性。其次，讯问录音录像是否完整。讯问录音录像的完整性包括对每一次讯问过程都要进行录音录像，录音录像要全程不间断进行，录音录像不得有选择性录制、剪接、删改等情形。司法实践中，对于侦查机关提供的讯问录音录像存在有音无像或者有像无音的情况，我们认为是不符合规定的，因为在审查供述取证合法性的过程中，讯问录音录像既承载着固定讯问笔录内容的作用，同时还承载着证明审讯行为合法性的功能，录音、录像需同时兼备，二者缺一不可。正因如此，《公安机关讯问犯罪嫌疑人录音录像工作规定》第 12 条才明确要求，讯问录音录像的图像应当清晰稳定，话音应当清楚可辨，能够真实反映讯问现场的原貌，全面记录讯问过程。最后，讯问录音录像是否同步制作。《公安机关讯问犯罪嫌疑人录音录像工作规定》第 9 条规定，讯问开始前，应当做好录音录像的准备工作，对讯问场所及录音录像设备进行检查和调试，确保设备运行正常、时间显示准确。确保录音录像应当自讯问开始时制作，至犯罪嫌疑人核对讯问笔录、签字捺指印后结束，讯问笔录记载的起止时间是否与讯问录音录像反映的起止时间一致。

在证据合法性审查过程中，对于未按照规定进行讯问录音录像，或讯问录音录像制作要求不符合要求的，根据《实施意见》的规定，对于法律规定应当对讯问过程录音录像的案件，公诉人没有提供讯问录音录像，或者讯问录音录像存在选择性录制、剪接、删改等情形，现有证据不能排除以非法方法收集证据情形的，对有关供述应当予以排除。同时，我们还应当正确看待全程同步录音录像与讯问笔录的关系。全程同步录音录像并非一种独立的证据种类，它与讯问笔录一样，是对犯罪嫌疑人、被告人供述和辩解这一证据种类的记录方式。前者能够直观全面地反映讯问全过程，而后者是以合法又简便的方式对言词证据进行固定并形成证据，二者在实质作用上是同一的，都是固定证据的合法手段。由于受记录速度以及侦查人员主观意志等条件的制约，讯问笔录不可能像全程同步录音录像一样把讯问的全部内容完完整整地记录下来，二者出现不一致也是情理之中。从诉讼实践情况来看，同步录音录像与讯问笔录不一致往往成为法庭辩论的争议焦点，二者中哪一个更具有证明力也逐渐成为学者们热议的课题。我们认为，对二者的关系应有一正确的认识，不能因为二者出现不一致就完全否定讯问笔录的证明力。讯问笔录不仅要如实反映讯问的过程，而且也是经过讯问人员对言词证据的条理性和逻辑性整理而形成的文字材料，在与全程同步录音录像比对之后，只要内容是忠实于犯罪嫌疑人、被告人供述和辩解的原意的，就不能否定讯问笔录的证明力。为此，我们认为，只有讯问笔录和录音录像出现重大实质性差异时，讯问笔录才不得作为证据使用，并应当以录音录像为准。

第十二条　侦查人员讯问犯罪嫌疑人，应当依法制作讯问笔录。讯问笔录应当交犯罪嫌疑人核对，对于没有阅读能力的，应当向他宣读。对讯问笔录中有遗漏或者差错等情形，犯罪嫌疑人可以提出补充或者改正。

【条文要旨】

本条明确了讯问笔录的制作要求。

【条文释义】

司法实践中，讯问笔录是固定被告人供述最主要也是最常见的证据，通过讯问笔录显示的讯问时间、地点、提问内容、笔录篇幅等情况，可以对讯问过程的合法性进行审查。本条规定是对制作讯问笔录提出的基本要求，侦查机关还应当按照刑事诉讼法及公检法配套规定的要求，严格规范讯问笔录的制作。

一、不得强迫任何人证实自己有罪的原则要求

联合国《公民权利和政治权利国际公约》第14条第3款g项规定："受刑事追诉的人不得强迫作不利于他自己的证言，或强迫承认有罪。"欧洲人权法院认为，不得强迫自证其罪特权是公正审判权的重要组成部分，旨在保护被告人免受不当强制，避免错案发生。该特权要求，控诉方不能在刑事案件中通过强迫被告人的方式取得证据以证实被告人有罪，从这个角度看，该特权与无罪推定原则紧密相关，要求尊重被告人保持沉默的意愿。

许多国家为保障不得强迫自证其罪特权而设立了沉默权制度。一般认为，沉默权制度包含两层含义：一是犯罪嫌疑人、被告人享有不被强迫供述的权利，相应地，司法机关具有不得强迫任何人自证其罪的义务；二是犯罪嫌疑人、被告人享有是否供述以及是否作出有罪供述的选择权，相应地，司法机关不得因为犯罪嫌疑人、被告人保持沉默而作出对其不利的裁判。

2012年刑事诉讼法修改，第50条[①]在重申"严禁刑讯逼供和以威胁、引诱、欺骗以及其他非法方法收集证据"的基础上，增加规定"不得强迫任何人证实自己有罪"。不得强迫任何人证实自己有罪原则的确立，对于强化无罪推定理念、转变司法观念具有重要的意义，由于实务部门普遍持反对意见，法律并未明确规定沉默权制度，但不得强迫自证其罪原则，暗含了沉默权的部分内在要求。[②] 需要指出的是，刑事诉讼法第120条保留了"犯罪嫌疑人对侦查人员的提问，应当如实回答"的规定，这意味着，法律并未免除犯罪嫌疑人的如实供述义务。"不得强迫自证其罪原则"与"如实供述义务"在法律中的并存，意味着供述仍然在刑事诉讼中具有重要的地位，但"不得强迫自证其罪原则"和非法证据排除规则的确立，也非常明确地反映出2012年刑事诉讼法更加强调人权司法保障和防范冤假错案，这为改革完善讯问制度奠定了原则基础。

二、侦查人员应当依法制作讯问笔录

侦查机关讯问犯罪嫌疑人时，应当首先讯问犯罪嫌疑人是否有犯罪行

---

① 2018年刑事诉讼法第52条。

② 张军主编：《新刑事诉讼法法官培训教材》，法律出版社2013年版，第136页。

为，并告知犯罪嫌疑人如实供述自己罪行可以从轻或者减轻处罚的法律规定。犯罪嫌疑人对侦查人员的提问，应当如实回答，但是与本案无关的问题，有拒绝回答的权利。

在制作讯问笔录时，侦查人员可以对犯罪嫌疑人的供述进行概括，但涉及本人及同案人犯罪的时间、地点、作案手段、作案工具、作案过程、主观心态、被害人情况等案件关键事实和证据，讯问笔录记载的内容要更为全面、客观，与犯罪嫌疑人供述一致。对于同步制作讯问录音录像的案件，讯问笔录记载的起止时间应当与讯问录音录像资料反映的起止时间一致，同时侦查人员应当结合讯问录音录像对讯问笔录进行核对，对讯问笔录中影响定罪量刑的实质内容有遗漏或者差错等情形，应当依法补正。

侦查人员应当将问话和犯罪嫌疑人的供述或者辩解如实地记录清楚，交犯罪嫌疑人核对或者由侦查人员宣读。如果记录有遗漏或者差错，应当让犯罪嫌疑人补充或者更正，并在修改处捺指印。对讯问笔录的关键内容进行补充或者更正的，可以要求犯罪嫌疑人同时在修改处签名，必要时侦查人员可以作简要说明。

第十三条　看守所应当对提讯进行登记，写明提讯单位、人员、事由、起止时间以及犯罪嫌疑人姓名等情况。

看守所收押犯罪嫌疑人，应当进行身体检查。检查时，人民检察院驻看守所检察人员可以在场。检查发现犯罪嫌疑人有伤或者身体异常的，看守所应当拍照或者录像，分别由送押人员、犯罪嫌疑人说明原因，并在体检记录中写明，由送押人员、收押人员和犯罪嫌疑人签字确认。

【条文要旨】

本条明确了看守所的提讯登记制度和收押体检制度。

【条文释义】

一、关于看守所的职能定位

在我国的法律体系中，看守所是个集羁押机关、侦查辅助机关和刑罚执行机关于一身的特殊主体。与西方多数国家关于未决羁押场所的功能定位[①]不同，司法实务界普遍认为，我国看守所一般具有以下四个方面的职能：一是安全职能，即看守所必须确保监所的绝对安全，保障侦查、诉讼活动的顺利进行；二是改造职能，即看守所对在押人员，特别是留所服刑的短刑犯，必须进行教育改造；三是侦查职能，即看守所在监管工作中，必须注意发现各类犯罪线索并及时开展侦查破案；[②]四是调研职能，即看守所在监管工作中，应当开展犯罪规律特点及破案对策、社会治安防范的薄弱环境改进措施、内部执法质量及廉政建设状况等方面的调研，并将调研结果及时反馈给有关部门。[③] 应该说，看守所职能的发挥对保障刑事诉讼活动顺利进行，改造一定刑期以下罪犯，发挥了重要作用。但随着法治进步，现行看守所制度也暴露出部分问题：现行由各级公安机关管理看守所的管理体制，尽管可在提押、讯问方面为侦查机关提供便利，有利于打击犯罪，但这种侦查羁押合一的模式，间接导致了看守所在刑事诉讼活动中失去中立地位，在一定程度上听命并依附于侦查机关，“重监管、轻监督”的问题较为突出，弱化了它在犯罪嫌疑人被羁押期间人权保障方面的功能作用。2012 年，刑事诉讼法再修，其中关于看守所的表述从上一版的一处增加到十处。从新刑事诉讼法对看守所的规定可以看出，既有对看守所原有职能的加强，也有对看守所提出新职能或者对原有隐形职能的强化，还有对看守所传统职能的弱化。[④] 其中，最为显著的变化就是明确提出并强化了看守所对办案机关的办案行为

---

① 有研究认为，世界各主要国家未决羁押机构的主要功能便是对犯罪嫌疑人、被告人进行监管，一方面防止犯罪嫌疑人、被告人实施妨碍诉讼顺利进行的行为；另一方面也防止他人对犯罪嫌疑人、被告人实施妨碍诉讼顺利进行的行为。基于未决羁押机构的上述功能，西方国家一般都将未决羁押机构独立于该国的警察机构，以防止警察机构对犯罪嫌疑人实施妨碍诉讼顺利进行的行为。汪贻飞：《论看守所的功能及其归属》，载《石河子大学学报》(哲学社会科学版)2010 年 10 月第 24 卷第 5 期。

② 2002 年公安部发布《公安机关深挖犯罪工作规则》，其中要求看守所将深挖犯罪作为一项重要职能。1998 年公安部《关于印发〈公安部刑事案件管辖分工规定〉的通知》规定，在看守所服刑的罪犯又犯新罪的，由看守所立案侦查。重大、复杂的案件由刑事侦查部门立案侦查。

③ 汪贻飞：《论看守所的功能及其归属》，载《石河子大学学报》(哲学社会科学版)2010 年 10 月第 24 卷第 5 期。

④ 顾永忠：《论看守所职能的重新定位——以新〈刑事诉讼法〉相关规定为分析背景》，载《当代法学》2013 年第 4 期。

特别是侦查行为的监督制约。如对已被拘留、逮捕的犯罪嫌疑人,应当至迟不得超过24小时送看守所羁押,侦查人员讯问时应当在看守所内进行的规定,既包含了保障在押犯罪嫌疑人、被告人诉讼权利的职能,也表明了看守所负有的维护、实现司法公正的职责。[①] 为了使看守所能够实现其保障被羁押人人权的职责,就必须建立相应的制度,如下文要谈到的提押登记制度、体检制度,使看守所能够对侦查、起诉机关在看守所内实施的侦查、追诉行为的合法性进行监督。

二、关于看守所的提讯登记制度

按照一般人的理解,看守所在刑讯中也扮演着不太光彩的角色。作为公安机关管辖下的职能机构,其自然会为侦查办案人员的讯问活动大开方便之门,甚至还会积极参与对在押人员的虐待。这其实是对现实的一种误解,目前来看,刑讯行为尽管依然存在,但"主战场"不是看守所,而是侦查机关的办案地点。实证研究表明,非法审讯发生的时间多在犯罪嫌疑人到案后到送看守所之前,而地点则多在办案机关的办案场所。一旦进入看守所,犯罪嫌疑人的人身权利实际上能得到更加充分的保障,看守所也就成为预防刑讯逼供的"前哨阵地"。这得益于看守所内严格的责任追究制度,因为一旦刑讯逼供后出现伤害,就有可能追责,而看守所负首要责任,出于自我保护,看守所不允许严重刑讯逼供行为的发生。因此,尽量限制办案单位独立控制犯罪嫌疑人的时间,自然也就成为避免非法取证的关键。而规范的提押登记可以全面反映提押过程,能够防止办案单位违反规定提讯,也有助于审查是否存在疲劳讯问、在看守所外讯问等问题。《看守所条例实施办法》第22条第2款规定:"看守所应当建立提讯登记制度。对每次提讯的单位、人员和被提讯人犯的姓名以及提讯的起止时间进行登记。"

三、关于看守所的收押体检制度

虽然刑事诉讼法不允许办案人员在看守所外开展讯问活动,但并没有禁止因指认、辨认等侦查需要而将犯罪嫌疑人临时带出看守所。可以预见的是,个别办案人员会借指认、辨认之名,行讯问之实,因此,要严格审查机

① 在2014年4月26日中国社科院法学所"新刑事诉讼法实施状况"研讨会上,公安部监管局局长赵春光表示,看守所职能定位正由以往服务办案转型为平等服务诉讼。

制，一旦犯罪嫌疑人获准临时出所，归所时必须进行严格的身体检查，以判断是否在离所期间受到非人道待遇，并且留档备案。《公安机关办理刑事案件程序规定》第150条规定：“看守所收押犯罪嫌疑人、被告人和罪犯，应当进行健康和体表检查，并予以记录。”

应该说，看守所的体检记录对于非法取证的证明活动也起着举足轻重的作用。由于在押人员在进入看守所之时，都要接受看守所较为严格的体表检查，一旦发现其身体有所损伤，在问明原因后监所医生会详尽予以记录。而这份记录也就成为法官、检察官们判断犯罪嫌疑人是否在进入看守所前受到刑讯的重要参考依据，此外，同监舍在押人员的证言、监所讯问室的监控录像，也可以协助法官、检察官判断非法取证行为是否存在。同时，对犯罪嫌疑人原有伤情及在抓捕过程中造成的伤情记录在案，不但可以抑制刑讯逼供，还可以证实公安机关讯问的合法性。因而，看守所的体检记录在法律层面已经成为非法证据排除规则中重要的证据。一方面，人民法院、人民检察院会依据看守所提供的信息判断证据收集的合法性；另一方面，忌惮看守所方面的体检记录等证明材料，侦查办案人员在进行讯问活动时也会三思而后行。更为重要的是，看守所的各种记录也为在押人员的自我保护提供了保障，使之有条件完成非法证据排除的初步举证责任。①

第十四条　犯罪嫌疑人及其辩护人在侦查期间可以向人民检察院申请排除非法证据。对犯罪嫌疑人及其辩护人提供相关线索或者材料的，人民检察院应当调查核实。调查结论应当书面告知犯罪嫌疑人及其辩护人。对确有以非法方法收集证据情形的，人民检察院应当向侦查机关提出纠正意见。

侦查机关对审查认定的非法证据，应当予以排除，不得作为提请批准逮捕、移送审查起诉的根据。

对重大案件，人民检察院驻看守所检察人员应当在侦查终结前询问犯罪嫌疑人，核查是否存在刑讯逼供、非法取证情形，并同步录音录像。

① 孙皓：《论新刑诉法中看守所的预防刑讯功能》，载《中国刑事法杂志》2012年第6期。

经核查，确有刑讯逼供、非法取证情形的，侦查机关应当及时排除非法证据，不得作为提请批准逮捕、移送审查起诉的根据。

【条文要旨】

本条明确了人民检察院在侦查期间对侦查机关取证合法性的监督。

【条文释义】

基于我国现行的诉讼制度和刑事司法体制，刑事诉讼法第 56 条第 2 款规定："在侦查、审查起诉、审判时发现有应当排除的证据的，应当依法予以排除，不得作为起诉意见、起诉决定和判决的依据。"一方面，通过该条款，立法将非法证据排除规则应用于整个刑事诉讼过程，突破国外运用于审判阶段的制度设计而将其运用延伸至侦查阶段，无疑具有重要的现实意义。侦查机关、检察机关和审判机关均为法定的非法证据排除的机关，同时在刑事诉讼的各个阶段都可以进行非法证据的排除，从而形成我国特有的多元主体排除非法证据的制度格局。这一做法可以使案件进入审判阶段之前尽早地将非法证据排除到诉讼程序之外，使无辜涉诉者早日摆脱诉累，也可以节省司法资源和提高司法效率。另一方面，根据以上规定，我国非法证据排除可以由侦查机关、检察机关和审判机关主动排除。国外非法证据排除程序的启动需要由被告人申请，然后由法院通过听证后决定是否排除。由于我国刑事诉讼存在律师辩护制度不发达、审前辩方对证据的了解不充分、被告人对法律规定了解有限等问题，被告方不一定能及时准确地提出排除非法证据的请求。因此，对于证据合法性存在疑问的，有关机关不受当事人是否申请的限制，可以主动对证据的合法性进行审查，以保护被告人的合法权益。

但需要注意的是，新刑事诉讼法的规定并没有明确侦查阶段和起诉阶段排除的主体、程序等具体内容，而且，整个刑事诉讼法所规定的对于非法证据排除的程序，都是围绕法庭审理进行的。要使非法证据排除规则得到有效实施，必须不断完善配套程序和制度，即明确规定由谁来排除、程序如何启动、由谁来主持、依据何种标准进行审查，使得操作程序明确化。

基于侦查在刑事诉讼环节和阶段中地位的重要性，对于侦查阶段的证据收集合法性审查，立法采取了侦查机关自行审查和检察机关行使监督权审查的并行机制。检察机关作为国家的法律监督机关,负有排除非法证据的职责:体现在诉讼工作中就要求检察机关在进行审查逮捕、审查起诉、支持公诉等活动时要秉持客观公正立场,唯事实与法律论而不片面追求定罪与胜诉的结果,强化对诉讼活动尤其是侦查活动的法律监督,及时发现并依法纠正诉讼过程中的违法行为;体现在证据要求上就需要检察机关在审查判断证据时既要重视能够证明被追诉人有罪或者罪重的证据,也要重视证明被追诉人无罪或者罪轻的证据,依法审查证据的合法性并及时排除非法证据。[①] 此点早在2006年7月3日最高人民检察院印发的《关于在审查逮捕和审查起诉工作中加强证据审查的若干意见》中就得以明确体现。该意见规定:"在审查逮捕、审查起诉工作中,对以刑讯逼供方式取得的犯罪嫌疑人供述、以暴力取证方式取得的证人证言和以威胁、引诱、欺骗等非法方式取得的犯罪嫌疑人供述、证人证言、被害人陈述等言词证据,应当依法予以排除。"2012年刑事诉讼法修改着力强化了检察机关对于刑事诉讼的法律监督,其中包括对于侦查机关非法取证行为的法律监督。为了加强检察机关对于侦查机关非法取证行为法律监督的力度和强度,刑事诉讼法规定了检察机关可以采取多种手段进行监督,包括提出违法纠正意见、建议更换办案人直至追究刑事责任。2012年刑事诉讼法第55条[②]规定,"人民检察院接到报案、控告、举报或者发现侦查人员以非法方法收集证据的,应当进行调查核实。对于确有以非法方法收集证据情形的,应当提出纠正意见"。由此,检察机关防止非法证据出现主要有两条实现路径:其一,在审查逮捕环节对证据取得是否合法、是否合程序进行审查判断,对发现的非法证据依法予以

① 卞建林:《检察机关与非法证据排除》,载《人民检察》2011年第12期。
② 2018年刑事诉讼法第57条。

排除;[①]其二,在侦查机关侦查阶段中,检察机关通过依法行使侦查监督职能,进而引导、规范和监督侦查机关侦查取证行为,确保侦查机关取证的合法性和合程序性,阻止非法取证行为的出现。发现有违法收集证据情形的,只能依法向侦查机关提出纠正意见,而不能直接予以排除[②]。这主要是考虑到侦查阶段侦查机关作为非法证据排除的主体而作的区分。对于检察机关提出的纠正意见,《公安机关办理刑事案件程序规定》第 67 条第 4 款规定:"人民检察院认为可能存在以非法方法收集证据情形,要求公安机关进行说明的,公安机关应当及时进行调查,并向人民检察院作出书面说明。"

犯罪嫌疑人及其辩护人在侦查期间向人民检察院申请排除非法证据的,应当提供相关线索或者材料。根据《严格排除非法证据规定》第 20 条,此处的相关线索或者材料,要有具体的指向性,有据可查。如果被告人仅仅泛泛地辩称自己遭到刑讯逼供,而提不出任何涉嫌对其刑讯的人员、时间、地点、方式等细节信息,就未能完成初步的举证责任。所谓相关"线索",主

---

① 从 2012 年修订后刑事诉讼法的修改来看,对检察机关审查逮捕过程中的证据排除权能持缄默态度。仅一般性地规定了侦查、审查起诉、审判阶段发现有应当排除的证据的,应当依法予以排除,不得作为起诉意见、起诉决定和判决的根据。并没有涉及审查逮捕阶段的非法证据问题,以及是否可作为逮捕决定的根据。但随后颁发的《人民检察院刑事诉讼规则》又将该权限以司法解释的方式予以明确。该规则第 67 条规定,"人民检察院经审查发现存在刑事诉讼法第 54 条规定的非法取证行为,依法对该证据予以排除后,其他证据不能证明犯罪嫌疑人实施犯罪行为的,应当不批准或者决定逮捕,已经移送审查起诉的,可以将案件退回侦查机关补充侦查或作出不起诉决定"。与此同时,自"两个证据规定"颁行以来,理论界也有诸多支持检察机关在逮捕阶段享有非法证据排除权的声音,赞同的理由主要有:其一,检察机关行使非法证据排除权,与我国检察机关所承担的诉讼监督职能是相适应的,并"被认为是检察机关加强侦查监督的重要途径。"其二,将非法证据的排除提前至审查批捕环节和审查起诉阶段,"对于尽早发现和纠正侦查中可能出现的错误,及时维护诉讼参与人的合法权益,加强侦查监督,避免冤假错案,意义重大。"谢佑平:《检察机关与非法证据排除》,载《中国检察官》2010 年第 11 期;卞建林:《铸证据基石,促司法公正》,载《法学杂志》2010 年第 7 期。

② 从严格意义上说,上述规定并不是非法证据"排除",而是对"非法"行为进行"补救"。在这种情况下,侦查机关从非法取证行为中所获取的不正当利益实际上并没有被彻底剥夺。汪海燕:《评关于非法证据排除的两个〈规定〉》,载《政法论坛》2011 年第 29 卷第 1 期。有研究认为,侦查、起诉阶段适用非法证据排除规则的功能异于审判阶段。具体而言,审判阶段适用规则的重心是制裁,主要目的是排除非法证据,促进公正审判,其客观效果是通过宣布证据非法,对案件定性和量刑产生实质性影响,借以惩罚侦查人员的非法取证行为。而侦查、起诉阶段应立足于预防,应以预防为主、制裁为辅,通过对非法证据的证据能力进行合理的补救,恢复其证据效力,以避免其在审判中被作为非法证据而加以排除,由此促进刑事诉讼的实体公正。两者的有机结合方有助于实现刑事诉讼的整体目标和多重价值。马静华、刘相玲:《从制裁到预防:审查起诉阶段非法证据排除规则适用机制研究》,载《江苏行政学院学报》2012 年第 4 期。

要是指犯罪嫌疑人及其辩护人提供的涉嫌非法取证的人员、时间、地点、方式等细节信息；所谓相关“材料”，主要是指犯罪嫌疑人及其辩护人提供的能够反映犯罪嫌疑人因刑讯致伤的伤情照片、看守所体检记录、医院病历、犯罪嫌疑人体表损伤及衣物损坏的情况，以及反映犯罪嫌疑人遭受刑讯的看守所看管人员及同监室人员的证言等材料。犯罪嫌疑人及其辩护人在提供了相关的线索或者材料后，也即完成了初步举证责任，人民检察院就应当对取证合法性进行调查核实。紧随其后的一个问题就是，非法证据排除程序启动之后，公安机关法制部门或者检察机关应当采取一种什么样的审查方式呢？刑事诉讼法对此也缺乏明确规定。可以预见，如果公安机关法制部门或者检察机关在审查证据合法性时，仅仅审查有关侦查部门移送的相关卷宗，很难寄希望于侦查机关在侦查案卷材料中反映自身侦查不合法的现象，因此发现非法取证行为的可能性是很低的。因此，虽然受诉讼阶段的限制，要求其采取听证式审查方式并不现实，但可以借鉴刑事诉讼法所规定的检察机关审查移送起诉案件的方式，公安机关法制部门或者检察机关在对证据合法性进行审查时，应当讯问犯罪嫌疑人，如果犯罪嫌疑人委托辩护律师的，应当听取辩护律师的意见。

新刑事诉讼法对于审前证据排除的证明问题并未作出明确规定，考虑到审前证据排除问题应当向审判阶段看齐，在司法实践中，犯罪嫌疑人及其辩护律师在侦查阶段以取证手段违法为由申请排除相关证据的，应当提供相关线索或证据材料。当然，这种证明程度只需要达到让公安机关法制部门或者检察机关认为存在非法取证的可能性即可。公安机关办案部门应当就证据收集的合法性承担证明责任。如果现有证据材料不能证明证据收集的合法性的，则应认定为非法证据。

根据刑事诉讼法第56条第2款的规定，侦查阶段发现的非法证据不得作为起诉意见的根据。鉴于侦查阶段包含申请批准逮捕和移送审查起诉两个重要环节，逮捕环节亦应强调对证据合法性的审查，故有必要规定非法证据不得作为提请批准逮捕、移送审查起诉的根据。

为确保人民检察院充分履行法律监督职责，及时保障犯罪嫌疑人的合法权益，2016年“两高三部”印发的《改革意见》首次提出探索建立重大案件侦查终结前讯问合法性核查制度，本规定再次强化了对重大案件讯问合法性的监督。对重大案件，人民检察院驻看守所检察人员应当在侦查终结前询问犯罪嫌疑人，核查是否存在刑讯逼供、非法取证情形，并同步录音录像。经核查，确有刑讯逼供、非法取证情形的，人民检察院应当向侦查机关提出纠正意见。侦查机关应当及时排除非法证据，不得作为提请批准逮捕、移送审查起诉的根据。由驻所检察人员对讯问合法性进行核查，具有亲历性、便利性和相对中立性的优势，有利于将监督关口前移，对采取非法方法收集的证据早核查、早发现、早排除，解决当前刑讯逼供发现滞后、调查取证困难、证据易于灭失等问题，防止"有病证据"作为提请批准逮捕、移送审查起诉的根据。

2017 年 2 月，最高人民法院印发《实施意见》，着力推动落实侦查终结前讯问合法性核查制度，将核查制度与庭审阶段证据合法性调查制度有机结合。《实施意见》要求，被告人在侦查终结前接受检察人员对讯问合法性的核查询问时，明确表示侦查阶段不存在刑讯逼供、非法取证情形，在审判阶段又提出排除非法证据申请，法庭经审查对证据收集的合法性没有疑问的，可以驳回申请。检察人员在侦查终结前未对讯问合法性进行核查，或者未对核查过程全程同步录音录像，被告人在审判阶段提出排除非法证据申请，人民法院经审查对证据收集的合法性存在疑问的，应当依法进行调查。这一制度有助于配合检察机关依法落实核查制度，充分发挥核查制度在减少和解决证据合法性争议方面的积极功能。

第十五条　对侦查终结的案件，侦查机关应当全面审查证明证据收集合法性的证据材料，依法排除非法证据。排除非法证据后，证据不足的，不得移送审查起诉。

侦查机关发现办案人员非法取证的，应当依法作出处理，并可另行指派侦查人员重新调查取证。

【条文要旨】

本条明确了侦查终结时排除非法证据后的程序处理。

【条文释义】

从立法的规定来看，在侦查阶段，非法证据排除主体当然是侦查机关。侦查机关除依职权主动审查证据的合法性以外，还可通过受理犯罪嫌疑人的申请[①]，启动非法证据排除程序。《公安机关办理刑事案件程序规定》第67条第3款规定："在侦查阶段发现有应当排除的证据的，经县级以上公安机关负责人批准，应当依法予以排除，不得作为提请批准逮捕、移送审查起诉的依据。"非法证据要得以有效地排除，程序的完整性、科学性无疑是基本的保障性条件。但立法对诸如侦查机关审查非法证据的人员与具体进行侦查的人员能否同一，侦查机关应当如何审查非法证据，辩护律师能否参与侦查机关的非法证据排除程序，应当由谁来承担证据合法性的证明等问题，都没有明确规定。具体到审查部门来说，除非依职权主动审查，否则让具体从事侦查活动的侦查部门自己排除自己非法取得的证据在理论上不具有逻辑自洽性。从侦审分离的角度来说，由公安机关内部的不同部门来审查在实践中更具有可行性。根据刑事诉讼法第3条的规定，预审是公安机关办理刑事案件的必经程序，由预审部门承担非法证据排除的主体似乎是合适的选择，但是，自1997年以来，公安机关已逐渐取消"侦审分设"制，而实行"侦审一体"制，表明预审权能并非定位于监控侦查部门的违法侦查行为，而是在于将案件移送检察机关审查起诉之前进一步完善案件证据、事实认定等。由于这种预审定位以及目前这种侦审一体化的趋势，由预审人员承担非法证据排除职责并不恰当。根据目前公安机关的实际办案机制，侦查部门侦查终结之后，将案件移送检察机关审查起诉之前，一般需要将案件移送公安机关法制部门进行审查，公安机关法制部门对非法证据排除既有职责要求，也有能力履行此职责。因此，目前由公安机关法制部门具体承担侦查机关的非法证据排除职责是合理的。[②] 当然，如果将来公安机关全面恢复专门的预审机构之后，预审部门则应专司案件审核、程序监督职能，强化案件质量

---

① 提出非法证据排除申请是当事人的一项重要诉讼权利。侦查机关应当依法及时告知犯罪嫌疑人有依法申请排除非法证据的权利。

② 樊崇义、吴光升：《审前非法证据排除程序：文本解读与制度展望》，载《中国刑事法杂志》2012年第11期。

内控机制。

根据刑事诉讼法第162条的规定，犯罪事实清楚，证据确实、充分，是侦查终结、移送审查起诉的标准条件。侦查终结的案件，非法证据被依法排除，并非意味着该案件即应被撤销。非法证据排除规则主要关注的是证据自身的合法性问题，不宜直接将非法证据排除与案件处理结果挂钩。[①] 具体来说，侦查机关在依法排除非法证据后，仍然要对其他证据进行审查判断，综合评断在案证据能否达到证据确实、充分的法定起诉标准。如果排除非法证据后，案件事实仍然清楚，证据达到了“确实、充分”标准，依据法律认定犯罪嫌疑人有罪的，应当依法移送审查起诉。但如果排除非法证据后，其他证据不能对证明犯罪嫌疑人实施犯罪行为形成完整证据链的，即不能认定犯罪嫌疑人有罪的，就不得移送审查起诉。

需要指出的是，本规定第5条第2款设立了重复性供述排除规则的例外情形，其中一个重要的例外就是(侦查阶段)主体变更的例外，即侦查期间，根据控告、举报或者主动发现等，侦查机关确认或者不能排除以非法方法收集证据而更换侦查人员，其他侦查人员再次讯问时告知诉讼权利和认罪的法律后果，犯罪嫌疑人自愿供述的，之后收集的重复性供述可以作为证据使用。对办案人员非法取证的情形，除依法对办案人员作出处理外，更换侦查人员重新调查取证，不仅符合法律精神和规范要求，也可以避免在后续诉讼阶段产生证据合法性争议，在更大程度上实现惩罚犯罪与保障人权的有机统一。

三、审查逮捕、审查起诉

第十六条　审查逮捕、审查起诉期间讯问犯罪嫌疑人，应当告知其有权申请排除非法证据，并告知诉讼权利和认罪的法律后果。

---

① 刘静坤：《非法证据排除“难”在哪儿》，载《人民法院报》2014年7月15日，第2版。

【条文要旨】

本条明确了人民检察院在审查逮捕和审查起诉期间讯问犯罪嫌疑人时的权利告知义务。

【条文释义】

人民检察院在审查逮捕和审查起诉期间应当向犯罪嫌疑人告知排除非法证据等相关权利。非法证据系通过非法侦查行为取得的证据，而侦查活动合法性是检察机关审查逮捕或审查起诉的重要审查对象，刑事诉讼法第88条和第173条对此作出明确规定，并要求通过讯问犯罪嫌疑人、听取辩护律师的意见等方法查明。因此，查明侦查活动是否存在非法取证行为，是人民检察院履行法律监督时应当依职权查明的内容。《严格排除非法证据规定》第14条规定了犯罪嫌疑人及其辩护人在侦查期间可以向人民检察院申请排除非法证据。但是犯罪嫌疑人及其辩护人在侦查阶段没有提出申请的，人民检察院应当在审查逮捕和审查起诉阶段依职权查明。《检察院规则》第307条、第372条分别进一步规定了检察人员在审查逮捕和审查起诉环节讯问犯罪嫌疑人时，应当首先依法告知犯罪嫌疑人的诉讼权利。这里的诉讼权利当然应当包括提出排除非法证据申请的权利。人民检察院通过告知犯罪嫌疑人诉讼权利，使其了解参与刑事诉讼和作为程序主体发挥作用的途径，确保其有机会就侦查活动合法性问题提出申诉、控告以及申请排除非法证据。本条从非法证据排除程序角度对该告知规定再予明确，也是“平等武装”和“有效辩护”原则的体现。成熟的刑事诉讼程序规则不应当放任犯罪嫌疑人在不明所以的情况下参与程序和进行辩护，国家有义务保障其通过充分依法辩护与侦诉方进行平等对抗的机会。

人民检察院告知犯罪嫌疑人相关诉讼权利的同时，还应当告知认罪的法律后果，以保障被告人的程序选择权利。认罪即对于指控的事实没有异议，按照刑事诉讼法及相关司法解释的规定可能适用简易程序或认罪认罚从宽程序、速裁程序等，并在审理中对于案件事实部分实行简化的审理。而由于证据是定案的关键，排除非法证据对于认定案件事实影响重大，提出排除非法证据申请的被告人及其辩护人必然对指控的事实存在异议，不承认该部分证据材料指向的指控犯罪事实。因此人民检察院在审查逮捕和审查起诉阶段，告知犯罪嫌疑人认罪的法律后果，有助于其全面了解案件及自身状况，理性判断是否存在非法取证的情况，进而选择是否提出排除非法证据的申请。同时，这样也有助于提高认罪质量，被告人充分知悉申请排除非法证据可能导致部分指控事实不能成立的情况下仍然认罪的，其自愿性一般而言也更为可靠。

在审查逮捕、审查起诉期间，检察人员讯问时告知犯罪嫌疑人诉讼权利和认罪的法律后果，还是确保被告人供述合法性的必要举措。根据《严格排除非法证据规定》第 5 条的规定，采用刑讯逼供方法使犯罪嫌疑人、被告人作出供述，之后犯罪嫌疑人、被告人受该刑讯逼供行为影响而作出的与该供述相同的重复性供述，应当一并排除，但该条同时设置了两项例外。人民检察院通过本条规定的告知程序进行讯问，被告人自愿供述的，该重复性供述因符合该条第(2)项的规定而不需要排除，即“审查逮捕、审查起诉和审判期间，检察人员、审判人员讯问时告知诉讼权利和认罪的法律后果，犯罪嫌疑人、被告人自愿供述的”。《法院排非规程》第 1 条第 2 款第(2)项也明确该情形不需要排除证据。因此，人民检察院在审查逮捕、审查起诉阶段讯问被告人时，应当切实履行告知其有权申请排除非法证据、告知诉讼权利和认罪的法律后果的责任。这既是自身讯问行为规范性、合法性的要求，同时也具有潜在的补位效果，即如果在后续程序中发现和查明侦查阶段口供涉嫌违法取得，那么遵循本条规定重新获得的口供仍然可以作为指控犯罪嫌疑人的证据移交法庭。

第十七条　审查逮捕、审查起诉期间，犯罪嫌疑人及其辩护人申请排除非法证据，并提供相关线索或者材料的，人民检察院应当调查核实。调查结论应当书面告知犯罪嫌疑人及其辩护人。

人民检察院在审查起诉期间发现侦查人员以刑讯逼供等非法方法收集证据的，应当依法排除相关证据并提出纠正意见，必要时人民检察院可以自行调查取证。

人民检察院对审查认定的非法证据，应当予以排除，不得作为批准或

者决定逮捕、提起公诉的根据。被排除的非法证据应当随案移送，并写明为依法排除的非法证据。

【条文要旨】

本条明确了人民检察院依申请或者依职权排除非法证据的权力，以及对排除的非法证据如何处理的要求。

【条文释义】

一、审查逮捕、审查起诉期间排除非法证据的主体

本条确立了检察机关在审查逮捕和审查起诉环节对非法证据排除程序的主导权。根据刑事诉讼法第 56 条第 2 款、第 57 条的规定，审查起诉时发现有应当排除的证据，应当由人民检察院调查核实，并依法予以排除。《检察院规则》进一步明确了具体由人民检察院哪个部门负责上述工作，其第 69 条规定："对于非法证据的调查核实，在侦查阶段由侦查监督部门负责；在审查起诉阶段、审判阶段由公诉部门负责。必要时，渎职侵权检察部门可以派员参加。"由此明确了侦查监督部门和公诉部门是该阶段排除非法证据主体，渎职侵权部门视情辅助。

同时，《检察院规则》第 68 条第 3 款规定："上一级人民检察院接到对侦查人员采用刑讯逼供等非法方法收集证据的报案、控告、举报的，可以直接进行调查核实，也可以交由下级人民检察院调查核实。交由下级人民检察院调查核实的，下级人民检察院应当及时将调查结果报告上一级人民检察院。"据此，犯罪嫌疑人及其辩护人对侦查人员采用刑讯逼供等非法方法收集证据的情形，也可以选择向上一级人民检察院报案、控告、举报。上级人民检察院应当依照上述规定作出处理。

二、审查起诉期间对证据收集合法性的调查程序

我国刑事诉讼法第 57 条规定了检察机关对非法证据情况的调查核实主要是依职权进行的，而实践中在审查逮捕、审查起诉环节由被告人及其辩护人提出排除非法证据申请的情况更为常见。故本条对于两种调查程序均作了规定。

1. 审前阶段证据合法性调查程序的必要性

尽管刑事诉讼法未对审查逮捕、审查起诉期间排除非法证据的程序作出明确规定,但为严格实行非法证据排除规则,构建审前期间排除非法证据的程序,强化人民检察院依法排除非法证据的职责要求,确有必要建立审查逮捕、审查起诉期间对证据收集的合法性进行调查的程序。主要理由有:一是从诉讼流程上看,审查逮捕和审查起诉是刑事程序中承前启后的关键环节。人民检察院在审查逮捕和审查起诉期间严把案件事实关、证据关,依法排除非法证据,有助于纠正侦查程序中的违法行为,防范冤错案件发生。二是为切实维护犯罪嫌疑人的诉讼权利,及时为合法权益遭到侵犯的犯罪嫌疑人提供法律救济,对犯罪嫌疑人在审查逮捕和审查起诉期间提出的排除非法证据申请,人民检察院应当按照规范的程序作出处理。即便经调查核实后未排除有关证据,也可以为庭审中有关证据收集合法性的证明做好相应的准备。三是与"陪审团—法官"二元审判模式相比,在职业法官(包括陪审员参与庭审)审判模式下,由同一法庭既负责排除非法证据,又负责事实认定,不利于有效消除非法证据对法官心证的影响。国外也有学者担心这可能会抵消非法证据排除规则的预期功能。如由人民检察院在审查起诉期间排除非法证据,法庭在审判时不再接触非法证据,上述问题能够得到较好的解决。因此,强调审查起诉期间人民检察院审查证据收集合法性的职责,明确该诉讼环节排除非法证据的程序,具有十分重要的意义。

有意见认为,可在审查起诉期间设立类似庭前会议的争议解决机制,即人民检察院在必要时可以通知侦查人员和辩护人到场,核实情况,听取意见。考虑到审查逮捕和审查起诉期间对证据收集合法性的调查核实,立法上更加偏重于职权调查,且人民检察院拥有相应的调查权限和能力,在必要时也可以向侦查机关和侦查人员核实情况,故未规定相应的程序机制。

2. 依申请启动的非法证据调查核实程序

检察机关应重视审查逮捕、审查起诉环节对证据合法性的审查,依法处理犯罪嫌疑人提出的证据合法性异议,防止非法证据进入法庭审判程序。审查逮捕、审查起诉期间,犯罪嫌疑人及其辩护人申请排除非法证据,并提供相关线索或者材料的,人民检察院应当调查核实。

首先,犯罪嫌疑人、辩护人申请排除非法证据,提供了相关线索或者材料的,人民检察院应当调查核实。根据《检察院规则》第 68 条第 2 款的规定，当事人及其辩护人、诉讼代理人报案、控告、举报侦查人员采用刑讯逼供等非法方法收集证据并提供涉嫌非法取证的人员、时间、地点、方式和内容等材料或者线索的，人民检察院应当受理并进行审查，对于根据现有材料无法证明证据收集合法性的，应当报经检察长批准，及时进行调查核实。

犯罪嫌疑人及其辩护人在审查逮捕、审查起诉期间提出排除非法证据申请，只要提供了上述规定的线索或者材料，人民检察院均应启动调查核实程序。即使未能提供明确线索或者材料的，人民检察院也有必要对有关证据收集的合法性进行调查核实，不宜简单地驳回申请。理由在于，人民检察院在审查起诉时肩负着审查证据收集合法性的法定职责，既然特定证据的合法性存在争议，就应当认真调查核实，并为庭审中证明证据收集的合法性做好准备。同时，犯罪嫌疑人及其辩护人因取证能力所限，在侦查和审查起诉期间通常难以获得相关线索或者材料。不过，即使被告人及其辩护人在庭审中才发现相关线索或者材料，依照有关规定也可以提出排除非法证据申请，人民检察院届时再收集证明证据收集合法性的证据材料，可能不利于诉讼顺利进行。

其次，调查结论应当书面告知犯罪嫌疑人及其辩护人。《检察院规则》第 71 条并未明确规定人民检察院调查完毕后，处理结果是否要告知控告、举报人，因为控告、举报主要是作为检察机关依职权查明证据合法性问题的发现手段，检察机关的调查重点在于对违法取证行为的查处。而对于犯罪嫌疑人及其辩护人明确提出排除非法证据申请的，处理意见应当告知犯罪嫌疑人及其辩护人。为便于犯罪嫌疑人及其辩护人寻求法律救济，调查结论应当采用书面形式告知，犯罪嫌疑人及其辩护人如对人民检察院的调查结论不服，可以在后续的审查起诉程序中寻求法律救济，例如在审判期间向人民法院申请排除非法证据。

3. 依职权进行的非法证据情况调查核实程序

检察机关应充分发挥对侦查取证的法律监督职能，除依申请查明非法证据情况外，还应主动依职权查明证据的合法性问题，及时发现问题、及时跟进监督。从刑事诉讼法有关非法证据排除程序的规定看，第 58 条至第 60 条明确了审判期间对证据收集合法性的调查和处理程序，而第 57 条有关人民检察院职责的规定,则并未确立类似的程序。根据刑事诉讼法第 57 条的规定,在审查起诉期间,线索来源是“报案、控告、举报”,不同于审判期间被告人及其辩护人提出“申请”;处理方式是“调查核实”,不同于审判期间的“法庭调查”程序。可见,刑事诉讼法在非法证据排除程序中对人民检察院职责所作的规定,更加侧重于职权式调查,重点关注的是侦查人员非法取证“行为”的纠正甚至处罚,这与人民检察院在诉讼过程中肩负的法律监督职责是契合的。

检察机关依职权排除非法证据,可以进行以下方面的调查核实工作和处理:

其一是及时通知公安机关并听取其意见,可以要求侦查机关对证据收集的合法性作出书面说明。《检察院规则》第 68 条第 4 款规定:“人民检察院决定调查核实的,应当及时通知办案机关。”据此,人民检察院对证据收集的合法性进行调查核实时,会将有关情况通报给侦查机关,让侦查机关知悉相关情况。根据《检察院规则》第 79 条的规定,人民检察院对非法取证行为进行调查核实时,也可以询问办案人员。

人民检察院对证据收集的合法性进行调查核实过程中,如果发现取证程序不符合法律规定,如未对讯问进行录音录像,或者犯罪嫌疑人身体有伤,致伤原因不明,对诸如此类影响取证合法性的问题,可以要求侦查机关作出书面说明。《公安程序规定》第 67 条第 4 款就此规定:“人民检察院认为可能存在以非法方法收集证据情形,要求公安机关进行说明的,公安机关应当及时进行调查,并向人民检察院作出书面说明。”侦查机关对取证合法性的书面说明,应当对取证过程作出详细说明,对取证程序不符合法律规定的情形或者犯罪嫌疑人及其辩护人提供的线索或者材料作出合理解释。根据《检察院规则》第 72 条的规定,侦查机关对证据收集合法性所作的书面说明,应当加盖单位公章,并由侦查人员签名。

其二是排除非法证据,并针对非法取证情形向侦查机关提出纠正意见。刑事诉讼法第 57 条规定,“对于确有以非法方法收集证据情形的,应当提出纠正意见;构成犯罪的,依法追究刑事责任”。因非法取证而构成犯罪的情形,已超出非法证据排除规则的范畴,故本条未予规定。《检察院规则》第 71

条第4款就此作出了具体规定。关于因侦查活动中的违法行为向侦查机关提出纠正意见的方式,可分为两种情形。根据《检察院规则》第566条的规定,对情节较轻的,可以由检察人员以口头方式向侦查人员或者侦查机关负责人提出纠正意见;对情节较重的,应当报请检察长批准后,向侦查机关发出纠正违法通知书。采用刑讯逼供等非法方法收集证据,属违法行为情节较重的情形,因此,应当向侦查机关发出纠正违法通知书。

其三是告知侦查机关更换办案人员,必要时可以自行调查。根据《严格排除非法证据规定》第5条关于重复性供述的规定,确认侦查机关存在非法取证行为的,如果更换侦查人员,其他侦查人员再次讯问时告知诉讼权利和认罪的法律后果,则犯罪嫌疑人自愿作出的重复性供述即可以作为合法证据使用。因此,检察机关在向侦查机关发出纠正违法通知书时,还应当一并告知应更换侦查人员。但如果侦查机关无侦查人员可予以更换,或者由检察机关自行调查取证更为方便、合适的,人民检察院可以自行调查取证。

三、审查逮捕、审查起诉时排除非法证据的后果

根据刑事诉讼法第56条第2款的规定,审查起诉时发现的非法证据不得作为起诉决定的根据。此外,根据《非法证据排除规定》第3条的规定,审查逮捕时发现的非法证据,也不得作为批准逮捕的根据。人民检察院在审前程序对取证合法性的审查,主要是在审查逮捕、审查起诉两个环节,强调在这两个环节依法排除非法证据,有助于健全冤假错案的有效防范机制。需要指出的是,这里所谓的人民检察院"审查认定的非法证据",并不限定于"确有以非法方法收集证据的情形",而是应当与刑事诉讼法第60条作相同理解,即人民检察院经审查确认或者不能排除以非法方法收集证据情形的,对有关证据应当予以排除。对于"确有以非法方法收集证据的情形",法律关注的是"行为"的纠正,即依法应当提出纠正意见,构成犯罪的,依法追究刑事责任。相比之下,无论确认还是不能排除以非法方法收集证据情形的,都属于非法证据的范畴,依法应当予以排除。

关于被排除的非法证据是否应当随案移送,《检察院规则》第71条第2款规定"被排除的非法证据应当随案移送",本条确认了这一做法。对于该问题,理论和实务上一直存在争议。否定意见认为,鉴于非法证据在审前已被排除，为避免非法证据污染法庭，不应再随案移送。例如，有专家指出，虽然将已经排除的证据移送法院能够为法官提供一个审查判断证据的全面的背景，但是，这种做法同时也会对法官心证产生一定影响，因此弊大于利，可以采取某些地方检察机关的经验，将非法证据单独装入内卷，不再随案移送。而肯定意见则认为，随案移送被排除的非法证据，有助于法官全面把握案件事实和证据，尤其是对于供述证据，可以了解供述变化情况，进而增强法官对案件事实的内心确信；如不随案移送此类证据，法官不了解侦查阶段非法取证的情形，不利于案件事实和证据的审查判断。

鉴于此，为适当消减被排除的非法证据对人民法院的不当影响，对审前排除非法证据的情形，人民检察院应当制作书面说明，写明非法证据的类型以及排除理由等情况，并随案移送。人民法院通过查阅人民检察院的书面说明，可以了解审前排除非法证据的基本情况，又可免受非法证据内容的不当影响。此外，如果被告人当庭辩称，审前阶段仅排除部分非法供述，后续形式合法的供述属重复性供述，应当一并排除，则法庭在必要时可以调取审前阶段排除的非法供述，并依照本规定的重复性供述排除规则作出相应的处理。

第十八条　人民检察院依法排除非法证据后，证据不足，不符合逮捕、起诉条件的，不得批准或者决定逮捕、提起公诉。

对于人民检察院排除有关证据导致对涉嫌的重要犯罪事实未予认定，从而作出不批准逮捕、不起诉决定，或者对涉嫌的部分重要犯罪事实决定不起诉的，公安机关、国家安全机关可要求复议、提请复核。

【条文要旨】

本条明确了审查逮捕、审查起诉期间排除非法证据后证据不足情形的处理方式，以及侦查机关的救济途径。

【条文释义】

一、检察机关对排非后证据不足情形的处理

根据《检察院规则》第 139 条的规定，没有证据证明犯罪事实是犯罪嫌疑人实施的情形，不符合逮捕条件，不得批准或者决定逮捕。根据《检察院规则》第404条的规定，犯罪构成要件事实缺乏必要证据予以证明，不能确定犯罪嫌疑人构成犯罪的，属于证据不足，不符合起诉条件，不得提起公诉。

党的十八届四中全会的决定明确要求："推进以审判为中心的诉讼制度改革，确保侦查、审查起诉的案件事实经得起法律的检验。"人民检察院依法排除非法证据后，证据不足，不符合逮捕、起诉条件的，应当切实履行案件审查把关职责，严格依照法律规定作出处理，不得批准或者决定逮捕，也不得"带病"将案件起诉到人民法院。实践中，一些案件的关键证据属非法证据，除该证据外可能缺乏必要证据证明犯罪事实，为确保案件质量，人民检察院既要严格依法排除非法证据，又要在排除非法证据后严格把握案件证明标准，不能降低证明标准提起公诉。

有的案件，犯罪嫌疑人及其辩护人在审查起诉期间提出排除非法证据申请，人民检察院经审查后，发现该证据的收集程序不符合法律规定，侦查机关出具的说明亦不能证明证据收集的合法性，进一步讲，不能排除以非法方法收集证据的情形。对此类证据，依法应当予以排除，但由于该证据是关键定案证据，一旦排除就无法认定案件事实，人民检察院基于种种考虑并未予以排除，而是选择将该争议问题交由人民法院作出最终处理。这种做法是不妥当的，有违人民检察院肩负的法律监督职责，也不符合刑事诉讼法确立的人民检察院客观公正义务。对此类案件，人民法院依法排除非法证据后，其他证据明显不足，如果强行下判，极易造成冤假错案，只能依法作出无罪判决，这不仅不必要地浪费了司法资源，案件的法律效果和社会效果也不好。因此，人民检察院应当切实承担起法定的职责，在审查起诉期间依法排除非法证据；排除非法证据后，经补充侦查仍然证据不足，不符合起诉条件的，应当根据《检察院规则》第403条的规定，经检察长或者检察委员会决定，作出不起诉决定。

调研了解到，一些地方检察机关反映，审查起诉期间的非法证据排除存在"发现难""证明难""排除难"等问题。但实践中仍然有一些成功案例。例如，李某某、刘某某涉嫌抢夺案。[①] 犯罪嫌疑人李某某、刘某某因涉嫌抢夺

---

① 案例选自陈光中主编：《非法证据排除规则实施问题研究》，北京大学出版社2014年版，第34～35页。

被依法逮捕。在审查起诉期间,二人向检察人员反映被侦查人员刑讯逼供,之前的有罪供述系刑讯逼供所得,并称派驻监所检察人员曾对二人的身体损伤进行拍照记录。承办检察官先向派驻监所检察人员了解情况,派驻监所检察人员提供了二人的伤势照片,并反映该二人被提押出看守所后均有比较严重的伤势。同时,承办检察官向看守所调取二人的档案材料,发现二人入所健康检查时身上均有一定外伤,侦查机关还曾以出所辨认为由将李某某提押出看守所,李某某被还押时经体检有新的伤势。人民检察院经审查认为,现有证据可以证实二人在入看守所之前均受到刑讯逼供,李某某被提押出看守所后也受到刑讯逼供,二人在侦查阶段的有罪供述和辨认笔录均无法作为定罪量刑的根据,应当予以排除。加上本案没有其他可以证明二人实施抢夺犯罪的直接证据,现有证据无法排除抢夺犯罪系他人实施的可能,不符合起诉标准,最终决定对二人不起诉。

这个案例反映出,人民检察院认真对待犯罪嫌疑人有关侦查人员非法取证的报案、控告、举报以及排除非法证据申请,依法调查核实相关情况,调取相关证据材料,能够有效地审查证据收集的合法性,从而依法排除非法证据,避免不当追诉。本规定进一步完善了侦查取证规范,明确了非法证据的范围和认定标准,人民检察院在加强侦查监督方面必将发挥更加重要的职能作用。在审查逮捕、审查起诉期间,人民检察院依法排除非法证据,严把案件事实关证据关,有助于确保案件质量,切实防范冤假错案发生。

二、侦查机关的救济途径

我国刑事诉讼法第 56 条第 2 款规定了检察机关对于排除非法证据的职责要求,《严格排除非法证据规定》则进一步明确了检察机关在审前阶段对非法证据排除程序的主导权。许多国家都非常重视检察官在审查起诉环节对事实证据的审查把关职责,并且强调检察官的客观中立性,我国也不例外,刑事诉讼法对于检察机关"事实清楚,证据确实、充分"的提起公诉标准与人民法院的定罪标准是一致的。因此,检察机关在审前阶段对非法证据排除这一程序性事项的处理,实质上是针对辩方提出的排除非法证据申请,对辩方和侦查机关之间的争议进行客观中立的居中判断,是一种类诉讼化的程序。而根据现代法律精神,对于判断的结果,必须为当事人保留救济的途径，即所谓的"无救济则无权利"。我国刑事诉讼法第92条和第179条已经分别规定了侦查机关对于人民检察院不批准逮捕和决定不起诉的决定有错误的时候，可以要求复议，如果意见不被接受，可以向上一级人民检察院提请复核。因此具体到非法证据排除程序中，对于人民检察院排除有关证据导致对涉嫌的重要犯罪事实未予认定，从而作出不批准逮捕、不起诉决定，或者对涉嫌的部分重要犯罪事实决定不起诉的，公安机关、国家安全机关当然可以根据上述规定要求复议、提请复核。这一方面是因为不同主体对非法证据的认定存在不同认识，应当为侦查机关保留接受两次审查的机会；另一方面也是我国刑事诉讼法"相互制约"原则的体现。侦查机关与检察机关对于是否认定并排除非法证据存在不同认识的情况下，由于可能影响案件的公正处理，侦查机关可以通过申请复议、复核的方式实行制约，促使检察机关更为审慎地进行决定。

四、辩　　护

第十九条　犯罪嫌疑人、被告人申请提供法律援助的，应当按照有关规定指派法律援助律师。

法律援助值班律师可以为犯罪嫌疑人、被告人提供法律帮助，对刑讯逼供、非法取证情形代理申诉、控告。

【条文要旨】

本条规定了犯罪嫌疑人、被告人有申请法律援助的权利。

【条文释义】

辩护是诉讼三方职能中的重要环节，对于保护被告人诉权、提升庭审实质化程度和实现以审判为中心的诉讼制度具有重要意义，因此必须完善辩护职能的法律保障机制。非法证据排除规则涉及复杂的法律适用问题，没有辩护律师的有效参与，实施效果将会大打折扣。对犯罪嫌疑人、被告人申请排除非法证据,但没有律师帮助的案件,原则上要提供法律援助,充分发挥法律援助值班律师的职能作用,为落实非法证据排除规则创造必要条件。

我国早在2006年已有关于法律援助值班律师的地方实践,并逐步在全国推广。2015年6月24日发布的中共中央办公厅、国务院办公厅《关于完善法律援助制度的意见》(中办发〔2015〕37号)明确要求建立法律援助值班律师制度,法律援助机构在法院、看守所派驻法律援助值班律师。2016年10月10日"两高三部"《改革意见》也明确提出建立法律援助值班律师制度,这是一项非常重要的改革举措,对加强人权司法保障具有重要意义。在非法证据排除程序中,法律援助值班律师可以为犯罪嫌疑人、被告人提供法律帮助,对刑讯逼供、非法取证情形代理申诉、控告。

具体而言,在看守所候审环节,法律援助值班律师提供的法律咨询常见的有解释关于非法证据的定义、规定场所讯问、全程录音录像、体检及提讯记录等侦查活动规范、与驻所检察官如何沟通及法律后果等法律问题;在法院审理环节,法律援助值班律师一般是解释申请程序、提出排除非法证据申请的条件、排除非法证据对于案件结果的影响等问题。无论哪个环节,法律援助值班律师均可以对刑讯逼供、非法取证情形代理申诉、控告。但是,需要注意法律援助值班律师的法律地位问题。对于法律援助值班律师能否行使辩护人的职能,立法上尚未明确,实践中也有争议。有意见认为法律援助值班律师就是辩护人,应当赋予其阅卷权、调查取证权等诉讼权利,也有意见认为法律援助值班律师只是"法律帮助人"的角色,可以提供法律咨询,代理申诉、控告,但不是辩护人。《规定》采纳了第二种意见,即值班律师作为法律援助制度的一部分,其主要功能定位于提供法律帮助,服务对象主要是尚未来得及委托辩护或通知指定辩护的犯罪嫌疑人、被告人,为该类人群提供第一时间的法律帮助。符合法律援助条件的犯罪嫌疑人、被告人,可通过申请法律援助得到辩护人,目前也尚无立法禁止值班律师通过接受委托而成为辩护人。因此,对于这一问题还有待实践总结和立法发展。

另外值得指出的是,除了依申请为被告人通知法律援助律师外,人民法院还可以依职权为其提供法律援助。根据《法院排非规程》第8条第2款的规定,被告人申请排除非法证据,但没有辩护人的,人民法院应当通知法律援助机构指派律师为其提供辩护。通过上述规定，充分保障被告人在非法证据排除程序中获得律师帮助的权利，有效发挥非法证据排除程序正确认定案件事实和保障人权的重要功能。

第二十条　犯罪嫌疑人、被告人及其辩护人申请排除非法证据，应当提供涉嫌非法取证的人员、时间、地点、方式、内容等相关线索或者材料。

【条文要旨】

本条明确了辩护方申请排除非法证据需承担的初步举证责任。

【条文释义】

刑事诉讼法第58条第2款规定，申请排除以非法方法收集的证据的，应当提供相关线索或者材料。这有助于防止被告方滥用申请权，避免造成司法资源浪费。《法院解释》第96条对此进行了规定，本条是对《法院解释》第96条的重申。所谓“相关线索或者材料”，本条列举为“涉嫌非法取证的人员、时间、地点、方式、内容等相关线索或者材料”。《法院排非规程》第5条进一步明确解释为：“线索”是指内容具体、指向明确的涉嫌非法取证的人员、时间、地点、方式等；“材料”是指能够反映非法取证的伤情照片、体检记录、医院病历、讯问笔录、讯问录音录像或者同监室人员的证言等。需要强调的是，上述规定仅要求辩护方对申请承担初步举证责任，只要使司法机关对证据收集的合法性存在疑问即可，并不要求辩护方承担非法取证的证明责任。

有意见认为，犯罪嫌疑人、被告人及其辩护人申请排除非法证据，无须承担初步举证责任，换言之，只要其提出申请，并且讲述一个侦查人员非法取证的“故事”即可。也有意见认为，应当确立“启动从宽，认定从严”的程序原则。① 我们认为，法律规定辩护方对排除非法证据申请承担初步举证责

① 有实践部门建议，在启动证据收集合法性调查之前，不严格限制非法取证的手段类型，也不强求被告人说出明确的时间、地点、人员、内容等精确线索，只要被告人的申请符合立法精神，即启动证据的合法性调查。但在非法证据的认定上，则严格依照法律以及司法解释的规定。《解析排除规则适用难题，完善排除规则程序构建——河南焦作中院关于非法证据排除规则适用情况的调研报告》，载《人民法院报》2014年12月4日，第8版。

任,有其必要性。尤其是在审判期间申请排除非法证据,应当提供相关线索或者材料。理由如下:

第一,辩护方申请排除非法证据,属于提出抗辩,为促使司法机关对申请启动调查程序,其应当提供相关线索或者材料,否则,辩护方凭空提出申请,司法机关就随便启动调查程序,既可能导致辩护方滥用诉讼权利,也不利于节约司法资源。有调研发现,实践中有的被告人提出非法证据排除申请,是将其视为一种诉讼技巧,当发现可能达不到预期目的时,则自动放弃了申请。[①] 要求被告人提出申请时提供相关线索或者材料,能够减少此类情形发生。

第二,案件中如存在非法取证尤其是刑讯逼供等情形,犯罪嫌疑人、被告人作为亲历者,最清楚相应的过程尤其是细节,有条件提供涉嫌非法取证的人员、时间、地点、方式、内容等相关线索或者材料。如辩护方无法直接获取相关材料,也可以申请司法机关依法调取。

第三,辩护方提供相关线索或者材料,可以促使办案机关有针对性地提供证明取证合法性的证据,便于司法机关把握争议焦点,对证据收集的合法性问题依法作出处理。这里所规定的"线索或者材料",既包括犯罪嫌疑人、被告人提供的在特定时间地点遭到特定办案人员刑讯逼供、某次讯问没有进行录音录像或者讯问录音录像有中断的线索,也包括其提交的被刑讯逼供后形成的血衣、身体伤残情况等材料,还包括同监室人员以及其他讯问时在场人员的证明等。[②]

有的案件,犯罪嫌疑人、被告人基于各种因素限制,在提出排除非法证

---

① 有实践部门建议,在启动证据收集合法性调查之前,不严格限制非法取证的手段类型,也不强求被告人说出明确的时间、地点、人员、内容等精确线索,只要被告人的申请符合立法精神,即启动证据的合法性调查。但在非法证据的认定上,则严格依照法律以及司法解释的规定。《解析排除规则适用难题,完善排除规则程序构建——河南焦作中院关于非法证据排除规则适用情况的调研报告》,载《人民法院报》2014 年 12 月 4 日,第 8 版。

② 有的地方检察机关在规范性文件中对辩护方申请排除非法证据提交的相关线索或者材料作出列举式规定。例如,某市检察院出台的《非法证据排除规则实施细则(试行)》规定:"辩方申请排除以非法方法收集的证据的,公诉人应当审查其是否同时提供以下线索或材料:(一)非法取证的大致时间或清晨、傍晚、深夜等大致时间段;(二)非法取证的地点或场所环境和特征;(三)非法取证人员的姓名或体貌特征;(四)非法取证的方式。"

据申请时可能仅能提供初步的线索，对此，人民检察院、人民法院应当认真进行审查，不能简单驳回申请。即便犯罪嫌疑人、被告人提供的线索不甚明确，但如果人民检察院、人民法院结合案件情况认为，案件可能存在以非法方法收集证据的可能性，供述的合法性和真实性存疑，也有必要进行调查核实。

第二十一条　辩护律师自人民检察院对案件审查起诉之日起，可以查阅、摘抄、复制讯问笔录、提讯登记、采取强制措施或者侦查措施的法律文书等证据材料。其他辩护人经人民法院、人民检察院许可，也可以查阅、摘抄、复制上述证据材料。

【条文要旨】

本条明确了犯罪嫌疑人、被告人及其辩护人获取有关证据材料的诉讼权利。

【条文释义】

刑事诉讼法第40条规定："辩护律师自人民检察院对案件审查起诉之日起，可以查阅、摘抄、复制本案的案卷材料。其他辩护人经人民法院、人民检察院许可，也可以查阅、摘抄、复制上述材料。"对侦查机关纳入案卷并随案移送的讯问笔录、提押登记、体检记录、批准采取强制措施或者侦查措施的法律文书等证据材料，辩护人在案件审查起诉后依法可以查阅、摘抄、复制。对于未随案移送的提押登记、体检记录等证据材料，辩护人也可以申请人民检察院调取，人民检察院调取后，辩护人可以查阅、摘抄、复制。对上述书证，辩护人查阅、摘抄、复制或者调取，在实践中一般都有保障。争议较大的是讯问录音录像的属性及能否查阅、摘抄、复制等问题。

一、讯问录音录像的属性

根据刑事诉讼法第50条第1款的规定，可以用于证明案件事实的材料，都是证据。讯问录音录像是否属于诉讼证据，目前仍存在一定争议。

有观点认为，讯问录音录像证实的只是取证过程，而非案件事实本身，故不属于诉讼证据。也有观点认为，对犯罪事实的证明，讯问录音录像不是诉讼证据；但对证据收集合法性的证明，讯问录音录像又是重要的证据。还有观点认为,讯问录音录像客观记录了讯问的过程和内容,就其内容而言,与讯问笔录只是载体形式不同而已,故应属于诉讼证据。

我们认为,从法理上讲,讯问录音录像应属诉讼证据。理由如下:第一,刑事诉讼法对"讯问犯罪嫌疑人"一节所作的规定,既有制作讯问笔录的要求(第122条),也有制作讯问同步录音录像的要求(第123条)。对讯问及供述内容的上述两种记录方式没有主次之分,只是载体形式不同而已。第二,与讯问笔录相比,讯问录音录像既能反映讯问过程,又能更加客观地反映讯问及供述的内容。因此,本《规定》第14条规定,讯问笔录记载的内容与讯问录音录像不一致的,以讯问录音录像为准。因此,讯问录音录像不仅是证明取证合法性的证据,也是证明案件事实的证据。

二、讯问录音录像的随案移送及复制

刑事诉讼法规定了对讯问进行录音录像的要求,但并未明确规定讯问录音录像应当随案移送。尽管从理论上讲讯问录音录像应属诉讼证据,但由于传统上习惯将讯问笔录作为审前供述的载体,且讯问笔录更加便于查阅、摘抄、复制,故相关规定未将随案移送讯问录音录像作为硬性要求。

对该问题,《检察院规则》第74条规定:"对于提起公诉的案件,被告人及其辩护人提出审前供述系非法取得,并提供相关线索或者材料的,人民检察院可以将讯问录音、录像连同案卷材料一并移送人民法院。""六部委"《关于实施刑事诉讼法若干问题的规定》第19条规定,"人民检察院、人民法院可以根据需要调取讯问犯罪嫌疑人的录音或者录像,有关机关应当及时提供"。根据上述规定,尽管讯问录音录像不是一律随案移送,但人民检察院、人民法院为审查讯问过程的合法性,核实讯问笔录记载的内容,可以向办案机关调取。

由于之前对讯问录音录像的属性存在分歧,因此,辩护人能否复制讯问录音录像,在实践中也存在较大争议,各地做法不一。最高人民法院曾对该问题作出答复,对于侦查机关的讯问录音录像,如公诉机关已经作为证据材料向人民法院移送,又不属于依法不能公开的材料的,在辩护律师提出要求复制的情况下,应当准许。

鉴于讯问录音录像在本质上属于诉讼证据,因此,对办案机关随案移送并作为诉讼证据使用的讯问录音录像,辩护人在审查起诉期间可以复制。同时,允许辩护人在审查起诉期间复制讯问录音录像,有助于辩护人开展辩护准备工作,及时发现办案人员涉嫌非法取证的线索或者材料,有效维护被告人的诉讼权利。

需要指出的是,有的案件的讯问录音录像中可能涉及国家秘密、商业秘密、个人隐私或者其他犯罪线索等不宜公开的内容,根据《检察院规则》第75条第2款的规定,人民检察院可以对录音录像的相关内容作技术处理。如人民检察院基于上述情形对讯问录音录像作出处理,辩护方因不知晓具体原因而对讯问录音录像的完整性提出异议的,人民检察院应当作出说明;庭审期间,公诉人应当就相关情况向法庭作出说明。

第二十二条　犯罪嫌疑人、被告人及其辩护人向人民法院、人民检察院申请调取公安机关、国家安全机关、人民检察院收集但未提交的讯问录音录像、体检记录等证据材料,人民法院、人民检察院经审查认为犯罪嫌疑人、被告人及其辩护人申请调取的证据材料与证明证据收集的合法性有联系的,应当予以调取;认为与证明证据收集的合法性没有联系的,应当决定不予调取并向犯罪嫌疑人、被告人及其辩护人说明理由。

【条文要旨】

本条明确了辩护方申请调取相关证据材料和申请相关人员出庭的权利。

【条文释义】

根据刑事诉讼法第四章有关辩护职能的规定,辩护人为维护犯罪嫌疑人、被告人的合法权益,可以提出相关申请。即第41条规定,辩护人认为在侦查、审查起诉期间公安机关、人民检察院收集的证明犯罪嫌疑人、被告人无罪或者罪轻的证据材料未提交的,有权申请人民检察院、人民法院调取。鉴于法律规定辩护方申请排除非法证据,需提供相关线索或者材料,为确保辩护方对非法取证情形履行初步举证责任,在其举证困难的情况下,可以申请司法机关调取相关证据。从审查起诉时起,辩护人可以在人民检察院查阅、复制、摘抄上述证据材料。如上述证据材料未随案移送人民检察院,犯罪嫌疑人及其辩护人可以申请人民检察院调取。在审判期间，如果被告人及其辩护人确认存在某些与证据收集合法性有关的证据材料已被公安机关、人民检察院收集但未提交的，根据本条规定以及《法院排非规程》第21条第2款，可以申请人民法院调取。

一、申请调取证据应符合的要求

证据材料未移交，一般是由于公安机关或检察机关未予采信，或者与其指控目的不相符合，也可能存在其他缺陷。犯罪嫌疑人、被告人及其辩护人申请调取此类未移交证据的，所申请调取的证据材料一般应符合实在性和关联性的要求。

实在性是指申请调取的证据材料客观存在或者应当存在。例如，《严格排除非法证据规定》中列举的讯问录音录像、体检记录，这些证据材料是依据刑事诉讼法及其司法解释、看守所条例等规定必须制作的。刑事诉讼法第123条明确要求对于可能判处无期徒刑、死刑的案件或者其他重大犯罪案件应当对讯问过程进行录音或者录像；《中华人民共和国看守所条例》第10条、公安部《公安机关办理刑事案件程序规定》第150条以及《严格排除非法证据规定》第13条均要求对被收押人进行身体健康检查。再如，犯罪嫌疑人、被告人及其辩护人有证据证明侦查机关或者人民检察院已经收集的证据材料，如控辩双方均采集过的同一个证人的证言、同案其他证据反映已经收集但案卷中未出现的证据等，对于此类证据材料，如果侦查机关或人民检察院未予提交，则可以向人民检察院或人民法院申请调取。犯罪嫌疑人、被告人及其辩护人在提出申请时只需要承担初步的证明责任，足以使人相信该份证据存在或很大可能存在即可，人民检察院、人民法院不应对申请人提出过高的证明要求。

关联性要求是指申请调取的证据材料必须与证明证据收集的合法性具有联系，也即调取证据材料的目的是证明在案证据的合法性。为保证法院的中立性和促进控辩平等对抗，我国刑事诉讼法赋予了辩护律师依法自行调查取证的权利，只有在辩护人能力不及的情况下法院才会介入帮助调查取证。检察机关也同样不会过度介入辩方取证行为。因此，在辩护人申请人民法院、人民检察院调取证据材料时，有必要给予审查，确认该申请与证明证据合法性具有联系时，才应同意，否则就属于辩护律师自行取证范围。

二、不予调取的应当说明理由

对于辩方提出的调取证据材料申请，如果人民检察院和人民法院不予调取，应向犯罪嫌疑人、被告人及其辩护人说明理由，告知其申请的证据材料与证明证据合法性问题没有关联性。告知的方式可以是口头告知。

针对非法证据排除申请事项，讯问录音录像、体检记录、见证人证言等证据材料一般具有较强的证明力。但是根据《严格排除非法证据规定》第21条的解释，录音录像等证据材料并不属于刑事诉讼法明确要求随案移送的范围。这主要是因为录音录像并非我国法定的证据种类，刑事诉讼法对于录音录像是否需要随案移交并无明确规定，一些侦查机关将录音录像视为讯问被告人时的一种辅助手段而非证据，故而并不作为证据随案移交。对于体检记录和提讯记录，往往是在看守所机关留有档案记录，而公安机关移交的证据材料中却没有。对于这些具有较强证明力的证据材料，辩护人往往比较希望看到，人民检察院、人民法院也一般同意调取。而此外的其他证据材料，如果并不存在或者与证明证据合法性无关联的，人民检察院、人民法院应当决定不予调取，但应说明理由。

被告人及其辩护人对于人民检察院、人民法院不予调取的决定，往往会产生不满情绪，甚至对指控和判决产生质疑，因此向其说明理由是非常必要的。实践中还有些被告人或者辩护人出于诉讼策略的考虑，往往利用刑事诉讼法及其司法解释赋予的每一项程序申请权，随意提出程序性请求特别是证据调查的请求，这种做法无疑是诉权的滥用，浪费了司法资源。甚至还有一些被告人和辩护人仅以人民检察院、人民法院不予调取为由就认为事实未查清、存疑，从而质疑指控和判决，认为不予调取行为本身存在裁量权滥用甚至司法懒政、司法腐败的可能。本条专门针对此种情形进行了规定，通过向被告人及其辩护人说明理由，释明不予调取的决定事出有据，且为法律强制性要求，即对于不符合调取条件的申请，人民检察院、人民法院“应当”决定不予调取，从而达到有效回应、抵消上述质疑的目的。

三、调取证据的时间限制及相关要求

人民法院向人民检察院调取未移交证据材料的，人民检察院应在三天内移交。《法院解释》第224条和《检察院规则》第450条规定,人民法院向人民检察院调取侦查、审查起诉环节收集的被告人无罪或者罪轻材料的,人民检察院应当自收到人民法院要求调取证据材料决定书后三日以内移交。没有上述材料的,应当向人民法院说明情况。

辩护人向人民检察院申请调取公安机关未移交的证据材料的,应经过人民检察院审核后决定是否调取,并在公安移送后三日内告知辩护人。《检察院规则》第50条规定:"案件移送审查逮捕或者审查起诉后,辩护人认为在侦查期间公安机关收集的证明犯罪嫌疑人无罪或者罪轻的证据材料未提交,申请人民检察院向公安机关调取的,人民检察院案件管理部门应当及时将申请材料送侦查监督部门或者公诉部门办理。经审查,认为辩护人申请调取的证据已收集并且与案件事实有联系的,应当予以调取;认为辩护人申请调取的证据未收集或者与案件事实没有联系的,应当决定不予调取并向辩护人说明理由。公安机关移送相关证据材料的,人民检察院应当在三日以内告知辩护人。"

五、审　　判

第二十三条　人民法院向被告人及其辩护人送达起诉书副本时,应当告知其有权申请排除非法证据。

被告人及其辩护人申请排除非法证据,应当在开庭审理前提出,但在庭审期间发现相关线索或者材料等情形除外。人民法院应当在开庭审理前将申请书和相关线索或者材料的复制件送交人民检察院。

【条文要旨】

本条明确了审判阶段的排除非法证据程序中人民法院庭前告知权利的要求以及辩护方提出排除非法证据申请的时限。

【条文释义】

一、人民法院在庭前告知辩护方申请权利的职责要求

从刑事诉讼法规定来看，我国实行依职权和依申请排除非法证据并行的模式。司法实践中主要是由被告人及其辩护人申请排除非法证据。而申请排除非法证据的前提是被告人对自己享有此项申请的权利知情，故人民法院应当保障被告人对申请排除非法证据权利的知情权。

根据刑事诉讼法第 58 条的规定，被告人及其辩护人有权申请人民法院对以非法方法收集的证据依法予以排除。被告人知晓诉讼权利是其行使权利的前提。实践中，一些被告人在庭前缺乏辩护律师帮助，或者辩护律师并未关注案件中可能存在的非法证据问题，导致被告人在庭审中才知晓有权申请排除非法证据，并当庭提出排除申请。在此种情形下，因人民检察院通常未对证据收集的合法性问题作相应准备，或者即使有一定准备，但可能因需要通知侦查人员或者其他人员出庭而被迫中断庭审。

为确保被告人能够行使申请排除非法证据的权利，督促控辩双方做好庭前准备工作，人民法院有必要在庭前尽早提示被告人及其辩护人有权申请排除非法证据。根据《法院解释》第 97 条的规定，人民法院向被告人及其辩护人送达起诉书副本时，应当告诉其有权申请排除非法证据。实践证明，在送达起诉书副本环节进行权利告知，既方便易行，又行之有效。因此，本条及《法院排非规程》第 8 条第 1 款对该时间节点进行了明确规定，要求应当同时提供相关的线索或者材料。为确保程序的规范性，上述告知情况应当记录在案。

需要指出的是，由于非法证据排除规则涉及的问题较为专业，因此，人民法院在进行权利告知时，应当尽量采用通俗易懂的方式进行。例如，可以告知被告人："根据法律规定，如果之前办案人员在讯问时对你有刑讯逼供、威胁等非法行为，通过这种方法取得的口供是非法证据，不能用来对你定罪。如果案件中存在这些情况，你现在就可以申请排除这些非法证据。"如果被告人提出，办案人员采用刑讯逼供、威胁等方法进行讯问，申请排除非法证据，就应当继续告知被告人："你可以自己写一份申请书，我们也可以根据你的申请制作一份申请笔录。根据法律规定，申请排除非法证据，应当提

供涉嫌非法取证的人员、时间、地点、方式、内容等相关线索或者材料。如果你已经掌握相关线索或者材料,请尽快提供。”

另外,考虑到被告人的文化素质水平及对法律的熟悉程度可能存在限制,为保障被告人充分及有效地行使该权利,被告人应当有权获得充分的法律帮助。《法院排非规程》第 8 条第 2 款要求人民法院对于申请排除非法证据但没有辩护人的被告人,可以通知法律援助机构指派律师为其提供帮助。

二、辩护方提出排除非法证据申请的方式及时限

《法院排非规程》第 5 条第 2 款规定,被告人及其辩护人申请排除非法证据,应当向人民法院提交书面申请书。被告人书写确有困难的,可以口头提出申请,但应当记录在案,并由被告人签名或者捺印。

提交排除非法证据申请的时间,一般应当是在开庭审理前,但在庭审期间才发现相关线索或者材料的除外。辩护方提出排除非法证据申请,是审判阶段非法证据排除程序的开端。为避免被告人及其辩护人在庭审过程中突然提出排除非法证据申请而导致庭审中断,对证据收集的合法性争议,应当尽量在庭前作出初步处理。根据《法院解释》第 97 条的规定,辩护方申请排除非法证据,应当在开庭审理前提出,但在庭审期间才发现相关线索或者材料的除外。《法院排非规程》第 9 条对此也作了同样规定。在送达起诉书副本时告知权利的基础上,将申请排除非法证据的时限限定为“开庭审理前”,能够避免当庭提出申请导致庭审中断,也能够督促控辩双方做好庭前准备,还可以在庭前会议中对证据收集的合法性争议作出初步处理。

一些案件中,辩护人基于辩护策略的考虑,可能选择在庭审中才提出排除非法证据申请。这种做法可能导致庭审被迫中断,实际上无助于维护被告人的合法权益,也不利于诉讼顺利进行,不值得提倡。但是,如果确实是在庭审期间发现相关线索或者材料的,可以在庭审中提出。对于此类情形,辩护方应当对发现该线索或材料的经过进行说明,对其未能在庭前提出的理由予以说明。对于庭前已经发现而由于主观原因未予提交的线索或材料,人民法院原则上不予接收。

三、通知人民检察院在庭前对证据收集合法性的证明做好准备

被告人及其辩护人在开庭审理前向人民法院提出排除非法证据申请

的,人民法院应当及时通知人民检察院。根据《法院解释》第98条的规定,人民法院应当在开庭前及时将申请书或者申请笔录以及相关线索、材料的复制件送交人民检察院。

人民检察院收到上述材料后,应当及时收集能够证明取证合法性的证据材料,通知有关侦查人员以及其他人员做好出庭准备。如果发现侦查人员以非法方法收集证据的,应当调查核实,并依法作出相应的处理。

第二十四条　被告人及其辩护人在开庭审理前申请排除非法证据,未提供相关线索或者材料,不符合法律规定的申请条件的,人民法院对申请不予受理。

【条文要旨】

本条明确了人民法院在开庭前对不符合条件的排除非法证据申请不予受理的规则。

【条文释义】

根据法律规定,被告人及其辩护人申请排除非法证据,应当提供相关线索或者材料,这是提出申请的先决条件。为规范非法证据排除申请程序,根据《法院排非规程》第10条第1款进一步明确的内容,对于被告人及其辩护人在开庭审理前申请排除非法证据,未提供相关线索或者材料,或者提供的线索或者材料不符合要求的情形,人民法院应当告知其补充提交。经过人民法院告知,仍不能补充提供相关线索或者材料的,因不符合法律规定的申请条件,人民法院可以不予受理,并在开庭审理前告知被告人及其辩护人。同时将上述情况记录在案。但被告人及其辩护人得知不予受理后,可以继续收集相关线索或者材料,如满足法定条件,可以再次提出排除非法证据申请。

对排除非法证据申请的审查,与对证据收集合法性的调查,虽然都属于程序性事项的审查,但却是两个不同层面的问题,前者可视为形式审查,后者则可视为实质审查。在诉讼程序上,前者是后者的前提。实质审查,也就是正式的审查,是针对被告人及其辩护人所提出的非法证据排除申请依法展开的调查程序;形式审查,则是启动实质审查的先决程序,主要是审查被告人及其辩护人提出的排除非法证据申请是否符合启动实质审查所要求的形式要件,如有明确的排除对象,有相对明确的非法行为线索或者材料,只要符合了这些形式方面的要求,就应当启动正式的非法证据排除审查程序。之前在司法实践中,一些法院对辩护方提出的排除非法证据申请存在畏难情绪,甚至搁置不理,导致审辩关系紧张,一个主要原因就是混淆了审查与调查、形式审查与实质审查,认为只要辩护方提出申请,法庭就要进行调查。实际上,从法律规定看,只有辩护方提出申请通过了形式审查,法庭才能启动调查程序。相应地,人民法院对被告人及其辩护人提出的排除非法证据申请,审查后有两种处理结果:不符合法律规定的申请条件的,人民法院对申请不予受理;符合申请条件的,同意受理并进入调查程序。

第二十五条　被告人及其辩护人在开庭审理前申请排除非法证据,按照法律规定提供相关线索或者材料的,人民法院应当召开庭前会议。人民检察院应当通过出示有关证据材料等方式,有针对性地对证据收集的合法性作出说明。人民法院可以核实情况,听取意见。

人民检察院可以决定撤回有关证据,撤回的证据,没有新的理由,不得在庭审中出示。

被告人及其辩护人可以撤回排除非法证据的申请。撤回申请后,没有新的线索或者材料,不得再次对有关证据提出排除申请。

【条文要旨】

本条明确了庭前会议中对排除非法证据申请的相关处理方式。

【条文释义】

一、非法证据排除问题召开庭前会议的条件

庭前会议并非刑事审判的必经程序。根据《法院解释》第 183 条的规定,对被告人及其辩护人申请排除非法证据的案件,可以召开庭前会议。关于是否召开庭前会议的审查标准,《法院解释》第 99 条规定,对被告人及其辩护人申请排除非法证据的案件,人民法院经审查对证据收集的合法性有疑问的,应当召开庭前会议。因此,确立了“证据收集合法性存疑”的实质标准,但是该标准在操作中仍然可能存在较大的弹性空间,不利于充分发挥庭前会议制度的作用。作为被告人寻求权利救济的司法渠道,不宜在制度层面对其进行过于严格的限制。从形式要件上来说,只要被告方在开庭审理前提出排除非法证据申请,并依照法律规定提供相关线索或者材料的,人民法院就应当召开庭前会议,了解情况、听取意见,尽早将非法证据排除问题纳入法院审查的视野。也即只要被告人及其辩护人达到了启动非法证据排除程序的形式要求,人民法院即有理由认为该项证据的收集合法性问题存疑,进而启动庭前会议程序,对该问题进行审查。《法院庭前会议规程》第1条第3款、《法院排非规程》第10条均对本规定中关于启动庭前会议程序的形式要件再次明确,规定被告人及其辩护人在开庭审理前申请排除非法证据并提供了相关线索或者材料的,人民法院应当召开庭前会议。

二、庭前会议应当发挥解决证据合法性问题的功能

初步审查处理证据合法性问题是庭前会议制度的重要功能。证据合法性问题关系到证据能力(证据可采性)的认定,许多国家的法律都强调在庭前解决证据收集合法性问题,将非法证据隔离在庭审之外,这种做法符合证据法原则和诉讼的内在规律。我们强调"庭审中心主义",但并非要将所有争议都直接拿到庭审中解决。对证据收集的合法性争议,一律直接拿到庭审中解决,不仅可能导致庭审中断,而且可能导致一些司法人员混淆证据能力和证明力问题,影响非法证据排除规则的实际功能。庭前会议制度为庭前初步处理证据收集合法性争议提供了重要的平台。被告人及其辩护人在开庭审理前申请排除非法证据,按照法律规定提供相关线索或者材料的,人民法院应当召开庭前会议,并充分发挥其在增进控辩双方共识、解决证据合法性争议和加强庭审准备方面的积极功能。既要通过庭前会议确保庭审持续、优质、高效进行,也要强调庭审在解决争议方面的核心作用。

本条第1款对于庭前会议各方主体的活动内容进行了明确。庭前会议依申请启动后,人民检察院应当通过出示有关证据材料等方式,有针对性地对证据收集的合法性作出说明。人民法院可以核实情况,听取意见。《法院排非规程》第12条进一步就法院在庭前会议中对证据收集合法性问题的审查程序问题,明确规定一般按照以下步骤进行:被告人及其辩护人说明排除非法证据的申请及相关线索或者材料;公诉人提供证明证据收集合法性的证据材料;控辩双方对证据收集的合法性发表意见;控辩双方对证据收集的合法性未达成一致意见的,审判人员归纳争议焦点。也就是说,庭前会议上主要以控辩双方沟通协商为主。在这一过程中,被告人及其辩护人负担提出“指控”的举证责任;人民检察院应当提供证明证据收集合法性的证据材料,这是人民检察院承担证明被告人有罪的举证责任的自然延伸;人民法院在该程序中主要起主导作用,对于协商未成的部分,仅予归纳争议焦点留待庭审解决,一般不作出明确处理。在具体的方式方法上,鉴于讯问录音录像在证明口供合法性问题上的重要作用,并结合庭审效率的考虑,《法院排非规程》第 13 条又明确了人民法院可以对有关材料进行核实,经控辩双方申请,可以有针对性地播放讯问录音录像。这里强调的播放讯问录音录像的针对性,主要是指应针对被告人及其辩护人提出涉嫌非法取证的讯问部分,而非全部讯问录音录像,以保证庭前会议的进行效率和实际成效。《法院庭审规程》第 14 条第 1 款也作了类似规定。

三、庭前会议中控辩双方达成共识后的处理及其效力

关于庭前会议对于非法证据排除问题的处理,与强调辩论和对抗的正式庭审相比,庭前会议更加注重控辩双方的沟通与协商。人民检察院通过出示证据等方式对证据收集的合法性进行说明后,控辩双方可以充分交换意见,并对证据收集合法性问题作出合意决定。一些案件中申请排除非法证据的相关线索或者材料明显不成立,如被告人称某侦查人员在特定时间、地点讯问时对其刑讯逼供,但提讯登记显示该侦查人员在该时间地点从事其他工作,并未参与讯问;又如,相关线索或者材料与在案其他证据存在矛盾,如被告人称其身体某处损伤是某次讯问时侦查人员刑讯逼供所致,但讯问录音录像显示该次讯问并无刑讯逼供行为,且监所监控录像显示其身体损伤是摔倒所致,等等。对此类情形,经过庭前会议的调查后,双方的争议自然得到解决。

本条第 2 款、第 3 款规定了控辩双方在就排除非法证据问题达成一致意见后的处理方式。《法院排非规程》第 14 条也再次重申了该两款规定。如人民检察院认为辩护方的申请依法有据,确认或者不能排除以非法方法收集证据的情形,如被告人出示遭刑讯逼供后形成的血衣,或者讯问录音录像显示侦查人员有刑讯逼供、威胁等非法取证行为,可以决定不将有关证据作为指控犯罪的根据。辩护方认为人民检察院出示的证据材料足以证实证据收集的合法性,如人民检察院出示了完整的讯问录音录像,显示讯问过程中并无非法取证行为,也可以决定撤回申请。同时,为确保庭前会议上控辩双方合意的稳定性,应完善相关程序制约机制。人民检察院决定撤回的证据,没有新的理由,不得在庭审中出示。被告人及其辩护人撤回申请后,没有新的线索或者材料,不得再次对有关证据提出非法证据申请。这一点也在《法院排非规程》第 14 条和《法院庭前会议规程》第 14 条第 2 款中予以了重申。需要强调的是,如果被告人未参加庭前会议,辩护人必须有被告人明确授权,否则不得单独撤回申请。同时,对被告人未参加庭前会议的情形,辩护人在庭前会议后应当及时将相关情况告知被告人,充分听取被告人的意见,如被告人有相应意见,辩护人应当及时反馈给法院。

在实际操作中,对于被告方在开庭前申请排除非法证据,人民法院召开庭前会议后,发现主要指控证据是非法证据,排除非法证据后明显事实不清、证据不足的案件,可以建议人民检察院撤回起诉,是否撤回起诉由人民检察院决定。如果召开庭前会议后,人民法院发现控辩双方的争议焦点有待进一步明确,或者出现新的争议,人民检察院需要补充收集证据的,也可以多次召开庭前会议。总之,应当充分发挥庭前会议解决非法证据排除问题的预期功能。确实无法通过庭前会议达成一致意见的,审判人员应当归纳好争议焦点,留待庭审中解决。

四、人民法院在庭前会议中可对特定证据作出处理

控辩双方在庭前会议中对证据收集合法性问题未能达成一致意见的,一般要在庭审中作出处理。

有意见认为,对于人民检察院在庭前会议中未对证据收集的合法性作出说明的情形,人民法院在庭前会议中也可以排除有关证据。主要理由是,在辩护方依法提出申请,人民法院对证据收集的合法性产生疑问的情况下,人民检察院应当在庭前会议中作出必要的说明。如果人民检察院未依法履行最基本的举证责任,即使在庭审环节,人民法院也应当依法排除有关证据，相比之下，在庭前会议中排除有关证据，有助于督促人民检察院积极履行举证责任，也能够避免庭审中公诉人面临举证不能的尴尬境地，实践效果更好。但由于相关部门对此提出异议，且考虑到庭审中的证据收集合法性调查程序更为正式，控辩双方的举证和质证更为充分，故未作类似规定。

最后需要强调的是，根据《法院解释》第 184 条第 4 款的规定，庭前会议情况应当制作笔录。对因非法证据排除问题召开庭前会议的案件，庭前会议笔录所记载的控辩双方协商情况，以及对证据合法性问题达成的一致意见，对控辩双方具有约束力。为确保庭前会议笔录的法律效力，应当要求庭前会议的参与者在笔录上签名确认。

第二十六条　公诉人、被告人及其辩护人在庭前会议中对证据收集是否合法未达成一致意见，人民法院对证据收集的合法性有疑问的，应当在庭审中进行调查；人民法院对证据收集的合法性没有疑问，且没有新的线索或者材料表明可能存在非法取证的，可以决定不再进行调查。

【条文要旨】

本条明确了庭前会议中证据收集合法性的未决争议是否在庭审中调查的规则。

【条文释义】

根据《严格排除非法证据规定》第 25 条，被告人及其辩护人在开庭审理前申请排除非法证据，按照法律规定提供相关线索或者材料的，人民法院应当召开庭前会议。控辩双方通过积极协商，如能协商达成一致意见，争议自然得到解决，如未能协商达成一致意见，如何处理还存在不同认识。有意见认为，刑事诉讼法仅规定庭前会议中可以了解情况，听取意见，并未规定可以作出实质性裁判。也有意见认为，庭前会议毕竟不同于正式的庭审，为确保程序的公正性，对证据收集的合法性存在的争议，尤其是关键定罪证据合法性存在的争议，应当当庭解决。还有意见认为，不能仅因刑事诉讼法没有作出明确规定就否定庭前会议在解决争议方面的应有功能，有的案件，如果庭前会议仅是简单地了解情况、听取意见，势必难以发挥预期功能，因此，非法证据排除问题应当以庭前解决为主，庭审解决为辅。我们认为，在现行刑事诉讼法规定下,庭前会议作出实质性裁判缺乏明确授权,无论最终控辩双方是否达成一致意见,都应当在庭审中进行确认或调查,并结合对控辩双方合意设置相关的程序后果来赋予其实际意义。

一、控辩双方达成一致意见情况下的庭审调查方式

根据《严格排除非法证据规定》第 25 条,在庭前会议上,经过被告人及其辩护人提供线索或者材料,人民检察院出示有关证据材料,控辩双方对于证据合法性问题很有可能达成一致意见,人民检察院可以决定撤回有关证据,被告人及其辩护人也可以撤回排除非法证据的申请。除上述两种情形外,双方也可能会就应当排除某项证据或者不应当排除某些证据达成一致意见,依法听凭法院处理。上述各种控辩合意,都应当经过专门的庭审确认程序明确肯定,以赋予其合法的程序后果。因为目前庭前会议上的各方诉讼行为,其程序意义尚未得到立法的明确确认,庭前会议因其程序功能上的限制,不能取代庭审调查对于案件事实和证据问题的审查,证据合法性问题的处理只有发生在庭审中才能获得明确而无争议的程序法意义。同时,对于控辩双方在庭前会议上达成的合意,因其在庭审确认之前尚缺乏明确的法律效力,故在庭审中可能出现一方反悔的情况。这时应区分对待,对于缺乏正当理由的,从维护庭前会议控辩协商合意稳定性、保障庭前会议制度功能根基的角度,法庭一般不再进行审查;如果确有正当理由,如在庭前会议之后又发现新的证据,或者发现辩护人庭前会议上的决定缺乏被告人授权或者超出授权范围,又或者具有其他明显影响案件公正审理的情况的,可以按照本《规定》第 31 条的程序重新予以审查。《法院排非规程》第 15 条第 1 款也对上述问题予以明确规定,控辩双方在庭前会议中对证据收集的合法性达成一致意见的,法庭应当在庭审中向控辩双方核实并当庭予以确认。对于一方在庭审中反悔的,除有正当理由外,法庭一般不再进行审查。

二、控辩双方未达成一致意见情况下的庭审调查方式

对控辩双方在庭前会议中对证据收集的合法性未能达成一致意见的情形,应视庭前会议上控辩双方各自的举证是否充分、质疑是否合理、人民法院对证据收集的合法性是否仍存有疑问而区分情况进行不同处理。

人民法院对证据收集的合法性仍有疑问的,应当在庭审中进行调查。

《法院庭审规程》第 30 条第 2 款还进一步规定,对于被告人及其辩护人申请排除非法证据,依法提供相关线索或者材料,法庭对证据收集的合法性有疑问,决定进行调查的,一般应当先行当庭调查。主要有以下理由:第一,刑事诉讼法仅规定人民法院在庭前会议中可以了解情况,听取意见,并未明确可以对控辩双方的争议作出实质性裁判。这也是实践中对庭前会议功能的认识不统一的根本原因。在法律未作明确规定的情况下,可以在庭前会议中协商解决争议,但不宜由人民法院对控辩双方的争议问题作出实质性裁判。第二,被告人并非庭前会议的当然参与者。有的案件,如被告人未参与庭前会议,人民法院就对争议问题作出实质性裁判,不利于维护被告人的合法权益。第三,对控辩双方争议较大、人民法院也尚存疑问的问题,在庭审中作出处理,有助于凸显庭审在审判和诉讼中的中心和重心地位,同时,也有助于增强裁判结果的可接受性。第四,先行当庭调查证据收集的合法性问题,是因为这是影响庭审调查及举证质证范围的先决问题。对于经庭审调查确认或不能排除非法取证可能的证据,应当予以排除。《法院排非规程》第 4 条明确规定,依法予以排除的非法证据,不得宣读、质证,不得作为定案的根据。

人民法院对证据收集的合法性没有疑问,且没有新的线索或者材料表明可能存在非法取证的,可以决定不再进行调查。庭前会议听证程序是控辩审三方构造的活动,控辩双方在证据合法性问题上,基于各自立场据理力争是正常现象,也是为控辩双方平等武装、充分发挥各自职能所需要的。但是在庭前会议上控辩双方已经充分举证并阐明各自观点后,人民法院对于该证据合法性问题经常会得出一个基本的判断,甚至一些案件中人民法院已经有了明确的判断。这时,如果没有新的线索或者材料标明可能存在非法取证的情况,人民法院对取证合法性又没有疑问,如果仍要在法庭中再次进行调查,不仅浪费司法资源,还将架空庭前会议制度,因此可以决定不再进行调查。此处作“可以”的规定主要是指明此类情形的一般处理方式,而不是唯一的处理方式。同时,根据《法院排非规程》第 15 条第 2 款规定,控辩双方在庭前会议中对证据收集的合法性未达成一致意见,人民法院应当在庭审中进行调查,但公诉人提供的相关证据材料确实、充分,能够排除非法取证情形,且没有新的线索或者材料表明可能存在非法取证的,庭审调查举证、质证可以简化。也就是说,虽然人民法院可以决定不再进行调查,但是从“事实调查在法庭”的角度,庭审程序仍应保留被告人及其辩护人当庭提出异议的机会。只是由于被告人及其辩护人已经在庭前会议中进行了举证和发表意见,并经过了法庭宣读庭前会议报告和当庭确认没有新的线索或者材料,庭审调查没有必要机械重复,而是可以简化处理,如直接确认双方举证、质证情况有无变化即可。《法院庭前会议规程》第 14 条第 3 款也作了类似规定。当然,如果出现了新的线索或者材料表明可能存在非法取证的,则应当继续在庭审中予以调查。这种新的线索或者材料应当是在庭前会议之后才出现的,如果被告人及其辩护人在庭前会议时已掌握该线索或者材料而故意留待庭审时才出示,应视为不符合本条的要求。

第二十七条　被告人及其辩护人申请人民法院通知侦查人员或者其他人员出庭,人民法院认为现有证据材料不能证明证据收集的合法性,确有必要通知上述人员出庭作证或者说明情况的,可以通知上述人员出庭。

【条文要旨】

本条明确了辩护方申请调取相关人员出庭的权利。

【条文释义】

刑事诉讼法第 59 条规定,人民检察院可以提请人民法院通知有关侦查人员或者其他人员出庭说明情况,但未明确被告人及其辩护人能否申请上述人员出庭。鉴于侦查人员或者其他人员出庭,对回应辩护方有关证据收集合法性的质疑,尤其是对辩护方提供的线索或者材料作出合理解释(或者反驳),具有非常关键的作用,同时也是维护被告人质证权的内在要求,因此,有必要赋予被告人及其辩护人申请上述人员出庭的权利,这同时也体现了控辩平等的精神。

被告人及其辩护人申请侦查人员或者其他人员出庭,应当明确具体的申请对象。基于现有的制度设计,其他人员包括讯问时在场的派驻监所检察人员、值班律师和其他在场人员,也包括其他了解讯问过程和相关情况的人员。

人民法院对上述申请,应当进行审查,并结合案件情况作出是否同意的决定。如果侦查人员或者派驻监所检察人员、值班律师等相关人员出庭对解决证据收集合法性争议有重大影响,例如被告人及其辩护人提供的线索或者材料,直接与上述人员相关,人民法院认为上述人员有必要出庭的,可以作出同意的决定。

本条规定了人民法院在审查必要性之后,“可以”通知上述人员出庭,主要是保留了侦查人员和其他人员以其他方式配合案件审理的途径。实践中,结合人员身体条件、外部环境条件、法庭技术水平等各种因素,对于侦查人员或其他人员确有重大现实原因不能到庭或者不宜到庭,即使通过远程视频方式或者隐蔽方式仍不能确保有效参与庭审的,为避免案件审理的过分拖延,可以采取庭外调查核实、继续调取其他新的证据等措施予以解决。

上述这种“必要性原则”和裁量通知出庭的规定,也在《法院排非规程》第21条第3款里予以重申:“被告人及其辩护人申请人民法院通知侦查人员或者其他人员出庭说明情况,人民法院认为确有必要的,可以通知上述人员出庭。”

有意见认为,为督促侦查人员或者派驻监所检察人员、值班律师等相关人员出庭,有必要规定上述人员不出庭的法律后果。鉴于刑事诉讼法第59条第2款仅对上述人员出庭作出一般性规定,当上述人员不出庭时未要求强制出庭,也未规定上述人员不出庭的法律后果,故本规定不宜径行规定相应的法律后果。不过,如果上述人员尤其是侦查人员经人民法院依法通知拒不出庭,现有证据材料不能证明证据收集合法性的,人民检察院要承担不利的诉讼后果,即当不能排除存在以非法方法收集证据情形的,对有关证据应当予以排除。

第二十八条　公诉人宣读起诉书后,法庭应当宣布开庭审理前对证据收集合法性的审查及处理情况。

【条文要旨】

本条明确了庭前会议与庭审的衔接机制。

【条文释义】

本规定强化了庭前会议程序的功能，明确了庭前会议与庭审之间的衔接与承继关系，一定程度上肯定了庭前会议对于非法证据处理结果的效力。法庭通过宣读庭前会议报告的形式对庭前会议成果予以确认。

鉴于庭前会议的处理结果对庭审有重要影响，建立庭前会议与庭审的衔接机制具有必要性。证据收集合法性争议涉及的是证据资格问题，应当在法庭对犯罪事实开始调查前作出处理。从庭审流程上看，审判长宣布开庭，传被告人到庭后，要告知诉讼权利，随后宣布法庭调查开始；在法庭调查环节，先由公诉人宣读起诉书，随后针对犯罪事实开始具体的法庭调查活动。从实践效果看，公诉人宣读起诉书后，具体的法庭调查随即开始，在该环节宣布庭前有关证据收集合法性的审查及处理情况，在程序衔接上比较顺畅。记载证据收集合法性的审查及处理情况的材料是庭前会议报告。《法院庭前会议规程》第 23 条第 2 款明确要求庭前会议结束后应当制作庭前会议报告。《法院排非规程》第 16 条对报告中的涉非法证据排除内容提出了要求，即审判人员应当在庭前会议报告中说明证据收集合法性的审查情况，主要包括控辩双方的争议焦点以及就相关事项达成的一致意见等内容。

法庭通过宣读庭前会议报告，宣布庭前有关证据收集合法性的审查处理情况，然后分情形对待：(1)对于庭前会议中控辩双方对证据合法性达成一致意见的情形，为确保证据合法性争议解决在法庭，法庭向控辩双方核实后当庭予以确认。同时根据《法院排非规程》第 15 条，控辩双方在庭前会议中对证据收集是否合法达成一致意见后，又在庭审中提出异议的，除有正当理由外，法庭一般不再进行审查。(2)对于庭前会议中控辩双方对证据合法性未达成一致意见的情形，审判人员应当归纳整理控辩双方争议的焦点。如果法庭决定启动对证据收集合法性的专门调查程序，在宣布庭前有关证据收集合法性的审查及处理情况后，应当先行当庭调查。

有意见认为，法庭在宣布开庭后的权利告知环节，应当专门告知被告人及其辩护人有权申请排除非法证据。考虑到法庭在送达起诉书副本时已经进行权利告知，且在公诉人宣读起诉书后，法庭又宣布庭前有关证据收集合法性的审查及处理情况,因此,被告人及其辩护人能够充分知悉该项诉讼权利,故没有再次专门告知的必要。

第二十九条　被告人及其辩护人在开庭审理前未申请排除非法证据,在法庭审理过程中提出申请的,应当说明理由。

对前述情形,法庭经审查,对证据收集的合法性有疑问的,应当进行调查;没有疑问的,应当驳回申请。

法庭驳回排除非法证据申请后,被告人及其辩护人没有新的线索或者材料,以相同理由再次提出申请的,法庭不再审查。

【条文要旨】

本条规定了对当庭提出的排除非法证据申请的审查及处理方式。

【条文释义】

《严格排除非法证据规定》第23条明确规定被告人及其辩护人申请排除非法证据,应当在开庭审理前提出。但在实践中,被告人及其辩护人可能由于各种原因在庭前未申请排除非法证据。对于此类情形,刑事诉讼法从有助于准确查明事实的角度出发,原则上允许当事人当庭提出。这是因为庭审是终局性地解决程序问题的环节,刑事诉讼法对于被告人及其辩护人庭前未能提出申请或申请被驳回的情况,不宜设置失权的程序后果。虽然刑事诉讼法及其相关司法解释为在庭前解决程序性申请及争议设置了庭前会议等非正式的处理程序,法院经审查后作出处理,但是从功能定位上说,庭前处理程序不能取代庭审这一最终解决程序问题环节的地位,这是程序公正的要求,也是人权保障的体现。

但是考虑到当庭提出排除非法证据申请会对庭审效率造成较大的影响,为保障庭审的集中性和密集性,应对当庭提出排除非法证据申请的行为进行一定的限制条件,即要求说明理由。由于《严格排除非法证据规定》第23条规定关于可以不在开庭审理前提出排除非法证据申请的只有“庭审期间发现相关线索或者材料等”这么一种例外情形,因此被告人及其辩护人应当就其当庭提出申请符合该例外情形作出说明。

对于被告人及其辩护人在法庭审理过程中提出排除非法证据申请的,

法庭应当进行审查。审查的目的主要是对申请进行筛选和过滤,防止被告人及其辩护人滥用诉权,造成司法资源的浪费。审查的内容包括两项:一是形式审查,即被告人及其辩护人当庭提出排除非法证据申请的理由是否符合规定,是否是在庭审期间发现相关线索或者材料的;二是实体审查,即该申请是否使法庭对证据收集的合法性产生疑问。

对上述两项内容审查后,就被告人及其辩护人当庭申请排除非法证据的情形是否进行调查问题,本条第 2 款选择了实体审查的标准,即法庭对证据收集的合法性有疑问的,应当进行调查。一般来说,只要当事人及其辩护人、诉讼代理人提供了新的线索和材料,对非法取证的过程描述具有合理性,使法庭产生合理怀疑,并结合庭前阅案情况难以打消怀疑的,即为"有疑问"的情形,应当进行调查。该款没有确立形式审查标准,反映出非法证据排除规则偏重保障人权的价值取向。因此,对于不符合形式审查标准、并非在庭审期间发现相关线索或者材料而提出的申请,法庭并不能一律不予受理,而是应当本着实事求是、有错必纠的精神,尽可能不为非法证据排除程序的启动设置过多的程序障碍。但是,这并不意味着被告人及其辩护人就可以搞突袭、可以在说明理由时敷衍了事,否则本规定关于排除非法证据申请提出时间的规定将失去意义。对于确认属于恶意突袭的,对于被告人可以纳入认罪表现综合考评,对于辩护人可以给予训诫,次数多、情节严重的,可向司法行政机关发出司法建议。从国外立法来看,日本《刑事诉讼规则》第 205 条之 4 也有类似规定:对于时机过晚的异议申请、明显以拖延诉讼为目的的异议申请、或者其他不合法的异议申请,应当予以驳回。但是,对时机过晚的异议申请,认为申请的事项重要,理由适当的,则不宜以时机延误为理由予以驳回。

法庭经审查对于证据收集的合法性没有疑问的,应当驳回申请。驳回申请是对排除非法证据这一申请作出的终结处理,对于案件的证据和事实认定具有较大影响,其作用类同裁决。因此法庭当庭驳回排除非法证据申请的,应当充分说明驳回的理由和依据,包括刑事诉讼法及相关司法解释的规定,被告人及其辩护人提出线索或材料的证明力,检察机关对于证据合法性的举证情况等。

法庭对被告人及其辩护人提出的排除非法证据驳回申请的，其程序效力体现在被告人及其辩护人没有新的线索或者材料，以相同理由再次提出申请的，法庭不再审查。本条第3款对此作出了明确规定。这样规定的原因是，实践中存在一些被告人及其辩护人在庭审中重复提出排除非法证据的申请，滥用申请排除非法证据的权利扰乱法庭秩序，甚至一场庭审中单就证据收集合法性的审查就占据了大半庭审时间，这显然是不利于集中审理和庭审实质化的，因此应对被告人的申请权设置一定的限制，在没有新的线索或者材料出现的情况下，对以同一理由提出的排除非法证据申请只审查一次。

《法院排非规程》第17条对本条规定予以了重申。

第三十条　庭审期间，法庭决定对证据收集的合法性进行调查的，应当先行当庭调查。但为防止庭审过分迟延，也可以在法庭调查结束前进行调查。

【条文要旨】

本条规定了庭审中对于证据合法性问题先行当庭调查的原则及其例外。

【条文释义】

《严格排除非法证据规定》第23条已经明确了排除非法证据申请应当在开庭审理前提出的原则，但是确有正当理由需要当庭提出申请的，庭审程序还是应当保留其再次提出、由法庭当庭解决的机会，以增加刑事裁判的内在合理性和可接受性。结合该规定的具体内容，庭审期间需要法庭对证据收集的合法性进行调查的主要情形有以下几类：一是依据第24条没有提供线索材料或者线索材料不合条件而未被法院受理申请，之后又发现新的线索或者材料而再次提出申请的；二是依照第25条规定在庭前会议后撤回申请，之后又有新的线索或者证据而提出排除申请的；三是根据第26条规定在庭前会议中法院决定不再进行调查后，又发现新的线索或者材料而提出排除申请的；四是第29条规定的开庭前未提出排除非法证据申请，但在庭审中提出并说明了理由的等。上述情形，法庭经审查后，都可以决定对证据收集的合法性问题进行当庭调查。

证据合法性问题的庭审调查，应当以相对独立的程序单元进行。在非法证据排除规则出台之前，庭审调查对于证据能力和证明力问题通常不作区分，而是在举证环节由控辩双方对证据的真实性、关联性、合法性统一发表质证意见。将证据能力存疑的证据与其他证据混为一体整体质证，就使本不应成为定案依据的证据材料在法庭上被宣读、出示、讨论，使法庭心证受到干扰。这种混合质证的方式已被司法实践证明存在较大弊端。因此，本条设置了单独的证据合法性调查程序，以与针对案件事实本身的实体调查区隔开，同时确立了先行当庭调查的原则，即法庭对证据合法性问题的调查优先于对案件事实本身的调查进行。这样规定的基本逻辑在于：证据是认定案件事实的基础，而确认证据能力则是讨论证据证明力的基础，没有证据能力的证据材料应当被排除出法庭。如果没有及早阻断非法证据对法庭内心确信施加影响，使审判组织形成了预断，那么即使最终将其排除，也会失去非法证据排除规则应有的价值，无法发挥保障人权的作用。也就是说，只有先行解决了关于证据能力的争议，讨论证据的证明力才具有程序意义。

从比较法角度来看，各国对于证据能力或证据可采性的审查多以独立的程序优先进行，以防止不具有证据能力或可采性的证据进入法庭。英国的“即时异议规则”，要求被告方如果依据《警察与刑事证据法》第76条申请排除供述证据，应当在检控方出示该证据前向法官提出排除申请。法官则通常会中止诉讼，举行专门的“预先审核程序”，在陪审团退席的情况下确定证据可采性。根据美国《联邦刑事诉讼规则》第12条(b)(e)的规定，申请禁止证据(进入法庭)系可以提起审前动议的事由，此种审前动议原则上应当在审判前作出裁定，除非法庭因具有适当理由，命令推迟至对总的争议作审判时或者陪审团作出裁决前再作裁定。但是，如果对于当事人上诉的权利有不利影响，则不能推迟裁定。澳大利亚联邦《1995年证据法》第192A条也规定如果在任何程序中对证据可采性问题出现疑问，法院在认为适当的情况下，可以在程序中提出该证据之前，就该问题作出裁决或认定。

本条还设置了一类例外情形，即为防止庭审过分迟延，也可以在法庭调查结束前进行调查。《法院排非规程》第18条进一步细化了该规定，即人民法院决定对证据收集的合法性进行法庭调查的,应当先行当庭调查。对于被申请排除的证据和其他犯罪事实没有关联等情形,为防止庭审过分迟延,可以先调查其他犯罪事实,再对证据收集的合法性进行调查。也就是说,虽然为了诉讼效率考虑可以在法庭调查结束前进行调查,但是仅限于与被申请排除的证据无关的事实部分。如果被申请排除的证据仅与指控事实的部分事实相关,如仅涉及多次盗窃犯罪中的其中一次盗窃事实的情况,则不相关部分可以先行审理;如果被申请排除的证据与全部指控事实相关,如被告人提出其关于明知是毒品而多次帮助运输的供述系非法取得的情况,则必须先行调查证据合法性问题。这就彻底阻断了潜在的非法证据进入庭审的可能性。

关于这个问题,我国与非法证据排除相关的一系列规则呈现出在人权保障方面不断进步的态势。2010 年"两高三部"《非法证据排除规定》第 5 条确立了先行当庭调查的原则,规定被告人及其辩护人在开庭审理前或者庭审中,提出被告人审判前供述是非法取得的,法庭在公诉人宣读起诉书之后,应当先行当庭调查。但是在实践中遇到个别案件,尤其是多被告人、多起犯罪事实的案件,在审判过程中,有多名被告人当庭申请排除非法证据,由于当时的庭前准备程序尚不发达,人民法院未能充分利用庭前程序梳理争点,同时受到人民检察院的举证能力、辩护律师的辩护策略等因素影响,庭审中对证据收集合法性进行先行调查的时间较长,案件迟迟未能进入对犯罪事实的审理阶段,庭审效率受到一定影响。

2012 年《法院解释》第 100 条第 2 款对先行当庭调查原则作出调整,确立了"先行调查与法庭调查结束前一并调查并行"的规则,具体规定:"对证据收集合法性的调查,根据具体情况,可以在当事人及其辩护人、诉讼代理人提出排除非法证据的申请后进行,也可以在法庭调查结束前一并进行。"2012 年"六部委"《关于实施刑事诉讼法若干问题的规定》第 11 条也规定,法庭对证据收集的合法性进行法庭调查的,法庭调查的顺序由法庭根据案件审理情况确定。上述规定在当时有一定积极意义,法庭可以较为灵活地调整庭审流程,避免因纠缠于证据收集合法性问题而影响庭审的顺利进行。但实践中,有的法院又走向了另一个极端,即对被告方提出的排除非法证据申请,通常不先行调查,而是留待法庭调查结束前一并调查,有的甚至不予调查。同时,因证据收集合法性争议涉及的是证据能力问题,因此,无论是先行调查还是法庭调查结束前一并调查,都要在调查后对证据能力问题作出裁判,确定争议证据能否作为诉讼证据使用,但有的法院因各种因素不愿或不敢对该问题直接作出裁判,因此,通常不进行先行调查,而是留待法庭调查结束前一并调查,最后对该问题不作裁判、不置可否。这种做法导致法庭混淆了证据能力和证明力问题,实际上架空了非法证据排除规则。

而十八届四中全会以来,随着以审判为中心的刑事诉讼制度改革的大力推进,人民法院庭审实质化工作各项制度逐步完善,特别是在全国范围内试点及开展“三项规程”工作,庭前会议制度及证人、鉴定人、侦查人员出庭制度已经具有较为成熟的制度规范和实践范例,人民法院庭前处理程序性争议的能力和检察机关证明证据合法性问题的水平都取得长足进步。因此,《严格排除非法证据规定》再次适时确立了先行调查的原则。通过充分发挥庭前会议的程序争议解决功能,在开庭之前即扫除大部分证据合法性问题争议,从而使庭审的集中性能够得到保证,庭审效率不会因处理残留或新增的个别重大证据合法性争议而受到过多影响。

庭审中对证据合法性进行调查时,有一个基本的要求,即不得对有关证据宣读、质证。《严格排除非法证据规定》第 33 条第 2 款以及《法院排非规程》第 18 条第 3 款均作出明确规定。这主要是为了防止潜在的非法证据污染法庭心证,同时也正确体现了证据能力相对于证明力的基础地位。我们所谓非法证据欠缺的证据能力或者可采性,其实解决的都是证据能否进入法庭的问题,也即法庭准入资格的问题。陪审团裁判的刑事司法制度中,一般通过庭前程序处理证据可采性问题,或者在庭审中讨论可采性问题时让陪审团暂时离开法庭,从而使非法证据彻底排除出陪审团视野,以保证事实判断者心证的纯洁。如美国《联邦证据规则》第 104 条(c)就明确要求对有关被告人自白可采性问题的审理应当避开陪审团。而大陆法系中由法官或者法官与陪审员组成的合议庭主持庭审,法官或者陪审员当然不能随意离开法庭,而已阅卷的法官也往往在庭前就已经接触过控方移送来的案卷,要完全排除非法证据造成的潜在影响已不可能,但是也应最大限度地限制非法证据的负面影响。对其不予宣读、质证,就是避免该项潜在的非法证据继续污染法庭心证的手段,同时因为该项证据没有经过质证,完全断绝了作为定案依据的可能。另外从操作层面讲,也完全不存在困难。证据合法性的法庭调查是针对证据能力或者说可采性的程序性调查,调查的内容仅涉及其取得的方式与过程,而与其证明力问题(与案件事实的关联性等)所依附的实质内容并无关联,不进行涉及证据内容的宣读、质证,完全不影响对于合法性的调查。

第三十一条　公诉人对证据收集的合法性加以证明,可以出示讯问笔录、提讯登记、体检记录、采取强制措施或者侦查措施的法律文书、侦查终结前对讯问合法性的核查材料等证据材料,有针对性地播放讯问录音录像,提请法庭通知侦查人员或者其他人员出庭说明情况。

被告人及其辩护人可以出示相关线索或者材料,并申请法庭播放特定时段的讯问录音录像。

侦查人员或者其他人员出庭,应当向法庭说明证据收集过程,并就相关情况接受发问。对发问方式不当或者内容与证据收集的合法性无关的,法庭应当制止。

公诉人、被告人及其辩护人可以对证据收集的合法性进行质证、辩论。

【条文要旨】

本条明确了庭审中对证据收集的合法性进行调查的方式。

【条文释义】

一、关于证据收集合法性的证明责任

刑事诉讼法第59条第1款规定:“在对证据收集的合法性进行法庭调查的过程中,人民检察院应当对证据收集的合法性加以证明。”该规定明确了证据收集合法性的证明责任应当由人民检察院承担。

证据收集合法性事实,与犯罪事实具有相对独立性,但属于犯罪构成要件事实附带的事实。根据刑事诉讼法的规定,人民检察院承担证明被告人有罪的举证责任,基于该要求,人民检察院除了要证明指控的犯罪构成要件事实成立外,也要证明其用于证明犯罪构成要件事实成立的证据具有合法性。如果据以指控犯罪的证据不具有合法性,该证据就不能作为诉讼证据使用,这势必对指控犯罪产生直接的影响。因此,人民检察院对证据收集合法性事实的证明责任,实际上隐含于对犯罪构成要件事实的证明责任之中。

尽管刑事诉讼法要求辩护方提出排除非法证据申请时应当提供相关线索或者材料,但这只是初步的证明责任,只要使人民法院对证据收集的合法性产生疑问即可,并非让辩护方承担办案人员非法取证的举证责任。考虑到有些材料可能保存在侦查机关或检察机关,辩方提供难度较大,《法院排非规程》第21条第2款作出规定,被告人及其辩护人可以申请人民法院调取侦查机关、人民检察院收集但未提交的讯问录音录像、体检记录等证据材料。实践中,有的地方司法机关要求被告人提供证据证明自己没有被刑讯逼供,这实际上是要求被告人承担侦查机关非法取证的证明责任,与法律要求不符,应当禁止。例如一起案件,被告人当庭辩称有罪供述系刑讯逼供所得,公诉人当庭出示办案机关没有刑讯逼供的书面情况说明,法院在裁判文书中认为,庭审中辩护人出示的证据不足以证明公安机关在侦查过程中存在刑讯逼供的情形,尽管案件最终因被告人供述真实性无法确认而未采信该供述,但让辩护人承担证明办案机关刑讯逼供的证明责任的做法是不正确的。同时,被告人对侦查过程中发生的非法取证行为更为清楚,也更为敏感,有掌握、提供有关线索和材料的便利,更容易从反方向解释控诉方举证证明中的不足和缺陷,而且被告人提供非法取证的人员、时间、地点、方式等相关线索和材料,可以使检察机关的举证和法庭审理活动更具针对性。此外,在司法实践中,侦查人员对犯罪嫌疑人通常要进行多次讯问,每次讯问的时间一般也不会很短,这样全程同步录音录像的总时长通常就会很长,而存在非法取证情形的,实施非法行为的时间一般都比较短,被告人对于哪次讯问中的哪个时间段遭受非法取证通常记忆较为准确。因此,为了保障庭审活动集中高效进行,被告人及其辩护人可以出示相关线索或者材料,也可以申请播放特定时段的讯问录音录像。

同时,人民法院的职责是对证据收集合法性存在的争议作出裁判,不承担任何证明责任。人民法院如对证据收集的合法性有疑问,应当让人民检察院举证证明证据收集的合法性。实践中，有的案件辩护方提出排除非法证据申请，人民检察院怠于举证，人民法院为查明证据收集的合法性，主动调取相关证据，这种越俎代庖的做法有违客观中立审判的要求。但是，对于被告人及其辩护人向人民法院申请调取公安机关、国家安全机关、人民检察院收集但未提交的讯问录音录像、体检记录等证据材料，人民法院经审查认为该证据材料与证明证据收集的合法性有联系的，应当予以调取；对于被告人及其辩护人申请相关机关未收集、但可以证明办案人员非法取证的证据，人民法院应当通知人民检察院收集相关证据，人民检察院怠于取证的，人民法院可以依职权调取相关证据。人民法院适当帮助辩方取证，是因为相较于公安机关、检察机关等国家权力机关，辩方的取证能力相去甚远，人民法院依职权调取相关证据有利于更准确地查明侦查机关的取证行为是否合法，更有利于切实保障人权，并不违反客观中立的审判要求。当然，对于认为辩方申请与证明证据收集的合法性没有联系的，应当决定不予调取并向被告人及其辩护人释明理由。

关于侦查人员或者其他人员出庭说明情况，可以由公诉人提请法庭通知，以便证明相关取证行为合法；也可以由被告人及其辩护人申请法庭通知，通过当庭发问证明相关取证行为违法；对于控辩双方均未提请或申请通知侦查人员或者其他人员出庭，但法庭认为现有证据材料不能证明相关取证行为是否具有合法性，确有必要通知上述人员出庭作证或者说明情况的，也可以依职权通知上述人员出庭。此外，根据刑事诉讼法第 57 条第 2 款之规定，侦查人员知晓被告人申请排除非法证据后，也可以主动要求出庭说明情况。

二、证明证据收集合法性的具体方式

该条第 1 款、第 2 款分别规定了控辩双方证明证据收集合法或非法的具体方式。司法实践中，法庭决定对证据收集的合法性进行调查的，一般按照以下步骤进行：(1)对于召开庭前会议的案件，由审判长宣布庭前会议报告内容，明确围绕争议焦点进行非法证据调查程序；对于被告人及其辩护人在庭审中提出排除非法证据申请的案件，释明法庭决定启动非法证据调查程序的理由，明确控辩双方的举证重点；(2)被告人及其辩护人说明申请排除的证据及相关线索或材料;(3)公诉人对被告人及其辩护人的申请进行答辩,并出示证明证据收集合法性的材料。被告人及其辩护人可以对相关证据进行质证,确有必要的,经审判长准许可以向出庭说明情况的侦查人员或者其他人员发问;(4)控辩双方对证据收集的合法性进行质证、辩论。

排除非法证据的调查程序系因辩方申请而启动,因此在庭审调查中,当然应当先由被告人或其辩护人说明申请排除的对象,即具体明确哪一份证据系侦查人员通过非法方法收集,并说明理由和线索,否则调查程序就欠缺了针对性,在公开审判的庭审中,也会使旁听人员不明所以。虽然在调查过程中辩方不承担证明非法取证的举证责任,但其享有举证的权利,因此第2款使用了"可以出示"的表述。

公诉人当庭证明证据收集的合法性,需要结合案件情况提供相应的证据材料,尤其是要针对辩护方提供的相关线索或者材料作出解释说明。相关证明方式及注意事项简要梳理如下:

第一,出示讯问笔录、提押登记、体检记录、批准采取强制措施或者侦查措施的法律文书等证据材料。此类证据材料能够直接反映提押、讯问和采取有关措施的法律手续是否完备,尤其是看守所体检记录能够直接反映被告人的身体是否有伤或者存在异常,与证据收集的合法性紧密相关。对被告人及其辩护人提供的办案人员涉嫌非法取证的线索或者材料,公诉人出示上述规范的证据材料,有助于消除法庭对证据收集合法性存在的疑问。

不过,有的案件,被告人及其辩护人提出排除非法证据申请,所依据的线索或者材料就来自上述证据材料。例如,看守所体检记录反映被告人体表有伤,又如讯问笔录反映被告人的供述存在反复、有矛盾,还如提押登记反映被告人被提押到看守所外进行讯问,之前被告人都不供述,恰在该次讯问中作出供述等。在此种情形下,公诉人无法再通过上述证据材料证明证据收集的合法性,只能提供其他证据。

此外,这里规定的"出示讯问笔录",与证据调查阶段"对讯问笔录宣读、质证"存在本质区别。后者关注的是供述的证明力问题,即在供述不存在合法性争议,或者供述证据的合法性虽有争议,但法庭经调查认定供述具有合法性的前提下,讯问笔录具有证据资格,进而通过当庭宣读、质证,决定能否将之作为定案的根据。相比之下,这里规定的“出示讯问笔录”,关注的是供述的证据资格问题,因供述的合法性尚存争议,只有先解决证据资格问题才能作为诉讼证据使用,故此时不能宣读讯问笔录的具体内容,只是通过出示讯问笔录,基于讯问笔录显示的讯问时间、地点、提问内容、笔录篇幅等事项,审查讯问过程的合法性。

第二,出示侦查终结前对讯问合法性的核查材料。侦查终结前对讯问合法性进行核查的制度是本规定的重大制度创新,也是对“两高三部”《改革意见》相关规定的细化落实,既有利于遏制非法取证行为,也有利于审判人员审查判断有关供述的合法性问题。出示此类核查材料时,主要出示核查结果的材料,即核查所针对的讯问行为是否合法,若不合法,是否采取了相应的处理措施,如依法予以排除,或另行指派侦查人员重新调查取证等。必要时,还应当出示证明核查结论的材料,如询问过程的同步录音录像、相关证人证言等。

第三,有针对性地播放讯问录音录像。刑事诉讼法和有关规定确立讯问录音录像制度后,讯问过程的录音录像已成为证明供述合法性的证据。与讯问笔录相比,讯问录音录像具有客观性、直观性、同步性等特点,能够直接反映出讯问过程是否合法,最高人民检察院、公安部曾专门下发了《人民检察院讯问职务犯罪嫌疑人实行全程同步录音录像的规定》《人民检察院讯问职务犯罪嫌疑人实行全程同步录音录像技术工作流程(试行)》《公安机关讯问犯罪嫌疑人录音录像工作规定》等文件,也表明讯问录音录像在诉讼中的重要性。

有关讯问录音录像的使用,需要注意以下三个问题:

一是对“有针对性地播放”的理解。因讯问录音录像亦属证据,只是与讯问笔录载体不同而已,在供述的证据资格尚存争议的情况下,与不能宣读讯问笔录同理,也不能全部播放讯问录音录像。只有对被告人及其辩护人提出异议的涉嫌非法讯问的时段,才有必要进行针对性播放。所谓“有针对性地播放”,应当是指针对被告人及其辩护人提出异议的时段播放;对被告人及其辩护人没有提出异议的时段,没有必要播放。实践中,被告人及其辩护人对某次讯问笔录的合法性提出异议,要求公诉人当庭播放特定时段的讯问录音录像,但公诉人拒不播放该段讯问录音录像,或者播放辩护方未提出异议的其他时段的讯问录音录像,这种做法不符合法律和司法解释的原意和要求。

二是对讯问录音录像完整性、同步性的审查。根据刑事诉讼法和有关规定,讯问录音录像应当全程同步进行,保持完整性,不得剪接、删改。鉴于录音录像对于证明取证是否合法的重要作用,《法院排非规程》第22条专门就讯问录音录像的审查重点作出规定,对于完整性,强调要审查是否对每一次讯问过程录音录像,录音录像是否全程不间断进行,是否有选择性录制、剪接、删改等情形;对于同步性,强调要审查录音录像是否自讯问开始时制作,至犯罪嫌疑人核对讯问笔录、签字确认后结束,讯问笔录记载的起止时间是否与讯问录音录像反映的起止时间一致。此外,还要注重审查讯问录音录像与讯问笔录记载的有关定罪量刑的内容是否存在实质性差异,存在实质性差异的,以讯问录音录像为准。有的案件,辩护方主张侦查人员在讯问开始前实施刑讯逼供或者威胁,给被告人造成心理压力,然后再对讯问过程录音录像。还有的案件,辩护方主张公诉人提供的讯问录音录像存在剪接、删改的情形,并对其真实性提出质疑。对此,法庭应当认真审查,如发现讯问录音录像与提押和讯问时间不吻合,存在时间不连贯、问答对接异常等情形,或者存在剪接、删改迹象,就应当由公诉人作出合理解释,必要时可以提交专业鉴定机构进行讯问录音录像的完整性鉴定。如果讯问录音录像与提押和讯问没有同步进行,或者讯问录音录像自身不完整,特别是经剪接、删改的讯问录音录像,公诉人不能对此作出合理解释的,[①]不能作为证明证据收集合法性的根据。

三是特定情形下可对观看讯问录音录像的人员范围作出限制。《检察院规则》第75条第2款规定,"需要播放的录音、录像中涉及国家秘密、商业秘密、个人隐私或者含有其他不宜公开的内容的,公诉人应当建议在法庭组成人员、公诉人、侦查人员、被告人及其辩护人范围播放"。法庭经审查认为讯问录音录像中存在上述情形的,可以限制观看的人员范围。

---

① 《检察院规则》第75条第2款规定,"因涉及国家秘密、商业秘密、个人隐私或者其他犯罪线索等内容,人民检察院对讯问录音、录像的相关内容作技术处理的,公诉人应当向法庭作出说明"。

四是必要时,可以提请法庭通知收集证据的侦查人员或者其他人员出庭说明情况。这里的"其他人员"主要包括现场见证人、派驻监所检察人员、值班律师等。其中值班律师的证明作用应当引起重视,本规定第19条明确规定"法律援助值班律师可以为犯罪嫌疑人、被告人提供法律帮助,对刑讯逼供、非法取证情形代理申诉、控告","两高三部"于2017年8月联合下发的《关于开展法律援助值班律师工作的意见》在第2条关于值班律师应当依法履行的工作职责中,再次重申了该内容。值班律师对非法取证情形代理申诉、控告的职责贯穿于刑事诉讼始终,尤其是在侦查阶段的代理职责会更为及时、全面地了解侦查人员的取证活动是否合法。因此,随着该意见的不断深化落实,值班律师职能的全面发挥,值班律师出庭将更有利于证明侦查取证的合法性等有关问题。

三、侦查人员出庭的角色定位及法庭调查规则

首先,侦查人员出庭,应当成为一种常态。之前由于各种主客观的原因,包括侦查人员工作负担较重,出庭经验相对缺乏等,通常将侦查人员出庭视为证明取证合法性的最后手段。立足当时的司法实际,2010年的《非法证据排除规定》规定,相关证据不能排除刑讯逼供嫌疑的,才提请法庭通知讯问人员出庭作证。修改后刑事诉讼法也对侦查人员出庭作出了类似规定。但《严格排除非法证据规定》未作上述区分,而是将侦查人员或者其他人员出庭说明情况与其他证明方式作出并列的规定。随着以审判为中心的刑事诉讼制度改革的不断深入,庭审实质化的不断强化,公安机关执法规范化建设逐步推进,侦查人员依法规范取证的观念不断深化、要求不断提高,一旦案件中面临证据收集合法性争议,侦查人员出庭说明情况,应当并已在部分地区成为实践中的常态,目前不能再将之作为证明取证合法性的最后手段。需要强调的是,有的案件,被告人辩称遭到刑讯逼供,进而申请排除口供,侦查机关并未让具体开展讯问的侦查人员出庭,而是让未参与讯问的其他侦查人员出庭,这种做法与法律规定的要求不符。

其次,关于侦查人员出庭的角色定位,2010年《非法证据排除规定》第7条规定讯问人员应当"出庭作证",2012年修正后的刑事诉讼法规定侦查人员出庭并非"作证",而是"说明情况",但对于"说明情况"的具体程序和规则,并未作出规定。这就导致理论研究和司法实践中都存在一定争议。一种观点认为应当属于证人,刑事诉讼法第50条规定的“案件事实”不仅包括实体方面的事实,也应包括办案程序方面的事实,实践中,办案程序中产生的受案登记表、逮捕证、扣押物品清单等办案程序法方面的材料,在庭审中都被作为证据出示,判决中亦予以了采信。侦查人员出庭所证明取证合法性,是办案程序方面的事实,此时侦查人员应当属于证人。既然是证人,那么在法庭调查过程中,侦查人员应当接受包括被告人在内的各方询问。另一种观点认为此时侦查人员不是证人,只是“说明人”而且只是向法官说明情况,因为根据刑事诉讼法的规定,辩方无权申请警察出庭,因此警察无须接受辩方询问。还有一种观点认为此时侦查人员实质上属于程序被告,即辩方指控其取证程序违法,法官对其取证是否合法进行裁判,因具有被告属性,所以应当接受辩方询问。有学者将此种情形形象地描述为:被告人成为“指控侦查人员非法取证的原告”,侦查人员则成为“反驳辩护方非法取证指控的被告”。《严格排除非法证据规定》沿用了现行刑事诉讼法“说明情况”的表述,一方面是因为侦查人员出庭,职责是对辩护方对讯问合法性提出的质疑作出回应,既要对讯问过程和讯问行为的合法性作出说明,又要对辩护方提出的相关线索或者材料作出合理解释,使用“说明情况”更为全面准确;另一方面是因为在我国的刑事诉讼制度中,公安机关、检察机关和审判机关之间是“分工负责,相互配合,互相制约”的关系,三机关之间地位平等,在对被告人进行审判的庭审中,不可能对办案机关或办案人员进行审判,因此不能认为侦查人员是“程序被告”,更不能在庭审中形成“审判警察”的不当局面。

相比之下,派驻监所检察人员、值班律师以及讯问时其他在场人员或者其他了解相关情况的证人,出庭的职责是作为证人客观陈述在侦查人员讯问时目睹或者了解的具体情况。尤其是派驻监所检察人员和值班律师,本身就肩负着监督、见证讯问过程合法性的职责,其证言对于证明取证合法性具有关键性作用。

再次,在证据收集的合法性面临质疑的情况下,侦查人员出庭,其职责就是要向法庭说明证据收集的过程和相关情况,消除法庭对证据收集合法性存在的疑问。有调研认为,实践中侦查人员出庭往往只是单纯否认被告人提出的刑讯逼供情形，这种一对一的证言很难认定。[①] 之所以出现这种现象，原因主要在于侦查人员出庭作证的准备不足，未能有针对性地说明相关的问题。为此，侦查人员在出庭前要做好相应的准备工作，熟悉相关法律规定，了解出庭规范，尤其要"吃透"辩护方提供的相关线索或者材料。具体要注意以下两点：

一是要以证据为根据，结合取证过程说明证据收集的合法性。侦查人员要通过庭前的充分准备，借助讯问笔录、讯问录音录像、提押登记、体检记录、看守管教人员的谈话记录等证据材料，详细说明整个取证过程，尤其是取证的细节情况，重建取证过程的完整链条，说明取证的合法性。

二是要以辩护方提供的相关线索或者材料为对象，对取证程序存在的问题作出合理的解释。侦查人员出庭说明证据收集的合法性，不能自说自话，要对辩护方的质疑作出回应，消除法庭对证据收集合法性存在的疑问。例如，辩护方指出，某次讯问没有在规定的办案场所进行，没有对讯问过程同步录音录像，该次讯问存在刑讯逼供情形，侦查人员就需要对此作出合理解释。侦查人员对辩护方申请及理由的反驳，也要结合证据材料，具体说明取证程序存在问题的原因和理由，不能简单地否定辩护方的质疑。此外，如果侦查人员认为有其他证人或者证据材料能够证明证据收集的合法性，也可以向法庭提出。

最后，侦查人员出庭说明情况的法庭调查程序。该条第 3 款明确了侦查人员出庭时应当"就相关情况接受发问"，对于该规定应当从以下两个方面理解和把握：

其一，关于发问主体。公诉人可以发问，因为其承担了取证合法性的证明责任，向侦查人员发问是一种有效的举证方式；辩护人可以发问，因为发问也是辩护人质证的一种方式，而且从该款条文关于"发问方式不当""法庭应当制止"的规定来看，虽然公诉人的发问方式也可能不当，但毫无疑问，其中应当包含了辩护人发问不当的情形。法官可以发问，法官是法庭调查活动的指挥者，具有查明事实的职责，而且侦查人员出庭的目的就是消除法官

---

① 陈光中主编：《非法证据排除规则实施问题研究》，北京大学出版社 2014 年版，第 20 页。

对于取证合法性的疑问,那么法官当然可以向其发问。实践中争议最大的是被告人是否可以向侦查人员发问,从规定的文字表述来看,并未禁止被告人向侦查人员发问;从权利属性来看,辩护人享有的包括发问权在内的辩护权,均来源于被告人本人的辩护权,具有派生性和从属性,在辩护人可以发问的情况下,被告人当然可以发问;从法庭调查的效果来看,被告人是取证行为的亲历者,更清楚具体细节,准许其发问更有利于准确查明相关事实。因此,法庭不应当剥夺被告人向侦查人员发问的权利。当然,由于被告人的文化水平、当庭情绪等原因,可能确实存在不宜由其直接发问的情形,对此,法官一方面应当提高庭审驾驭指挥能力,对被告人进行有效引导;另一方面也可以通过将被告人的问题转化为法官的问题等方式进行变通处理。

其二,关于发问规则。发问顺序应当先控方发问,再辩方发问,因为控方承担举证责任,所以其先举证,辩方再质证,符合证明逻辑。控辩双方发问完毕后,如有必要,法官可以进行补充性发问,因为我国的刑事诉讼不是完全的当事人主义,具有较强的职权主义,对于控辩双方发问不到位的,法官应当依职权发问,以准确查明相关情况。目前实践中,对于以上顺序已基本形成共识,存在一定争议的是,准许被告人发问的情况下,辩方发问时,应当先由被告人,还是辩护人进行。我们认为,目前宜采用先辩护人,后被告人的顺序,以辩护人发问为主,被告人发问为辅,因为辩护人专业性更强,语言表达能力更好,情绪更为平和,先由其发问基本可以实现辩方发问的主要目的,被告人只需进行必要的补充即可,这样既可以提高庭审的质效,也可以减少侦查人员对于出庭的抵触情绪。控辩双方向侦查人员发问时,应当遵守《法院解释》第 213 条的规定,控辩一方的发问方式不当或者内容与证据收集的合法性无关,违反有关发问规则的,对方可以提出异议。控辩一方当庭提出异议的,对方可以说明发问理由,审判长应当判明情况予以支持或者驳回。有的案件,侦查人员出庭后遭到被告人激烈质问,辩护律师也向侦查人员询问一些无关问题甚至使用带有感情色彩的言语挑衅侦查人员,这种做法不仅严重挫伤侦查人员出庭的积极性,而且影响了正常的庭审秩序。庭审的对抗、辩论,应当是以调查证据、查明事实为目标的理性的对抗、辩论。即使是实行对抗制、强调庭审对抗性的英美法系国家,控辩双方当庭的对抗、辩论也不能无序进行,对有辱人格、言行过激的情形,法官也会予以制止,并给予警告。为确保庭审有序进行,避免上述情形发生,对发问方式不当或者内容与证据收集的合法性无关的,即使公诉人未提出异议,审判长也应当根据情况制止。

其三,关于侦查人员据不出庭的后果。现阶段,由于相关工作机制不健全,侦查人员对出庭有畏难情绪等原因,一些案件中,要求侦查人员出庭有一定困难。有意见认为,应当明确侦查人员不出庭的法律后果,即经法庭依法通知,侦查人员拒绝出庭的,应当推定为不能排除以非法方法收集证据的情形。鉴于法律没有明确规定侦查人员不出庭的法律后果,且侦查人员未出庭并不意味着人民检察院未履行证明责任,故本规定未作出上述规定。《法院排非规程》第 23 条第 2 款规定,“经人民法院通知,侦查人员不出庭说明情况,不能排除以非法方法收集证据情形的,对有关证据应当予以排除”。根据该规定,对有关证据是否排除,不以侦查人员是否出庭说明情况为标准,而以能否排除以非法方法收集证据的情形为标准,若即使侦查人员不出庭,其他证据也足以证明取证行为合法,则侦查人员不必出庭。这一规定综合考虑了有关意见和实践情况,体现了保障人权与打击犯罪并重原则,并且符合现有法律规定,实践中应当准确把握和适用。

为积极推动侦查人员出庭,有必要加强各部门的协商沟通。同时,侦查机关要加强对侦查人员出庭的业务培训,提高侦查人员出庭的能力,建立鼓励出庭的激励机制,消除畏难情绪,通过侦查人员出庭,既强化取证合法性的证明,又督促其依法规范取证。

四、控辩双方对证据收集合法性的质证、辩论

对证据收集的合法性进行法庭调查过程中,随着公诉人的举证活动,控辩双方可以对证据收集的合法性进行质证、辩论。实践中需要注意两个问题:

第一,举证、质证的要求。与犯罪事实的证明要求相同,认定证据收集合法性事实,也要坚持证据裁判原则。对证据收集合法性的调查,始终要围绕证据的举证、质证活动进行。公诉人的举证要紧扣辩护方提供的相关线索或者材料,全面提供证明证据收集合法性的证据材料,必要时应当提请法庭通知侦查人员或者其他人员出庭，对证据收集的合法性作出说明，通过相关证据材料尤其是侦查人员对取证过程的说明，消除法庭对证据收集合法性存在的疑问。

对公诉人当庭提交的证据材料，被告人及其辩护人可以发表质证意见，指出公诉人提交的证据材料存在的问题。在侦查人员或者其他人员出庭的情况下，被告人及其辩护人可以就证据收集的合法性问题发问。此外，被告人及其辩护人也可以向法庭提供能够证明侦查人员非法取证的证据材料。

第二，辩论的方式。控辩双方针对证据收集的合法性问题，可以进行辩论。辩论要有针对性，紧扣辩护方提供的线索、材料以及公诉人提交的证据材料进行，最终目的是通过结合相关证据的论辩，厘清整个取证过程的基本情况，从而帮助法庭判明案件中究竟有无非法取证情形。

了解域外司法实践的人通常会发现这项一种现象：在取证合法性的辩论环节，英美等国法庭上控辩双方的辩论活动“以证为主，以辩为辅”，公诉人、辩护人都是围绕证据材料开展辩论，因此，特别重视对侦查人员或者相关证人的交叉询问，整个辩论活动是以查清事实为导向，不会脱离证据进行辩论。辩论结束后，法庭综合控辩双方的辩论情况，能够顺理成章地形成对证据收集合法性事实的心证，进而做出相应的裁判。相比之下，我国法庭上控辩双方的辩论活动则“以辩为主，以证为辅”，公诉人、辩护人对证据的质证不够深入，对侦查人员或者其他人员的询问技巧不够娴熟，整个辩论活动通常未能紧密围绕证据进行，经常会出现脱离证据的延伸推理和空口论辩，以至于虽然法庭辩论持续时间很长，但最终难以厘清整个取证过程的基本情况。辩论结束后，法庭综合控辩双方的辩论情况，难以直接形成对证据收集合法性事实的心证，这也给当庭裁判带来了一定难度。因此，如何规范法庭辩论程序，提高辩论活动的质量，提升控辩双方辩论的能力，值得进一步深入研究。相关部门也需要进一步加强该领域的培训工作。

五、部分证据材料的认证问题

(一)关于办案机关说明材料的证据资格

在《两个证据规定》出台前，有关取证合法性的证明极不规范，侦查人员极少出庭，办案机关通常提交一份说明材料证明取证的合法性，并以之作为侦查人员出庭的替代措施。由于当时办案机关的说明材料既不加盖公章，也未由办案人员签名，即使不考虑其实际内容，其形式也欠缺规范性，辩护方经常会对说明材料的证据资格提出质疑。立足当时的司法实际，为规范办案机关的说明材料，《非法证据排除规定》第 7 条第 3 款规定："公诉人提交加盖公章的说明材料，未经有关讯问人员签名或者盖章的，不能作为证明取证合法性的证据。"

修改后刑事诉讼法在规定证据收集合法性的证明方式时，要求侦查人员或者其他人员在必要时出庭说明情况，并未提及办案机关的说明材料。《法院解释》第 101 条第 2 款除重申《非法证据排除规定》的要求外，还进一步规定，办案机关的说明材料不能单独作为证明取证过程合法的根据。该规定在当时有其积极意义，有助于督促办案机关收集其他能够证明取证过程合法的证据材料。但实践中，办案机关的说明材料均是说明取证过程合法，从未有说明材料提到取证过程违法的情形。对法庭而言，显然不能简单采纳此类说明材料，换言之，有关证据收集的合法性，公诉人需要提供讯问录音录像等证据材料或者提请侦查人员出庭加以证明。法庭如简单采纳此类说明材料，不仅与法律的内在要求不符，也不利于督促侦查人员或者其他人员出庭。

有意见认为，办案机关出具的证明取证合法性的材料，其客观性、证明力值得商榷。尤其是刑辩律师行业普遍反映，公诉人当庭出示办案机关说明材料的做法已经成为惯例，此类材料没有实质证明价值，不能作为证据使用。考虑到办案机关出具说明材料的做法只是侦查人员出庭的替代措施，随着侦查人员或者其他人员出庭逐渐成为常态，此类说明材料可以不再使用。同时，此类自证合法的说明材料究竟有无实际证明价值，或者有多大的证明价值，都值得探讨。从优化证明手段、提高证明能力的角度，人民检察院应当重视讯问录音录像、体检记录等客观证据材料，并且积极推动侦查人员或者其他人员出庭说明情况。

（二）关于犯罪嫌疑人、被告人有关证据收集合法性的自书材料

犯罪嫌疑人在侦查阶段被送交看守所时要接受体检，看守所在体检时可能发现犯罪嫌疑人身体有伤或者存在异常。对此，犯罪嫌疑人可能基于

各种因素亲自书写证明材料，说明自身的身体损伤或者异常情况并非办案人员非法取证所致。如果犯罪嫌疑人此后对证据收集的合法性提出异议，并否认自书材料所载明的情况，此类自书材料的证明价值就十分值得怀疑。例如一起案件，犯罪嫌疑人被送交看守所体检时发现脸部、眼部等处有明显瘀青痕迹，另有医院急诊病历载明，该人头部约3天前撞伤，头部外伤后头痛3天。犯罪嫌疑人进入看守所后写了一份情况说明，称其眼部损伤是自己撞的，是正常碰撞所致。案件进入审查起诉阶段后，犯罪嫌疑人向检察人员反映，其在侦查阶段遭到刑讯逼供，脸部、眼部损伤就是办案人员刑讯逼供所致，并称自书材料是在办案人员授意和恐吓下所写。到了审判阶段，被告人向法庭申请排除非法证据。因办案机关不能提供讯问过程的同步录音录像，无法对被告人当时的身体损伤作出合理解释，且被告人自书材料的自愿性和真实性没有保障，该案不能排除以非法方法收集证据的可能性，有关供述应当予以排除。

第三十二条　法庭对控辩双方提供的证据有疑问的，可以宣布休庭，对证据进行调查核实。必要时，可以通知公诉人、辩护人到场。

【条文要旨】

本条规定了对证明取证合法性证据的庭外核实制度。

【条文释义】

刑事诉讼法第196条规定："法庭审理过程中，合议庭对证据有疑问的，可以宣布休庭，对证据进行调查核实。人民法院调查核实证据，可以进行勘验、检查、扣押、鉴定和查询、冻结。"因此，对证据确有疑问，且控辩双方当庭确实无法补充证据或者作出说明时，合议庭可以依法庭外调查核实。对该条规定要着重把握以下几点：

第一，该条所规定的"证据"，并非被告人及其辩护人申请排除的证据，而是公诉人提供的证明取证合法性的证据，或者辩护人提交的证明侦查机关非法取证的证据。对于被申请排除的证据是否合法有疑问的，必须经过庭审调查程序进行确认。因为证据合法与否，事关重大，不仅影响案件定罪量刑，而且关乎人权保障，庭审调查相较于庭外核实，更具公开性、对抗性，更有利于查明事实，保证实体公正，而且排除非法证据的庭审调查程序还具有吸收和化解被告人对侦查行为的不满情绪以及司法公开、普法教育等独立的程序价值。因此，该条所规定庭外核实的对象，应当是用以证明取证是否合法的证据，例如，侦查人员出庭称被告人背部的伤是抓捕时形成的，当时抓捕人员使用了背摔的动作，地面有碎石子，故形成了擦伤；而被告人却坚称背部的伤是刑讯逼供形成的，抓捕现场地面没有石子。又如，被告人称侦查人员对其讯问时，将空调调至最低温度，其因无法忍受冷冻才作出有罪供述，而侦查人员称对被告人进行讯问时使用的房间并无空调。对于诸如此类情形，法官就可以到现场进行调查，核实的对象是侦查人员的当庭说明和被告人的辩解。对于该条所规定的"疑问"，根据《法院排非规程》第 24 条的规定，主要是指对控辩双方提供的证据来源、内容等有疑问。

第二，庭外核实应作为补充性方法，具有从属性，不能成为确认证据的主要方法。《法院解释》第 63 条明确规定，"证据未经当庭出示、辨认、质证等法庭调查程序查证属实，不得作为定案的根据"。因此，庭外核实的前提必须先要经过庭审的举证、质证程序，对于仍有疑问的，方可庭外核实，而且结合控辩双方的质证意见进行核实，更具有针对性和有效性。如果控辩一方提交证据后，合议庭经审查认为有疑问，未经庭审举证、质证程序就进行庭外核实，明显与庭审实质化的改革要求不符，与以审判为中心的刑事诉讼制度改革目标不符，也与法律规定不符。对于在庭外核实过程中新取得的证据，根据《法院排非规程》第 24 条的规定，也应当经过当庭出示、质证等法庭调查程序查证属实，否则不得作为证明证据收集合法性的证据。

第三，相较于 2010 年《排除非法证据规定》和刑事诉讼法的规定，该条增加了"必要时，可以通知公诉人、辩护人到场"的规定。公诉人、辩护人到场后，不仅仅是旁观，而是要参与调查核实，可以发表相关意见，合议庭应当认真听取双方意见。庭外核实相当于庭审调查在空间上的延展，对合议庭提出了更高的要求，也提高了庭外核实程序的参与度和公开性，更有利于案件的公正处理。对于在庭外调查核实过程中取得的证据，法官可以庭外征求公诉人、辩护人的意见。双方意见不一致，有一方要求开庭进行调查的，人民法院应当开庭。关于被告人能否到场，综合考虑安全、效率、实际效果等因素,该条未明确规定被告人到场,但也未禁止被告人到场,根据案件具体情况,如果确有必要的,也可以通知被告人到场。

第四,对于庭外调查核实的结果,应当向控辩双方宣布,或者在裁判文书中说明。公诉人、辩护人参与庭外调查核实的,合议庭可以当场向双方宣布核实结果,如果双方争议较大,要求恢复庭审调查的,应当恢复庭审调查;公诉人、辩护人未参与庭外调查核实,或者虽然参与,但合议庭当场未作出认定的,应当在复庭时向双方宣布,或者在裁判文书中载明核实结果。

第三十三条　法庭对证据收集的合法性进行调查后,应当当庭作出是否排除有关证据的决定。必要时,可以宣布休庭,由合议庭评议或者提交审判委员会讨论,再次开庭时宣布决定。

在法庭作出是否排除有关证据的决定前,不得对有关证据宣读、质证。

【条文要旨】

本条明确了法庭对证据收集的合法性进行调查后当庭作出裁判的规则。

【条文释义】

一、法庭应当当庭对证据收集的合法性争议作出裁判

法庭对证据收集的合法性进行调查后,应当何时、如何作出处理,刑事诉讼法并未作出具体规定。《法院解释》第102条第2款规定:“人民法院对证据收集的合法性进行调查后,应当将调查结论告知公诉人、当事人和辩护人、诉讼代理人。”该规定也未明确规定调查结论的作出时间和方式等问题。由于各种主客观因素的影响,有的法院对证据收集的合法性进行法庭调查后,不愿或者不敢当庭作出处理决定,甚至在裁判文书中也回避该问题。这不仅与法律规定的要求不符,导致非法证据排除规则落空,也是实践中导致辩审冲突的主要原因。

十八届三中全会决定强调“严格实行非法证据排除规则”,十八届四中全会决定强调“推进以审判为中心的诉讼制度改革……健全落实罪刑法定、疑罪从无、非法证据排除等法律原则的法律制度”,就是要着力解决实践中面临的所谓“非法证据排除难”以及相关的“公诉案件无罪判决难”等问题。本规定进一步明确非法证据的范围和认定标准，完善非法证据的排除程序，最终的目标就是要确保、督促法院依法排除非法证据。之所以要求法庭经调查后当庭对证据收集的合法性问题作出裁判，主要有以下理由：

第一，证据收集的合法性属证据资格范畴，只有首先解决证据资格存在的争议，才能确定有关证据能否作为诉讼证据使用。具言之，当特定证据的合法性面临争议时，只有首先确定该证据是合法收集的，具备证据资格，才能对该证据进行举证、质证，结合其他证据审查判断其证明力，因此，不能将证明资格和证明力问题捆绑解决。正是有鉴于此，有学者将法庭对证据资格问题的审理称为“审判中的审判”，准确地讲，应当称为“实体审判中的证据收集合法性审判”。既然是“审判”，就要作出明确的裁判；既然是“实体审判中的证据收集合法性审判”，就要先对证据收集合法性争议作出裁判，以便确保实体审判能够顺利进行。这也是国外对证据收集合法性争议进行审理和作出裁判的通行做法。

第二，在法庭调查前对证据收集的合法性争议作出裁判，符合法庭调查和法庭辩论程序的界分原则。根据刑事诉讼法有关庭审程序的规定，在法庭调查程序结束后，才能进入法庭辩论程序。有关证据收集合法性争议的审理和裁判，依法应当在法庭调查阶段予以解决。如果法庭调查阶段对证据收集的合法性争议未作出决定，则意味着法庭调查尚未结束，不能进入法庭辩论程序。同时，在证据收集合法性争议悬而未决的情况下，即使进入法庭辩论程序，围绕争议证据的法庭辩论也无法有效展开，否则，辩护方主张证据是非法取得，而控诉方主张该证据有证明力，能够证明被告人有罪，这种“鸡同鸭讲”的自说自话式辩论，是实践中引发控辩冲突、辩审冲突的重要原因之一。因此，法庭对证据收集的合法性进行调查后，应当当庭作出是否排除有关证据的决定。

第三，有的案件，由于案情疑难、重大、复杂，加之争议证据又是案件的关键证据，一旦排除该证据，因其他证据不足以认定被告人有罪，可能要宣告被告人无罪，合议庭短时间难以达成一致意见，或者合议庭认为难以作出决定的，可以宣布休庭，由合议庭进行评议或者提交审判委员会讨论，再次开庭时宣布决定。

通过这种原则与例外相结合的处理方式，既能确保按照法律规定和诉讼原理对证据收集的合法性争议当庭作出处理，又能确保特殊案件的处理符合司法实际的需要。

二、法庭当庭裁决证据收集合法性争议的方式

法庭对证据收集的合法性进行调查后，采用何种方式作出裁判，刑事诉讼法未作出明确规定。有意见认为，法庭可以作出书面裁定或者书面决定。也有意见认为，法庭应当作出口头决定。

鉴于刑事诉讼法未对排除非法证据申请的处理结果单独规定救济途径，因此，既不宜采用书面裁定也不宜采用书面决定方式作出处理，而可以采用口头决定方式当庭作出处理。当事人对法庭有关该问题的处理结果不服，可以在上诉程序中一并提出。

三、法庭对证据收集合法性争议作出处理前不得对有关证据宣读、质证

对被告人及其辩护人提出的排除非法证据申请，如果法庭经审查对证据收集的合法性没有疑问，决定不启动专门的调查程序，可以对该证据进行宣读、质证。如果法庭决定启动专门的调查程序，那么，无论是先行当庭调查还是法庭调查结束前一并调查，都必须首先解决证据收集的合法性争议，不能先对证据进行宣读、质证。有的案件，辩护方申请排除非法证据，法庭对证据收集的合法性进行调查时，公诉人直接对争议证据进行宣读，这种做法是不正确的。

有意见认为，对证据合法性的调查核实，必然要宣读有关证据。这种观点混淆了证据收集合法性调查与犯罪事实调查的边界。以供述为例，法庭对供述收集的合法性进行调查时，可以出示讯问笔录，有针对性地播放讯问录音录像，这里所谓的“出示”，主要是通过对讯问笔录的形式审查来分析讯问的合法性，所谓的“有针对性地播放”，也主要是通过播放特定时段的讯问实况审查讯问的合法性。相比之下，如果法庭认定供述是合法收集的，就可以对该供述宣读、质证，这里的“宣读、质证”，显然是针对讯问笔录或者讯问录音录像的实质内容而言的。

此外，如果在特定情形下，为防止庭审过分迟延，在法庭调查结束前对证据收集的合法性进行调查的，要避免将证据的合法性与客观真实性混为一谈。由于现行刑事诉讼法恢复了起诉案卷移送制度,《法院庭审规程》第3条和《法院排非规程》第7条均明确要求承办法官应当在开庭审理前阅卷,此种情况下,法庭对在案的其他证据调查完毕后,即使认为被告人及其辩护人申请排除的证据与其他证据能够相互印证,具有客观真实性,亦不能因此而决定不排除该证据。需要再次强调的是,非法证据排除规则解决的是证据资格问题,而不是证明力问题,即使非法言词证据或者非法实物证据具有客观真实性,只要该证据是以非法方法收集的,就应当依法予以排除。

第三十四条　经法庭审理,确认存在本规定所规定的以非法方法收集证据情形的,对有关证据应当予以排除。法庭根据相关线索或者材料对证据收集的合法性有疑问,而人民检察院未提供证据或者提供的证据不能证明证据收集的合法性,不能排除存在本规定所规定的以非法方法收集证据情形的,对有关证据应当予以排除。

对依法予以排除的证据,不得宣读、质证,不得作为判决的根据。

【条文要旨】

本条明确了法庭对证据收集的合法性进行调查后的处理规则。

【条文释义】

一、对证据收集的合法性应当适用证据确实、充分的证明标准

证据收集合法性事实,是犯罪构成要件事实附带的事实,与犯罪构成要件事实的证明存在紧密关联。因此,证据收集合法性事实的证明标准与刑事案件定罪的证明标准在本质上是一致的。基于证据裁判原则,认定被告人有罪应当以证据为根据,如果据以定罪的证据在合法性方面存在争议,确认或者不能排除以非法方法收集证据的情形,那么,以此为基础指控的犯罪事实显然也达不到"证据确实、充分"的证明标准。如果对控诉方证明取证合法性的事实降低证明标准,仅要求达到"优势证据"的程度,意味着控诉方对犯罪构成要件事实附带的证据法事实的证明没有排除被告方提出的"合理怀疑",从而对犯罪构成要件事实本身的证明也因此未能排除被告方的"合理怀疑"。在这种情况下,如果法庭未予排除口供这一证据并最终将其作为定案的根据作出有罪判决,实质上是以合法性不能确认亦即不确实的证据认定被告人有罪,就不能达到证据确实的标准。对控诉方降低非法证据排除规则的证明标准必然导致客观上被告方承担证明责任,刑事诉讼法所规定的"确实、充分"的定罪标准将失去存在的基础,司法实践中则无法杜绝因采纳以刑讯逼供等非法手段取得的口供而将疑案错误地作为留有余地不判处死刑立即执行的案件降格处理的做法。同时,虽然国外的司法实践对自白规则的运用早已超越了防止事实误认的目的,但不容否认的是,我国确立非法言词证据排除规则对于防止事实误认、避免冤错案件的发生具有重大意义。从为了实现防止事实误认的基本目的这一角度进行分析,必然也会得出对口供合法性的证明应当由控诉方承担证明责任且需达到排除非法取证可能性的程度的结论。① 不能因为司法实践中控诉方对口供合法性的证明可能存在一定的困难而降低证明标准。恰恰相反,明确非法言词证据排除规则中控诉方的证明责任和很高的证明标准,不仅能促使过于依赖口供的侦查观念和侦查方式发生转变,②还能推动诸如讯问时律师在场以及羁押场所与侦讯部门分离等相关制度的迅速建立,从而进一步规范司法行为,促进司法公正。

简言之,从证据与犯罪事实的逻辑关系上看,法庭对定罪证据的合法性存在合理怀疑的,必将导致对指控的犯罪事实存在合理的怀疑。因此,在被告人及其辩护人向法庭申请排除非法证据的情况下,人民检察院应当提供确实、充分的证据证明有关证据收集的合法性,否则,法庭应当依法排除有关证据。换言之,"确实充分"的证明标准是对人民检察院的要求,即人民检察院要以确实充分的证据证明取证行为合法,而非要求被告人及辩护人以确实充分的证据证明取证行为非法。

---

① 罗国良:《论非法证据排除规则中口供合法性的证明责任》,载《中国刑事法杂志》2006 年第 6 期。

② 有学者认为,非法证据排除规则对警察的行为提出了很高的要求,刺激了警察侦查手段的进步和警察的文明程度。如果容忍侦查中的违法行为,甚至沿用传统的侦查方式,包括一些违法行为,这些方式就因为有生存的空间而久久得不到变革。从短期效果看,似乎对其有利;但从长期效果说,这些方式将落后于社会的发展,使其本身成为受害者。当今世界,犯罪的手段日新月异,许多高科技的方式很快能被犯罪人所利用,侦查手段不能同步发展,满足于旧式的侦查方式,无疑是侦查部门的悲哀,而不是福音。因此,侦查部门应当利用非法证据排除规则作为契机,改变侦查方式,以跟上时代的发展。杨宇冠:《非法证据排除规则研究》,中国人民公安大学出版社 2003 年版。

强调人民检察院对证据收集合法性的证明应当达到证据确实、充分的证明标准，还有以下几个方面的意义：

首先，强化证据收集合法性的证明有助于保障司法领域的人权。面对司法实践中刑讯逼供和暴力取证等非法取证行为时有发生的现状，只有依法排除通过上述非法方法收集的证据，在诉讼程序内为犯罪嫌疑人、被告人提供充分的法律救济，才能真正体现对犯罪嫌疑人、被告人人权的法律保障，切实落实不得强迫自证其罪原则。对证据收集合法性的证明设定较高的证明标准，有助于提高办案人员依法规范取证的意识和能力，规范侦查取证行为，减少刑讯逼供和非法取证情形发生。

其次，强化证据收集合法性的证明有助于避免错案发生。证据是认定犯罪事实的基础，如果证据不合法，尤其是通过非法方法收集的言词证据，虚假的可能性大，如果将此类证据作为定案的根据，既可能冤枉无辜者，也可能会放纵真正的犯罪人。关键证据收集的合法性存疑，以之为根据认定的犯罪事实当然也不能排除合理怀疑。实践中暴露出的一些刑事错案，如杜培武案、佘祥林案等，大多是因为采纳通过刑讯逼供取得的虚假供述，进而导致犯罪事实认定出现错误。

最后，强化证据收集合法性的证明符合存疑有利于被告人的诉讼原则。在法官对证据收集的合法性存在疑问的情况下，如果人民检察院未能提供确实、充分的证据证明证据收集的合法性，就应当按照存疑有利于被告人的原则，认定相关证据是非法证据。

二、对有关证据予以排除的两种情形

根据刑事诉讼法第60条的规定，经法庭审理，确认或者不能排除以非法方法收集证据情形的，对有关证据应当予以排除。基于该规定，该条就法庭对非法证据的认定，具体分为“确认排除”和“存疑排除”两种情形：

一是“确认以非法方法收集证据的情形”，即确认排除。如果被告人及其辩护人提出排除非法证据的申请后，提供了明确的证据材料，能够证明侦查人员对其实施了刑讯逼供等非法取证行为，例如，被告人提供了讯问后遭到刑讯逼供形成的血衣，并且体表存在明显的身体损伤，相关人员亦证实办案人员有刑讯逼供行为，或者办案人员承认自己有刑讯逼供行为，有的案件,侦查人员甚至因对被告人刑讯逼供被追究刑事责任,此时就能够“确认”侦查人员是以非法方法收集证据。鉴于此种情形下,通常是由辩护方提供相关证据材料,实际上不存在人民检察院举证证明证据收集合法性的必要,无所谓取证合法性的证明问题。此种情形下排除非法证据,是法律的应有之义。

二是“不能排除以非法方法收集证据的情形”,即存疑排除。如果被告人及其辩护人向人民法院提出排除非法证据的申请,法院经审查后启动了专门的调查程序,人民检察院未能对证据收集的合法性提供证据,或者提供的证据未能达到确实、充分的证据标准,就不能排除以非法方法收集证据的情形。对此,《法院排非规程》第 26 条列举了几种情形:(1)应当对讯问过程录音录像的案件没有提供讯问录音录像,或者讯问录音录像存在选择性录制、剪接、删改等情形,现有证据不能排除以非法方法收集证据的;(2)侦查机关除紧急情况外没有在规定的办案场所讯问,现有证据不能排除以非法方法收集证据的;(3)驻看守所检察人员在重大案件侦查终结前未对讯问合法性进行核查,或者未对核查过程同步录音录像,或者录音录像存在选择性录制、剪接、删改等情形,现有证据不能排除以非法方法收集证据的;(4)其他不能排除存在以非法方法收集证据的。需要指出的是,法庭对“其他不能排除以非法方法收集证据情形”的认定,通常要结合辩护方提供的线索或者材料以及公诉人当庭出示的证明取证合法性的证据材料作出综合的评断,难以作出进一步细化的规定,实践中可参考相关的典型案例。

例如,被告人李刚、李飞贩卖毒品案①。李刚案发前曾卖毒品给韦可发。案发当日,韦可发与李刚联系购买毒品,李刚将一装有毒品的塑料袋交给其子李飞,让李飞送到村边一大棚处交给韦可发。李飞到达后即被公安人员抓获,毒品被当场查获。李飞曾作出有罪供述,但开庭前辩称其不知道父亲让其送的是毒品,其在侦查阶段的供述是刑讯逼供的结果。经查,侦查机关抓获李飞后,当晚连夜对其进行第一次讯问,凌晨 1 时许带李飞到医院进行 B 超、心电图、血液、双下肢外伤等检查,检查后并未将李飞送看守所羁押,而

---

① 李刚、李飞贩卖毒品案,参见《刑事审判参考》第 97 集第 971 号案例,法律出版社 2014 年版。

是继续讯问,随后才将李飞送看守所羁押,此时看守所的体检结果是李飞身体健康,无外伤。开庭后,法庭启动调查程序,公诉人出示看守所收押登记表及侦查机关依法办案的说明等材料,但对侦查人员讯问后凌晨带李飞去医院检查身体的原因未作说明。法庭要求侦查机关对李飞在医院检查身体的情况进行说明,侦查机关没有回应;法庭通知侦查人员出庭说明情况,侦查人员无正当理由拒绝出庭。该案中,鉴于公诉人开庭时出示的李飞的有罪供述笔录、在押人员体检登记表以及侦查机关依法办案的说明不足以证明取证的合法性,侦查机关对李飞讯问时没有进行同步录音录像,当法庭通知侦查人员出庭说明情况时侦查人员无正当理由拒绝出庭,基于上述情况,法庭不能排除李飞的庭前供述是采用非法方法取得,进而依法予以排除。因本案无其他证据证实李飞明知自己所送物品是毒品,公诉机关指控李飞犯贩卖毒品罪的证据不足,依法宣告李飞无罪。

三、对取证合法的证据可以宣读、质证

法庭对证据收集的合法性进行调查的,如果公诉人提供的证据确实、充分,能够证明证据收集的合法性,对有关证据可以宣读、质证。需要指出的是,法庭确认争议证据具有证据资格后,虽然可以对该证据当庭宣读、质证,但该证据并不必然能够作为定案的根据。

对辩护方而言,即使法庭经审查驳回了排除非法证据申请,或者经调查后认为证据是合法收集的,针对该证据的辩护工作并未结束。在接下来对有关证据进行质证的过程中,辩护方还可以结合其所掌握的相关线索或者材料,对该证据的客观真实性提出质疑。可见,严格区分证据的资格和证明力两个层次后,辩护方围绕证据的辩护工作也分为两个层次,即针对证据资格问题的辩护和针对证明力问题的辩护。

在实行陪审团审判模式的国家,对证据的辩护也分为类似的两个层次。例如在英国,辩护律师基于辩护策略的考虑,既可以选择通过预先审核程序对证据资格提出挑战,也可以选择在陪审团审判过程中直接对证据的证明力提出质疑,即因特定证据是非法获取,缺乏可靠性,陪审团不应采信。同时,即使辩护律师申请排除特定证据,法官经过预先审核程序决定采纳有关证据,辩护方仍然可以在陪审团审判过程中对该证据的证明力提出质疑,辩称该证据缺乏可靠性，陪审团不应采信。

当有关证据的合法性得到法庭确认，当庭宣读、质证后，法庭要结合其他证据审查判断该证据的证明力，进而决定该证据能否作为定案的根据。至此，证据材料先经过证据资格方面的考验成为诉讼证据，再经过证明力方面的考验成为定案的根据，证据的整个诉讼之旅才终告完成。

第三十五条　人民法院排除非法证据后，案件事实清楚，证据确实、充分，依据法律认定被告人有罪的，应当作出有罪判决；证据不足，不能认定被告人有罪的，应当作出证据不足、指控的犯罪不能成立的无罪判决；案件部分事实清楚，证据确实、充分的，依法认定该部分事实。

【条文要旨】

本条明确了人民法院排除非法证据后对案件的处理方式。

【条文释义】

实践中，有的法官对排除非法证据有畏难情绪，[①]不愿或者不敢排除非法证据尤其是非法口供，主要原因是一些案件的证据体系主要是以口供为基础构建起来的，如果口供被认定为非法证据进而予以排除，整个证据体系就将变得十分薄弱，以至于达不到证据确实、充分的证明标准。现阶段由于各种因素的影响，人民法院对一些定罪证据不足的案件，又面临着所谓无罪判决难的问题。因此，非法证据排除难，除了程序公正观念虚化等司法理念层面的原因外，也与公诉案件无罪判决难存在着密不可分的内在关联。

认识到非法证据排除与案件实体结果之间的关联，有助于理解非法证据排除难的根本原因所在，但并不意味着这两个难题非要一起解决或者只能同步解决。对证据收集的合法性争议，之所以建立独立的调查和裁判程

---

① 调研发现，地方法院普遍对排除非法证据有畏难和抵触情绪，造成该问题的原因较为复杂。一项问卷调查较有代表性，相关原因如下：法律的相关规定缺乏可操作性，实践中有疑难问题无法得到权威解答；需要在保证公正办理案件的同时，平衡公检法三方的关系；当事人的安抚工作不好做，容易形成舆论热点事件。参见《解析排除规则适用难题，完善排除规则程序构建——河南焦作中院关于非法证据排除规则适用情况的调研报告》，载《人民法院报》2014 年 12 月 4 日，第 8 版。

序，并要求法庭当庭先行调查并当庭作出裁决，就是要将非法证据排除与案件的实体处理剥离开来，确保非法证据排除规则落到实处。

有意见认为，人民法院认定有关证据是非法证据并依法予以排除后，应当对案件作出无罪判决。这种观点不够准确。非法证据排除规则解决的是特定证据的证据资格问题，排除非法证据并不意味着案件一定要宣告无罪，案件最终如何处理还要取决于其他证据情况。实践中，被告人及其辩护人通常是对案件中部分证据的合法性提出争议，即使认定有关证据是非法证据，仍然要看其他在案证据是否足以认定犯罪事实，如果其他证据能够相互印证，形成证据锁链，当然可以依法作出有罪判决。事实上，有的案件中，对于同一事实点，会有多个证据予以证实，存在一定程度的“证据冗余”，即使排除部分证据，也可以认定相关事实。例如，证明被告人故意伤害他人的事实，有被告人本人的供述、被害人陈述、证人证言、监控录像等证据，即使排除被告人的供述，其余证据也足以证实其实施伤害行为的事实。当然，如果案件的关键证据都被认定为非法证据，或者以口供为定案基础的案件，排除非法口供后，其他证据不足以认定犯罪事实，就应当依法作出无罪判决。有的案件中，被排除的证据对于某些事实属于关键证据，但对于有些事实不属于关键证据，对于不属于关键证据的事实，可以依法认定相关事实和罪名。例如，因被告人的供述被排除，导致认定其贩卖毒品证据不足的，就不能判决其构成起诉指控的贩卖毒品罪；但其余证据能够证明其非法持有毒品的，应当依法判决其构成贩卖毒品罪，不能因指控的贩卖毒品罪不成立而直接判决被告人无罪。

概括起来，排除非法证据后，基于其他在案证据情况，案件的处理大致可以分为以下三种情形：①其一，案件事实清楚，证据确实、充分，依照法律认定被告人有罪的，应当作出有罪判决。其二，证据不足，不能认定被告人有罪的，应当作出证据不足、指控的犯罪不能成立的无罪判决。其三，案件部分事实清楚，证据确实、充分的，依法认定该部分事实并作出相应处理。目

① 这里提及的案件处理结果主要是从事实认定层面而言的。除此之外，案件的处理还要考虑其他因素，例如，案件事实清楚，证据确实、充分，但依照法律认定被告人无罪的，应当判决宣告被告人无罪，等等。《法院解释》第 241 条规定了法院审理后作出判决、裁定的各种情形。

前，实践中排除非法证据的案件多属于第三种情形，但也有一些案件因排除非法证据后在案证据不足以认定被告人有罪，最终作出无罪判决。

第三十六条　人民法院对证据收集合法性的审查、调查结论，应当在裁判文书中写明，并说明理由。

【条文要旨】

本条明确了在裁判文书中对证据收集合法性的审查、调查结论进行说理的要求。

【条文释义】

一、裁判文书应当对证据收集合法性的审查、调查结论说理

《法院解释》第246条规定："裁判文书应当说明裁判依据，阐释裁判理由，反映控辩双方的意见并说明采纳或者不予采纳的理由。"证据收集合法性问题，既是庭审中控辩双方关注和争议的焦点，也是法庭认定证据、查明事实的基础，其在诉讼过程中的重要性不言而喻。对是否采纳被告人的申请作出明确回应和结论，并详细说明作出决定的理由，不仅可以保障被告人的辩护权，也可以对侦查机关收集证据的活动进行引导，还可以使法院的决定受到当事人及社会公众以及上级法院的各种监督，促进裁判者的认定更为理性。

法庭对排除非法证据申请的审查处理结果，以及法庭启动证据收集合法性调查程序后的处理结果，除在庭前或者当庭依法作出是否启动专门调查程序以及是否排除有关证据的决定外，还应当在裁判文书中写明审查、调查结论并说明理由。这既是裁判说理的内在要求，也是控辩双方了解裁判理由并据此决定是否提出抗诉、上诉的根据。

在实行陪审团审判模式的一些国家，例如英国，法律并未明确要求法官就证据合法性的裁决结果作出解释。但根据《欧洲人权公约》第6条的规定，法院有义务对其裁决说明理由。如果法官对此作出简要裁决，不仅有利于被告方据此决定是否提出上诉，也有助于上诉法院对初审法院的裁决理由进行审查。司法实践领域，上诉法院在判例中鼓励法官就证据合法性的裁决说明理由，具体包括认定的事实、控辩双方的主张、需要考虑的争点以及是否排除证据的理由等。

此前,有的法院对非法证据排除程序不甚熟悉,或者对排除非法证据有顾虑,因此,对辩护方提出的排除非法证据申请,在审查后并未直接作出答复,也没有启动专门调查程序,只是在裁判文书中简单作出说明;有的法院虽然对证据收集的合法性进行审查、调查,但既未当庭作出裁判,也未在裁判文书中说明理由,这些做法都不符合法律和司法解释规定的要求。

例如一起案件,被告人当庭辩称其有罪供述是办案机关刑讯逼供所致,并申请排除非法证据,法庭未要求被告人提供相关线索或者材料,也没有启动专门调查程序,只是在裁判文书中简单予以说明,因案件中缺少完整的讯问过程录音录像及其他证明证据收集合法性的证据,据此认为被告人供述的真实性存疑。这种做法混淆了证据资格和证明力问题。这种情况也反映出,只有正确理解非法证据排除规则的实质内容,了解非法证据排除的具体程序,才能在裁判文书中充分展现控辩意见、法庭对证据收集合法性争议的处理过程以及裁判理由。

随着我国非法证据排除程序的不断完善,强调法院在裁判文书中对证据收集合法性的审查、调查结论说理,既有助于督促法院依法对证据收集的合法性争议作出裁决,又有助于为控辩双方提供诉讼行为指引。同时,在目前司法实践领域对非法证据排除规则不甚熟悉的情况下,通过不断积累有关证据收集合法性问题的判例,也有助于各地法院互相借鉴经验,充分发挥普通案例的参考功能。随着相关案例的不断积累,非法证据排除规则的实践效果将进一步显现,各界对非法证据排除规则的价值也将有更加深入的认识,这种观念上的更新,有助于减少规则在执行中面临的阻力,确保规则得到严格贯彻落实。

二、裁判文书说理的具体要求

裁判文书中如何表述法院对证据收集合法性的审查、调查结论,法律和司法解释并未作出明确规定。作为诉讼中的一个重要且相对独立的争议事项,裁判文书中有必要专门对证据收集合法性的审查、调查情况充分说理①。总体上,应当说明以下内容:一是辩护方提出申请的情况及相关的线索或者

① 如果控辩双方在诉讼过程中(包括庭前会议和庭审过程中)对证据收集的合法性争议达成一致意见,因争议不复存在,裁判文书中也就无须专门就该问题进行说理。

材料；二是法庭对辩护方申请的审查处理情况及相应的理由；三是对启动庭前会议的案件，说明庭前会议中控辩双方的协商情况；四是对庭审中启动专门调查程序的案件，说明控诉方举证证明证据收集合法性的情况，以及控辩双方的质证、辩论情况；五是法庭经调查后作出的结论及相应的理由。法庭的审查、调查结论，要重点说明是否采纳控辩双方意见的理由。

法庭对证据收集合法性的审查、调查结论，大致分为以下几种类型，相应的说理框架简要介绍如下：

第一，辩护方在庭前提出排除非法证据申请，法庭经审查驳回申请后，辩护方在庭审中未再次提出申请的情形，可简要说明理由。具体说理思路如下：辩护方在庭前提出排除非法证据申请，但未提供相关线索或者材料，或者虽提供相关线索或者材料，但因无据可查或者公诉人举证说明了取证的合法性，法院在庭前经审查对证据收集的合法性没有疑问（阐述具体理由），驳回申请。

第二，辩护方在庭前提出排除非法证据申请，法庭经审查驳回申请后，辩护方在庭审中再次提出申请，具体又分两种情形。一种情形是经审查驳回申请。具体说理思路如下：辩护方在庭前提出排除非法证据申请，法庭在庭前经审查驳回申请后，辩护方在庭审中再次提出申请，但未提供新的线索或者材料，或者虽提供相关线索或者材料，但因无据可查或者公诉人举证证明了取证的合法性，法院经审查对证据收集的合法性没有疑问（阐述具体理由），驳回申请。另一种情形是法庭经审查决定启动专门调查程序。具体说理思路如下：辩护方在庭前提出排除非法证据申请，法庭在庭前经审查驳回申请后，辩护方在庭审中再次提出申请，法庭经审查对证据收集的合法性有疑问（阐述具体理由），依法启动调查程序。

第三，辩护方庭前提出排除非法证据申请，法庭经审查对证据收集合法性有疑问的，依法启动庭前会议。该环节的说理思路如下：辩护方在庭前提出排除非法证据申请，法庭经审查对证据收集的合法性有疑问，并启动庭前会议，公诉人提供相关证据材料对证据收集的合法性作出说明后，控辩双方对证据收集的合法性争议未达成一致意见，法庭经核实情况，听取意见，明确控辩双方的争点，决定在庭审中进行专门调查。庭前会议中，如果辩护方提供相关线索或者材料后，人民检察院决定撤回有关证据，或者人民检察院举证对证据收集的合法性作出说明后，辩护方撤回排除非法证据的申请，因控辩双方对证据收集合法性问题达成一致意见，就无须在裁判文书中专门表述。

第四，法庭在庭审中启动专门调查程序后，对证据收集的合法性争议作出相应的处理。具体又分两种情形：一种情形是法庭经调查采纳了争议证据。具体说理思路如下：法庭启动调查程序后，公诉人提供证明证据收集合法性的相关证据（具体列举有关证据）或者提请法庭通知侦查人员或者其他人员出庭，控辩双方对证据收集的合法性质证、辩论后，法庭确认证据收集的合法性（阐述具体理由），采纳了有关证据。另一种情形是法庭经调查后排除了非法证据。具体说理思路如下：法庭启动调查程序后，公诉人未提供相关证据证明证据收集的合法性，或者虽提供相关证据（具体列举有关证据），但不能排除以非法方法收集证据的可能性（阐述具体理由），依法排除有关证据。

需要指出的是，有的法院担心，在裁判文书中认定有关证据是非法证据，可能导致办案人员被追责，进而选择在裁判文书中对该问题做模糊处理，即便认为有关证据是非法证据，也通常以证据真实性存疑为由予以排除，不直接表述为非法证据。这种认识和做法是不妥当的。法院排除非法证据并不意味着要追究办案人员的责任。对于不能排除办案机关以非法方法收集证据的情形，并不等同于办案人员采用非法方法取证，法院基于该理由排除非法证据，并不能直接据此追究办案人员的责任。一些国家也采用类似的处理方法。例如，在英国，法官考虑办案人员获取证据的情形，认为采纳有关证据将严重影响诉讼公平性，可以裁量排除特定的证据，这一结果并不能直接用于对办案人员的惩戒。但如果经有关部门进一步调查，发现办案人员确实采用刑讯逼供方法收集证据，则可能要依法追究相关人员的责任，构成犯罪的，还将依法追究刑事责任。

第三十七条　人民法院对证人证言、被害人陈述等证据收集合法性的审查、调查，参照上述规定。

【条文要旨】

本条明确了证人证言、被害人陈述等证据收集合法性的审查、调查程序准用规则。

【条文释义】

目前,针对证据收集合法性问题,实践中控辩双方争议较多的当属被告人供述,因此本规定对证据收集合法性审查、调查程序所作的具体规定,主要是以被告人供述为对象。如果控辩双方对证人证言、被害人陈述等证据收集合法性存在争议,可以参照上述规定处理。

一、证人证言、被害人陈述等言词证据收集合法性的审查、调查

与被告人供述相比,证人证言、被害人陈述等言词证据收集合法性存在争议的情形,因涉及其他取证对象,故在申请主体(控告主体)方面存在一定的特殊性。

第一,证人、被害人可以对侦查人员非法取证的情形向人民检察院提出报案、控告和举报。根据刑事诉讼法第 57 条的规定,人民检察院对非法取证的报案、控告、举报,应当进行调查核实。此种情形下,证人、被害人的报案、控告、举报与被告人的辩护本身没有直接关系,只是对侦查人员的非法取证提出异议,但该问题及其处理结果将对证人证言、被害人陈述的证据资格产生影响。

第二,被告人及其辩护人了解到侦查人员以非法方法收集证人证言、被害人陈述,可以对此类证据的合法性提出异议。有的案件,侦查人员采用暴力、威胁等非法方法收集证人证言、被害人陈述,但证人、被害人基于各种考虑未向人民检察院报案、控告、举报,被告人及其辩护人了解到相关线索或者材料后,可以申请排除此类非法证据。对此种情形,虽然侦查人员的非法取证行为并未直接侵犯被告人的人权,但采用非法方法收集的证据将被用作指控被告人犯罪的根据,且此类证据通常是定案的关键证据,一旦采用,就将直接影响甚至决定诉讼结果,因此,应当允许被告人提出异议,以便有效维护自身的诉讼利益。同时,侦查人员采用非法方法收集证人证言、被害人陈述,并将之作为指控被告人犯罪的根据,也侵犯了被告人接受公正审判的权利。

被告人及其辩护人申请排除采用非法方法收集的证人证言、被害人陈述，按照法律规定，应当提供侦查人员涉嫌非法取证的相关线索或者材料。如果被告人及其辩护人向人民检察院提出排除申请或者报案、控告、举报，人民检察院应当调查核实。如果被告人及其辩护人向人民法院提出排除申请，人民法院需要审查相关线索或者材料，经审查后对证据收集的合法性有疑问的，应当依法召开庭前会议或者在庭审中启动调查程序。

二、物证、书证等实物证据收集合法性的审查、调查

法律确立了非法实物证据的排除规则，但实践中极少有申请排除非法实物证据的情形。这与当前侦查机关的办案理念和被告人的权利意识等都有一定关系。

一方面，侦查机关传统上一直高度关注口供等言词证据，“口供至上”的观念和做法仍然普遍存在，实物证据的收集和运用尚未得到足够重视。此种背景下，通过刑讯逼供、威胁等非法方法收集言词证据的情形在实践中较为突出，由于法律未确立沉默权和讯问时律师在场等制度，非法言词证据的产生土壤仍然存在，因此需要重点治理。这也是十八届三中全会专门强调“严禁刑讯逼供、体罚虐待”的原因所在。

另一方面，现阶段被告人的法律素养和权利意识普遍不高，尤其是在缺乏辩护律师帮助的情况下，对宪法规定的隐私权、财产权、通信自由和通信秘密权遭到办案机关非法侵犯的情形，有的是不知晓自身享有上述法律权利，有的是不知晓如何维护自身的合法权益。通常只有当遭到办案人员刑讯逼供、体罚虐待等直接身体侵害时，被告人才会向司法机关反映情况。这是实践中被告人极少对非法收集的实物证据提出异议的内在原因。随着公民法律观念和权利意识不断增强，刑事诉讼中辩护律师的参与率不断提高，对侦查机关违反法定程序收集物证、书证的情形，被告人及其辩护人申请排除非法实物证据将逐渐成为一种常态。[①]

一般来说，各国大都对采用非法手段获取的言词证据奉行绝对排除原则，但是，关于采用非法搜查、扣押等非法手段获取的实物证据是否排除的

---

① 英美等国因确立了沉默权等制度，言词证据的合法性争议相对较少，非法证据排除规则主要针对的就是非法实物证据。

问题,各国并不相同,主要存在以下三种方式:

一是自动排除,并且这种排除具有强制性,法国、俄罗斯等国均采用了这种方式。

根据法国《刑事诉讼法典》,违反该法关于搜查、扣押的范围、主体、时间等规定进行的搜查无效;违反该法关于在身份审查之后,司法机关应继续进行调查程序或执行程序的规定,该次审查无效;违反第100-7条的规定对律师的办公室与议员的电话线路进行的监听无效。据此,经由违法搜查、扣押、违法的身份审查或监听所获取之证据,均应予以排除,并且此种排除具有强制性。①

俄罗斯立法也明确规定,对违法取得的实物证据自动排除,该国《联邦刑事诉讼法典》第7条第3款规定,法院、检察长、侦查员、调查机关或调查人员在刑事诉讼过程中违反本法典的规范所取得的证据不允许采信;第75条第1款进一步规定,违反本法典的要求而获得的证据不允许采信。不允许采信的证据不具有法律效力,不得作为指控的根据,也不能用来证明本法典第73条规定的任何情况。

二是自动排除加例外,这种方式主要为美国所采用。按照这个模式,只要证据被证明是非法证据,该证据将被自动排除,而不论该证据能对案件起到什么样的证明作用,不过,如果非法证据的取得符合例外的情形,则不适用排除规则。

在美国,最初意义上的非法证据排除规则是为了实现宪法第4条修正案禁止不合理搜查和扣押的规定而设计的,在适用对象上仅仅针对以非法搜查和非法扣押方式取得的实物证据。为了切实保障被告人的宪法权利,在1914年威克斯案(Weeks v. U. S.)、1961年马普案(Mapp v. Ohio)等一系列判例中,美国联邦最高法院宣布,违反联邦宪法第四修正案关于搜查、扣押的规定所获取的物证,不得用作不利于被告人的证据。但是,规则本身所体现的保障公民宪法性权利的精神迅速超出了实物证据范围之外,扩展到了一切非法获得的证据。

---

① 陈光中、张小玲:《论非法证据排除规则在我国的适用》,载《政治与法律》2005年第1期。

然而,进入20世纪80年代,面对不断高涨的犯罪浪潮的冲击,美国联邦最高法院逐步设置了一系列例外,以弥补可能产生的弊端:(1)资格。对适用排除规则的主要限制是资格说。即只有违反美国宪法行为的受害人才具有质疑警察取证行为的资格。资格说就是要A控告针对B的侵害行为。警察非法搜查了B的住所,发现了对A不利的物证,在审判A的时候,A不能以警察的行为违反了第四修正案为由,要求排除该物证。(2)善意。如果警察善意地相信他们的行为符合现行法律,并且这种相信是有合理依据的,在这种情况下取得的证据不应当适用排除规则。(3)排除规则仅仅适用于刑事审判程序,不适用于大陪审团审理、人身支付令等刑事程序,也不适用于其他具有民事性质的诉讼程序,如驱逐出境或者罚税程序。(4)反驳被告人。非法获取的证据可以用于反驳被告人在审判时所作的证言,用于质疑被告人证言的可信度。①

三是裁量排除,这种方式为英国、德国、日本等大多数国家和地区采用。

英国是采取法官自由裁量排除非法实物证据最早的国家,并在《1984年警察与刑事证据法》中首次以成文法的形式明确了这一规则。根据该法第78条第1款的规定:"在任何诉讼中,如果在法庭看来,考虑到包括获得证据的情形在内的各种情形,采纳公诉方提请依据的证据将对该诉讼的公正性造成不利影响,因而法庭不应采纳,法庭可以拒绝允许公诉方提出该证据。"

在德国,对于非法获取的物证是否排除,尽管立法并未作出规定,但目前占据主流的观点是实行"个案处理",即不能因为在取得证据的过程中产生错误就自动地排除该证据,而是要在个案中根据宪法原则和法治原则,结合警察违法取证的严重程度以及该证据的诉讼价值等进行裁量,决定是否采纳,德国的非法证据排除规则代表了大陆法系国家的普遍做法。

与德国相类似,日本刑事诉讼法对非法物证的排除也未作出明确的规定,但日本从1978年也开始在司法实践中采取非法证据排除规则。最高法院依据大阪冰毒案件确认了有条件排除非法证据的规则,该判例规定:"在证据物的收集过程中违反日本宪法第35条以及以该条为根据的日本刑事诉

---

① 张智辉:《刑事非法证据排除规则研究》,北京大学出版社2006年版,第29页。

讼法第218条第1项所规定的令状主义的精神，构成重大违法时，在如果容许将这种材料作为证据，从抑制将来的违法侦查的立场上看并不适当的场合，应当否定其证据能力。”

因此，针对不同的证据确立不同的法律后果，既是各国的通例，也符合建立非法证据排除规则的本来目的。为平衡好准确打击犯罪和有效保障人权的关系，本条区分了言词证据与实物证据的不同情况，对以非法搜查、扣押等手段取得的实物证据并未采取绝对排除的方式，而是实行裁量排除。

我国刑事诉讼法对侦查机关搜查、扣押的程序作了明确规定，为了收集犯罪证据、查获犯罪人，侦查人员可以对犯罪嫌疑人以及可能隐藏罪犯或者犯罪证据的人的身体、物品、住处和其他有关的地方进行搜查（第136条）。进行搜查，必须向被搜查人出示搜查证。在执行逮捕、拘留的时候，遇有紧急情况，不另用搜查证也可以进行搜查（第138条）。在勘验、搜查中发现的可用以证明犯罪嫌疑人有罪或者无罪的各种物品和文件，应当扣押；与案件无关的物品、文件，不得扣押（第141条第1款）。侦查人员认为需要扣押犯罪嫌疑人的邮件、电报的时候，经公安机关或者人民检察院批准，即可通知邮电机关将有关的邮件、电报检交扣押（第143条第1款）。

因此，在我国，采用非法搜查、扣押的手段主要是指未经合法批准或授权而滥用权力，非法进行搜查、扣押的，通过这种方式取得的物证、书证，法庭审查后认为可能影响公正审判的，该物证、书证不能作为定案的根据，除非侦查机关能够予以补正或者作出合理解释的，如能够证明搜查、扣押是在“紧急情况下”，为了收集犯罪证据、查获犯罪人而实施的。与采用非法方法收集的被告人供述、证人证言、被害人陈述等言词证据相比，违反法定程序收集的物证、书证，非法取证情形本身无须进行证明。辩护方申请排除此类证据，只需指出侦查人员收集物证、书证未经依法批准，违反法定程序即可，无须提供其他材料。同时，因为侦查取证违反法定程序的情形客观存在，因此，相应的审查、调查程序可以适当简化。

基于法律和本规定对非法实物证据排除规则所作规定，对侦查人员未经依法批准，采用搜查、扣押等措施收集物证、书证等情形，如果被告人及其辩护人申请排除非法实物证据，控辩双方争议的焦点就将集中于两个问题：

一是案件是否存在紧急情况；二是非法取证行为是否可能严重影响司法公正。

法庭决定对证据收集的合法性进行调查的，公诉人首先可以举证说明案件存在紧急情况，即侦查人员为制止犯罪、抓捕犯罪嫌疑人、避免证据灭失，进而对违反法定程序收集证据的情形作出合理解释。例如，如果侦查人员是在紧急情况下进行无证搜查，取得了相应的物证、书证，公诉人就可以基于紧急情况对无证搜查行为作出合理解释。当然，对于“紧急情况”的存在，公诉人必须提供相应的证据予以证实。如果案件不存在紧急情况，公诉人就需要结合案件情况说明非法取证并未“严重影响司法公正”。根据《法院解释》第 95 条第 2 款的规定，是否严重影响司法公正，可以综合考虑收集物证、书证违反法定程序以及所造成后果的严重程度等情况加以认定。控辩双方可以围绕上述情形进行针对性的辩论。

第三十八条　人民检察院、被告人及其法定代理人提出抗诉、上诉，对第一审人民法院有关证据收集合法性的审查、调查结论提出异议的，第二审人民法院应当审查。

被告人及其辩护人在第一审程序中未申请排除非法证据，在第二审程序中提出申请的，应当说明理由。第二审人民法院应当审查。

人民检察院在第一审程序中未出示证据证明证据收集的合法性，第一审人民法院依法排除有关证据的，人民检察院在第二审程序中不得出示之前未出示的证据，但在第一审程序后发现的除外。

【条文要旨】

本条明确了控辩双方对一审法院有关证据收集合法性处理结果不服等情形的救济方式。

【条文释义】

申请排除非法证据，是被告人享有的一项诉讼权利。为切实保障该项权利，有必要明确相应的救济制度。刑事诉讼法对此未作具体规定。《法院解释》第 103 条规定了二审法院对证据收集合法性进行审查的几种情形，分别是：“第一审人民法院对当事人及其辩护人、诉讼代理人排除非法证据的申请没有审查，且以该证据作为定案根据的；人民检察院或者被告人、自诉人及其法定代理人不服第一审人民法院作出的有关证据收集合法性的调查结论，提出抗诉、上诉的；当事人及其辩护人、诉讼代理人在第一审结束后才发现相关线索或者材料，申请人民法院排除非法证据的。”本条规定结合司法实际，对相关情形作出了进一步明确的规定。

一、控辩双方对一审法院有关证据收集合法性的处理结果不服的法律救济

控辩双方对一审法院有关证据收集合法性的处理结果不服，能否单独就此提出上诉（抗诉），各国法律的规定并不相同。在英国，根据1968年《刑事上诉法》、1987年《刑事司法法》、2003年《刑事司法法》等相关规定，对法官就证据可采性所作裁决，控辩双方可以直接提出上诉；被告人也可以将证据可采性问题作为部分上诉理由，连同其他上诉理由一起，主张定罪裁决“不安全”；即使辩护人未在一审中对证据可采性提出质疑，被告人也可以证据可采性问题为由提出上诉，但前提是被告人确实因此受到不当影响。

我国刑事诉讼法有关上诉、抗诉程序的规定较为原则，被告人不服第一审的判决、裁定，或者人民检察院认为第一审的判决、裁定确有错误，可以提出上诉或者抗诉。根据该规定，上诉、抗诉应当以一审法院的判决、裁定为对象，一审法院有关证据收集合法性的处理决定本身不属于法定的上诉、抗诉事由。据此，控辩双方对一审法院有关证据收集合法性的处理决定不服，不能单独就此提出上诉、抗诉。

不过，由于证据收集的合法性与证据采纳以及事实认定紧密相关，控辩双方对一审法院有关证据收集合法性的处理结果不服，也通常会对相应的事实认定结论和案件处理结果存在异议。因此，控辩双方可以不服第一审判决、裁定或者认为第一审判决、裁定确有错误为由提出上诉或者抗诉，在上诉、抗诉理由中提出对一审法院有关证据收集合法性的处理结果的异议。

控辩双方在上诉、抗诉中对一审法院有关证据收集合法性处理结果提出异议的，二审法院应当进行审查并作出相应处理。主要涉及以下两种情形：

一是一审法院驳回被告人的排除非法证据申请，被告人在上诉中对此提出异议的情形。如果二审法院经审查对证据收集的合法性没有疑问,认为一审法院的决定依法有据的,可以驳回该上诉理由。如果二审法院经审查对证据收集的合法性有疑问,认为一审法院的决定理由不充分的,或者一审法院的决定依法有据,但基于被告人提供的新的线索或者材料,二审法院对证据收集的合法性产生新的疑问的,可以召开庭前会议核实情况、听取意见。对检察机关和上诉人在二审庭前会议中未达成一致意见的,二审法院可以决定对案件开庭审理,进而在庭审中对证据收集的合法性进行专门调查,然后依法作出相应处理。

二是一审法院依申请或者依职权排除非法证据,人民检察院在抗诉中对此提出异议的情形。如果二审法院经审查认为不能排除以非法方法收集情形,一审法院的决定依法有据的,可以驳回该抗诉理由。如果二审法院经审查认为一审法院的决定理由不充分,或者一审法院的决定于法有据,但基于检察机关提供的新证据,能够证明取证合法性的,可以召开庭前会议核实情况、听取意见。对检察机关和上诉人在二审庭前会议中未达成一致意见的,二审法院可以依法作出相应处理。

二、辩护方二审期间首次提出排除非法证据申请的处理

为尽早解决证据收集的合法性争议,本规定允许辩护方从侦查阶段开始即可申请排除非法证据,同时要求,在案件进入审判阶段后,辩护方向人民法院申请排除非法证据的,应当在开庭审理前提出。但实践中情况复杂,有的被告人可能基于各种客观原因在二审中才提出申请,如果一律禁止在二审期间才提出申请,可能会不当限制辩护方的合法权益。不过,如果任由辩护方在二审期间才提出排除申请,法律、司法解释和本规定的制度设计势必难以落实。鉴于此,辩护方在二审期间首次提出排除申请的情形,应当说明理由。《法院排非规程》第 30 条列举了两种二审法院应当审查的情形:一是第一审人民法院没有依法告知被告人申请排除非法证据的权利的;二是被告人及其辩护人在第一审庭审后发现涉嫌非法取证的相关线索或者材料的。对于这两种情形,为切实保障辩护方的合法权益,充分发挥二审救济功能,二审法院应当依法进行审查并作出相应处理。

有意见认为,应当借鉴美国的“未提出视为放弃法则”,促使辩方尽早行使申请排除非法证据的权利。我们认为，在当前无其他救济程序的情况下，作此规定会剥夺被告人获得权利救济的权利，既不科学也不合理。首先，目前无论法律规定，还是司法实践，被告人通常都不会完整阅看所有的卷宗材料，无法全面掌握公诉机关对证据的使用情况。同时由于辩护律师的专业素质、业务水平等原因，可能会因主张不及时或者提供的线索材料不符合要求而得不到一审法院的支持。其次，我国二审的审理模式为复审制，可以对事实和证据进行全面审查，并不受一审的限制，被告人对于一审法院的处理，应当有上诉权。因此，在我国目前的诉讼制度下，被告人即使在一审中没有提出排除非法证据申请的，只要具有合理正当的理由，二审应当进行审查。

三、人民检察院对证据收集合法性的举证时限

根据法律规定，人民检察院承担证明证据收集合法性的证明责任。为依法履行证明责任，人民检察院应当全面移送、出示相关证据材料。有的案件，如被称为“非法证据排除第一案”的浙江章国锡案，被告人及其辩护人在一审期间申请排除非法证据，人民法院在庭审中依法启动证据收集合法性调查程序，但人民检察院怠于举证，对已经收集的证据材料拒不向法庭出示。因人民检察院举证不力，未提供确实、充分的证据证明证据收集的合法性，一审法院不能排除以非法方法收集证据的可能性，最终依法排除有关证据，并对案件作出不利于人民检察院的处理。人民检察院对此不服，提出抗诉，在二审期间向法庭出示原来已经收集但未出示的相关证据材料，二审法院最终采纳了有关证据，改变了一审对证据收集合法性的认定结论。这种做法严重影响法院裁判的稳定性和权威性，社会效果不好。为防止此类现象再次发生，有必要规定人民检察院的举证时限，督促人民检察院在第一审期间按照法律规定移送、出示与证据收集合法性相关的证据材料。

有意见认为，人民检察院在第一审程序中证明证据收集的合法性时，有些证据未必全部出示，并非故意隐瞒证据，如果一审法院排除有关证据，人民检察院在二审程序中也可以出示之前未出示的证据，否则可能不利于追诉犯罪。我们认为，人民法院决定对证据收集合法性进行调查的，人民检察院应当依法全面出示有关证据材料，这是依法履行证明责任的内在要求。

调研中有的地方人民检察院也指出，如果办案人员疏忽大意或者故意隐瞒，导致已经收集的证据应当出示而未出示的，不应允许在二审期间出示。同时，根据本规定的要求，人民法院对证据收集合法性进行调查后，应当当庭作出是否排除有关证据的决定。在人民法院进行调查的过程中，人民检察院发现已有的证据不足以证明证据收集的合法性，就应当及时出示已经收集的证据材料，否则，在已有证据不足以证明证据收集合法性的情况下，人民检察院仍然怠于举证，就需要承担不利的诉讼后果。为了维护裁判的稳定性和权威，人民检察院在第二审程序中不得出示之前未出示的证据。当然，人民检察院在第一审程序后发现的新证据，可以在第二审程序中出示。

第三十九条　第二审人民法院对证据收集合法性的调查，参照上述第一审程序的规定。

【条文要旨】

本条明确了二审法院对证据收集的合法性的调查程序准用规则。

【条文释义】

《法院解释》第103条规定，二审法院对于特定情形，应当对证据收集的合法性进行审查，但并未规定审查后如何处理。基于前述证据收集合法性审查与调查的区分，二审法院经审查，对证据收集的合法性有疑问的，应当进行调查。具体的调查程序可以参照第一审程序的相关规定。具体可分为以下几种情形：

其一，一审时被告人及其辩护人未提出排除非法证据的申请，二审时新提出申请的，二审法院应当依照本规定第25条之规定，召开庭前会议，核实情况，控辩双方能够就相关证据的合法性问题达成一致意见的，可以不再启动庭审调查程序。如果未能达成一致意见，应当依照本规定第26条之规定，对证据收集的合法性有疑问的，决定开庭审理并启动排除非法证据的调查程序；对证据收集的合法性没有疑问，且没有新的线索或者材料表明可能存在非法取证的，可以决定不再进行调查。

其二，一审时被告人及其辩护人提出了排除非法证据的申请，一审未予审查，并以有关证据作为定案根据，可能影响公正审判的，第二审人民法院可以裁定撤销原判，发回原审人民法院重新审判。

其三，一审对被告人及其辩护人提出的排除非法证据的申请进行了审查和调查，并作出了处理，但被告人不服，提出上诉的，二审法院可以先进行书面审查，没有疑问的，可以不再启动排除非法证据的调查程序；有疑问的，应当按照本规定第 25 条、第 26 条规定的程序，通过庭前会议和庭审进行调查核实。原公诉机关就此提出抗诉的，二审法院应当先召开庭前会议核实情况，检察机关在庭前会议后决定撤回抗诉的，二审法院可以不再开庭，否则，应当开庭进行调查。

第四十条　第一审人民法院对被告人及其辩护人排除非法证据的申请未予审查，并以有关证据作为定案根据，可能影响公正审判的，第二审人民法院可以裁定撤销原判，发回原审人民法院重新审判。

第一审人民法院对依法应当排除的非法证据未予排除的，第二审人民法院可以依法排除非法证据。排除非法证据后，原判决认定事实和适用法律正确、量刑适当的，应当裁定驳回上诉或者抗诉，维持原判；原判决认定事实没有错误，但适用法律有错误，或者量刑不当的，应当改判；原判决事实不清楚或者证据不足的，可以裁定撤销原判，发回原审人民法院重新审判。

【条文要旨】

本条明确了二审法院对排除非法证据申请的处理方式。

【条文释义】

一、应当发回原审人民法院，由原审人民法院对证据收集的合法性进行调查的情形

根据司法解释的规定，二审法院对此种情形，应当对证据收集的合法性进行审查，但并未规定审查后如何处理。根据刑事诉讼法第 58 条第 2 款的规定，被告人及其辩护人有权申请人民法院排除非法证据。人民法院对此类申请应当依法审查，对可能存在以非法方法收集证据的情形应当依法调查。这是法律规定的证据收集合法性审查、调查程序的内在要求。

对案件中的关键证据,被告人及其辩护人提出排除非法证据申请的,一审法院应当依法进行审查。如果一审法院未经审查就将有关证据作为定案根据,有违法律规定的内在要求,对其中可能严重影响公正审判的情形,二审法院应当裁定撤销原判,发回重审。例如,被告人陈某某等人组织、领导、参加黑社会性质组织案,陈某某等人在一审期间提出遭到刑讯逼供,申请排除非法证据,但一审对该申请未予审查。二审期间,陈某某等人再次提出遭到刑讯逼供,并称被送交看守所羁押后曾多次被办案机关提押到所外殴打,且入所体检表显示陈某某身上多处有损伤。二审法院经审查后依法启动了调查程序,出庭检察员出示了有关证据,并提请法庭通知讯问人员出庭,但办案机关未提供讯问过程录音录像,且侦查人员出庭后对陈某某等人的身体损伤及多次频繁提押陈某某等人出所等情形未作出合理解释。二审法院认为,现有证据不能排除以非法方法收集证据的可能性,如陈某某等人的有罪供述被排除,将对案件事实认定产生重大影响,一审法院未对陈某某等人提出的排除非法证据申请进行审查,并将有关证据作为定案根据,可能影响公正审判,故裁定撤销原判,发回重审。

有意见认为,对此类情形,二审法院可依职权进行调查,发回重审浪费司法资源。鉴于法律、司法解释对证据收集合法性的审查、调查程序作出明确要求,一审法院没有正当理由不对证据收集的合法性进行审查,并以争议证据作为定案根据,应被视为程序违法情形。对其中可能影响公正审判的情形,二审法院不宜直接进行调查,应当将案件发回重审。

还有意见认为,一审法院对辩护方提出的排除非法证据申请应当审查、调查而未审查、调查的,二审法院应当直接裁定撤销原判,发回重审。这种观点过于绝对。本条规定将发回重审的情形限定为"一审法院对申请没有审查,并可能影响公正审判"的情形,具有合理性。理由是一审法院对辩护方提出的排除非法证据申请进行审查后,只有对证据收集的合法性有疑问的,才有必要启动调查程序,换言之,人民法院对排除非法证据申请进行审查后,如对证据收集的合法性没有疑问,就可以不进行调查。同时,如果一审法院对辩护方提出的排除非法证据申请没有审查,但未将有关证据作为定案根据的,并不影响公正审判,也无须发回重审。

二、二审法院可以依法排除非法证据

二审是法定的权利救济程序，第一审人民法院对依法应当排除的非法证据未予排除的，第二审人民法院可以依法排除非法证据。对于被告人提起对一审的处理结果不服，提出上诉的，二审依法进行处理是应有之义。需要特别指出的是，对于被告人及其辩护人均未提出排除非法证据的申请，但二审法官发现收集证据程序不合法的，也应当主动将相关证据予以排除。我国刑事诉讼法第233条规定，第二审人民法院应当就第一审判决认定的事实和适用法律进行全面审查，不受上诉或者抗诉范围的限制。案件事实要基于对证据的审查认定，因此，主动对收集证据的合法性进行审查，也是二审法官的法定职责。虽然这种职权性审查，有利于保证非法证据排除规则得以准确适用，充分保障被告人的合法权益，但也会相应增加上级法院的工作负担，增加司法资源的投入。而且，上级法院的法官也非全知全能，如果没有专门的审查发现机制，很多救济的裁决难以进入法官的视野。为此，有观点提出借鉴域外国家的有关规定，构建非法证据排除裁判的中间上诉程序，虽然该程序与我国目前的刑事诉讼制度无法契合，但也不失为一种思路，在今后的修法过程中可适当考虑。

三、二审将非法证据排除后，对案件的不同处理方式

一是排除非法证据后，原判决认定事实和适用法律正确、量刑适当的，应当裁定驳回上诉或者抗诉，维持原判。该情形与《严格排除非法证据规定》第35条规定的一审处理方式相似，将非法证据排除后，起诉的事实并非当然不能成立，同理，二审将一审未排除的非法证据排除后，一审认定的事实也并非当然不能成立，对于其他证据仍然能够证实一审查明的事实，且一审定罪量刑并无不当的，应当维持原判。

二是原判决认定事实没有错误，但适用法律有错误，或者量刑不当的，应当改判。对于二审中提出的排除非法证据的申请不能成立，或者虽然成立，但认定事实没有错误的，只要一审判决确有错误，就应当予以改判纠正，不能因排除非法证据的申请不能成立，而对其他错误不予纠正。

三是原判决事实不清楚或者证据不足的，可以裁定撤销原判，发回原审人民法院重新审判。该情形与本条第1款的规定在结果上相同，都是发回原

审人民法院重新审判,但原因是有区别的。第 1 款主要是应当调查而未调查,存在程序错误,为了保障被告人的上诉权而发回重审。第 2 款中的该情形主要是因为非法证据被排除后,导致原判事实不清,证据不足,因实体性错误而发回重审。对此需要强调的是,应当在被告人获得再救济的机会与诉讼经济之间进行平衡,对于非法证据可能对案件公正审判有重大影响或者严重侵犯被告人合法权益的,应当侧重于保障被告人获得再次上诉救济的权利,以发回重审为原则;对于非法证据对案件公正审判影响不大或对被告人权益侵犯不严重,且能够补充查明案件事实的,也可以在查清事实后直接改判。

第四十一条　审判监督程序、死刑复核程序中对证据收集合法性的审查、调查,参照上述规定。

【条文要旨】

本条明确了审判监督程序、死刑复核程序中对证据收集的合法性的审查、调查程序准用规则。

【条文释义】

在审判监督程序和死刑复核程序中,被告人及其辩护人可能对证据收集的合法性提出异议,并提出排除非法证据申请。法院接到申请后,应当对证据收集的合法性进行审查;经审查对证据收集的合法性有疑问的,应当进行调查并依法作出相应处理。

例如,浙江张辉、张高平再审案件中,被告人张辉、张高平及其辩护人均提出:“二被告人在被刑事拘留后长时间被非法关押。一、二审法院认定张辉、张高平犯罪的事实,主要证据是二人的有罪供述,但二人的供述包括指认现场的笔录系侦查机关采用刑讯逼供等非法方法收集,公安机关对其收集证据的合法性至今未提供充分的证据予以证明,应依法予以排除。”再审法院依法对证据收集的合法性进行调查。

出庭检察员认为:“公安机关在侦查本案时,侦查程序不合法,相关侦查行为的一些方面确实存在不规范或个别侦查人员的行为存在不文明的情况,不能排除公安机关在侦查过程中有以非法方法获取证据的一些情形。

本案定案的主要证据两原审被告人的有罪供述,依法不能作为定案的依据。应宣告两原审被告人无罪。"

经再审庭审查明,公安机关审讯张辉、张高平的笔录、录像及相关证据证明,侦查人员在审讯过程中存在对犯罪嫌疑人不在规定的羁押场所关押、审讯的情形;公安机关提供的张辉首次有罪供述的审讯录像不完整;张辉、张高平指认现场的录像镜头切换频繁,指认现场的见证人未起到见证作用;从同监犯获取及印证原审被告人有罪供述等侦查程序和行为不规范、不合法。因此,再审法院认为,本案不能排除公安机关存在以非法方法收集证据的情形,张辉、张高平的有罪供述、指认现场笔录等证据,依法应予排除,不能作为定案依据。

在非法证据排除规则施行之后,审判监督程序和死刑复核程序作为救济程序,如果涉及证据合法性争议,可以参照上述规定审查证据收集的合法性,并依法作出相应的处理。

第四十二条　本规定自 2017 年 6 月 27 日起施行。

【条文要旨】

本条明确了本规定的时间效力问题。

【条文释义】

从 2010 年"两高三部"出台的《非法证据排除规定》,到 2012 年修改后刑事诉讼法以及"两高"出台的司法解释,再到 2013 年最高人民法院出台的《防范冤假错案意见》,非法证据排除规则始终处于发展完善之中。应当说,《非法证据排除规定》施行以来,对整个刑事司法制度尤其是侦查取证工作产生了深远的影响,刑事诉讼领域的人权保障水平得到了显著的提高,办理刑事案件的质量有了进一步的保障。

为完善人权司法保障制度,十八届三中全会要求"严禁刑讯逼供、体罚虐待,严格实行非法证据排除规则";四中全会进一步要求:"健全落实非法证据排除等法律原则的法律制度。完善对限制人身自由司法措施和侦查手段的司法监督,加强对刑讯逼供和非法取证的源头预防,健全冤假错案有效防范机制。"根据中央司法改革的精神和要求,本规定在已有规范的基础上,立足司法实际，进一步明确了非法证据的范围和认定标准，强化了侦查取证的规范，保障辩护方的申请权和辩护权，细化了各个诉讼阶段排除非法证据的程序，对贯彻落实修改后刑事诉讼法、严格实行非法证据排除规则、建立健全相关配套制度具有重要意义。

《严格排除非法证据规定》是“两高三部”在新时期对证据制度形成的重要共识，该规定的出台，进一步统一了政法机关及其办案人员对证据收集合法性的认识，有助于澄清认识上的误区，杜绝执行中的偏差，确保非法证据排除规则真正落到实处。同时也应当看到，《严格排除非法证据规定》对政法机关办理刑事案件提出了更高的标准、更严的要求。侦查机关要严格依照法定程序收集证据，严禁刑讯逼供、体罚虐待等非法取证行为，切实尊重和保障犯罪嫌疑人的人权。人民检察院要认真审查证据收集的合法性，依法纠正侦查取证过程中的违法行为，严把案件的逮捕关、起诉关，严禁“带病”移送审查起诉案件。辩护律师要认真履行辩护职能，重视收集非法取证的线索或者材料，依法提出排除非法证据申请，切实维护被告人的合法权益。人民法院要全面贯彻证据裁判原则，认真对待被告人及其辩护人提出的排除非法证据申请，严格依法排除非法证据，对排除非法证据后证据不足的案件，要依法宣告被告人无罪。

为贯彻中央司法改革要求，《严格排除非法证据规定》设立了重大案件侦查终结前对取证合法性进行调查核实、值班律师对非法取证情形代理申诉、控告等一些新的制度。这些新制度是从源头上防范刑讯逼供和非法取证、严格实行非法证据排除规则的关键举措，相关部门要从认真落实中央司法改革决策、严格执行宪法法律规定的高度，充分认识规定的重要意义，积极建立相关配套制度，严格落实规定的各项要求。对于在贯彻执行中遇到的新情况、新问题，要积极加强沟通，认真寻找解决之道，做到既能相互制约，又能紧密配合，真正实现事实认定符合客观真相、办案结果符合实体公正、办案过程符合程序公正。

任何法律制度都要接受实践的检验。《规定》并非尽善尽美，在执行过程中可能遇到各种问题和挑战。相关部门要加强调查研究，认真梳理贯彻执行中面临的新情况、新问题，积极总结实践探索出来的新经验、新做法，并及时报告中央主管部门。

最高人民法院、最高人民检察院、公安部、国家安全部、司法部关于办理刑事案件严格排除非法证据若干问题的规定

为准确惩罚犯罪，切实保障人权，规范司法行为，促进司法公正，根据《中华人民共和国刑事诉讼法》及有关司法解释等规定，结合司法实际，制定如下规定。

一、一般规定

第一条 严禁刑讯逼供和以威胁、引诱、欺骗以及其他非法方法收集证据，不得强迫任何人证实自己有罪。对一切案件的判处都要重证据，重调查研究，不轻信口供。

第二条 采取殴打、违法使用戒具等暴力方法或者变相肉刑的恶劣手段，使犯罪嫌疑人、被告人遭受难以忍受的痛苦而违背意愿作出的供述，应当予以排除。

第三条 采用以暴力或者严重损害本人及其近亲属合法权益等进行威胁的方法，使犯罪嫌疑人、被告人遭受难以忍受的痛苦而违背意愿作出的供述，应当予以排除。

第四条 采用非法拘禁等非法限制人身自由的方法收集的犯罪嫌疑人、被告人供述，应当予以排除。

第五条 采用刑讯逼供方法使犯罪嫌疑人、被告人作出供述，之后犯罪嫌疑人、被告人受该刑讯逼供行为影响而作出的与该供述相同的重复性供述，应当一并排除，但下列情形除外：

（一）侦查期间，根据控告、举报或者自己发现等，侦查机关确认或者不能排除以非法方法收集证据而更换侦查人员，其他侦查人员再次讯问时告知诉讼权利和认罪的法律后果，犯罪嫌疑人自愿供述的；

（二）审查逮捕、审查起诉和审判期间，检察人员、审判人员讯问时告知诉讼权利和认罪的法律后果，犯罪嫌疑人、被告人自愿供述的。

第六条 采用暴力、威胁以及非法限制人身自由等非法方法收集的证人证言、被害人陈述，应当予以排除。

第七条 收集物证、书证不符合法定程序，可能严重影响司法公正的，应当予以补正或者作出合理解释；不能补正或者作出合理解释的，对有关证据应当予以排除。

二、侦查

第八条 侦查机关应当依照法定程序开展侦查，收集、调取能够证实犯罪嫌疑人有罪或者无罪、罪轻或者罪重的证据材料。

第九条 拘留、逮捕犯罪嫌疑人后，应当按照法律规定送看守所羁押。犯罪嫌疑人被送交看守所羁押后，讯问应当在看守所讯问室进行。因客观原因侦查机关在看守所讯问室以外的场所进行讯问的，应当作出合理解释。

第十条 侦查人员在讯问犯罪嫌疑人的时候，可以对讯问过程进行录音录像；对于可能判处无期徒刑、死刑的案件或者其他重大犯罪案件，应当对讯问过程进行录音录像。

侦查人员应当告知犯罪嫌疑人对讯问过程录音录像，并在讯问笔录中写明。

第十一条 对讯问过程录音录像，应当不间断进行，保持完整性，不得选择性地录制，不得剪接、删改。

第十二条 侦查人员讯问犯罪嫌疑人，应当依法制作讯问笔录。讯问笔录应当交犯罪嫌疑人核对，对于没有阅读能力的，应当向他宣读。对讯问笔录中有遗漏或者差错等情形，犯罪嫌疑人可以提出补充或者改正。

第十三条 看守所应当对提讯进行登记，写明提讯单位、人员、事由、起止时间以及犯罪嫌疑人姓名等情况。

看守所收押犯罪嫌疑人，应当进行身体检查。检查时，人民检察院驻看守所检察人员可以在场。检查发现犯罪嫌疑人有伤或者身体异常的，看守所应当拍照或者录像，分别由送押人员、犯罪嫌疑人说明原因，并在体检记录中写明，由送押人员、收押人员和犯罪嫌疑人签字确认。

第十四条 犯罪嫌疑人及其辩护人在侦查期间可以向人民检察院申请排除非法证据。对犯罪嫌疑人及其辩护人提供相关线索或者材料的，人民检察院应当调查核实。调查结论应当书面告知犯罪嫌疑人及其辩护人。对确有以非法方法收集证据情形的，人民检察院应当向侦查机关提出纠正意见。

侦查机关对审查认定的非法证据，应当予以排除，不得作为提请批准逮捕、移送审查起诉的根据。

对重大案件，人民检察院驻看守所检察人员应当在侦查终结前询问犯罪嫌疑人，核查是否存在刑讯逼供、非法取证情形，并同步录音录像。经核查，确有刑讯逼供、非法取证情形的，侦查机关应当及时排除非法证据，不得作为提请批准逮捕、移送审查起诉的根据。

第十五条 对侦查终结的案件，侦查机关应当全面审查证明证据收集合法性的证据材料，依法排除非法证据。排除非法证据后，证据不足的，不得移送审查起诉。

侦查机关发现办案人员非法取证的，应当依法作出处理，并可另行指派侦查人员重新调查取证。

三、审查逮捕、审查起诉

第十六条 审查逮捕、审查起诉期间讯问犯罪嫌疑人，应当告知其有权申请排除非法证据，并告知诉讼权利和认罪的法律后果。

第十七条 审查逮捕、审查起诉期间，犯罪嫌疑人及其辩护人申请排除非法证据，并提供相关线索或者材料的，人民检察院应当调查核实。调查结论应当书面告知犯罪嫌疑人及其辩护人。

人民检察院在审查起诉期间发现侦查人员以刑讯逼供等非法方法收集证据的，应当依法排除相关证据并提出纠正意见，必要时人民检察院可以自行调查取证。

人民检察院对审查认定的非法证据，应当予以排除，不得作为批准或者决定逮捕、提起公诉的根据。被排除的非法证据应当随案移送,并写明为依法排除的非法证据。

第十八条 人民检察院依法排除非法证据后,证据不足,不符合逮捕、起诉条件的,不得批准或者决定逮捕、提起公诉。

对于人民检察院排除有关证据导致对涉嫌的重要犯罪事实未予认定,从而作出不批准逮捕、不起诉决定,或者对涉嫌的部分重要犯罪事实决定不起诉的,公安机关、国家安全机关可要求复议、提请复核。

四、辩护

第十九条 犯罪嫌疑人、被告人申请提供法律援助的,应当按照有关规定指派法律援助律师。

法律援助值班律师可以为犯罪嫌疑人、被告人提供法律帮助,对刑讯逼供、非法取证情形代理申诉、控告。

第二十条 犯罪嫌疑人、被告人及其辩护人申请排除非法证据,应当提供涉嫌非法取证的人员、时间、地点、方式、内容等相关线索或者材料。

第二十一条 辩护律师自人民检察院对案件审查起诉之日起,可以查阅、摘抄、复制讯问笔录、提讯登记、采取强制措施或者侦查措施的法律文书等证据材料。其他辩护人经人民法院、人民检察院许可,也可以查阅、摘抄、复制上述证据材料。

第二十二条 犯罪嫌疑人、被告人及其辩护人向人民法院、人民检察院申请调取公安机关、国家安全机关、人民检察院收集但未提交的讯问录音录像、体检记录等证据材料,人民法院、人民检察院经审查认为犯罪嫌疑人、被告人及其辩护人申请调取的证据材料与证明证据收集的合法性有联系的,应当予以调取;认为与证明证据收集的合法性没有联系的,应当决定不予调取并向犯罪嫌疑人、被告人及其辩护人说明理由。

五、审判

第二十三条 人民法院向被告人及其辩护人送达起诉书副本时,应当告知其有权申请排除非法证据。

被告人及其辩护人申请排除非法证据,应当在开庭审理前提出,但在庭审期间发现相关线索或者材料等情形除外。人民法院应当在开庭审理前将申请书和相关线索或者材料的复制件送交人民检察院。

第二十四条 被告人及其辩护人在开庭审理前申请排除非法证据,未提供相关线索或者材料,不符合法律规定的申请条件的,人民法院对申请不予受理。

第二十五条 被告人及其辩护人在开庭审理前申请排除非法证据,按照法律规定提供相关线索或者材料的,人民法院应当召开庭前会议。人民检察院应当通过出示有关证据材料等方式,有针对性地对证据收集的合法性作出说明。人民法院可以核实情况,听取意见。

人民检察院可以决定撤回有关证据,撤回的证据,没有新的理由,不得在庭审中出示。

被告人及其辩护人可以撤回排除非法证据的申请。撤回申请后,没有新的线索或者材料,不得再次对有关证据提出排除申请。

第二十六条 公诉人、被告人及其辩护人在庭前会议中对证据收集是否合法未达成一致意见,人民法院对证据收集的合法性有疑问的,应当在庭审中进行调查;人民法院对证据收集的合法性没有疑问,且没有新的线索或者材料表明可能存在非法取证的,可以决定不再进行调查。

第二十七条 被告人及其辩护人申请人民法院通知侦查人员或者其他人员出庭,人民法院认为现有证据材料不能证明证据收集的合法性,确有必要通知上述人员出庭作证或者说明情况的,可以通知上述人员出庭。

第二十八条 公诉人宣读起诉书后,法庭应当宣布开庭审理前对证据收集合法性的审查及处理情况。

第二十九条 被告人及其辩护人在开庭审理前未申请排除非法证据,在法庭审理过程中提出申请的,应当说明理由。

对前述情形,法庭经审查,对证据收集的合法性有疑问的,应当进行调查;没有疑问的,应当驳回申请。

法庭驳回排除非法证据申请后,被告人及其辩护人没有新的线索或者材料,以相同理由再次提出申请的,法庭不再审查。

第三十条 庭审期间,法庭决定对证据收集的合法性进行调查的,应当先行当庭调查。但为防止庭审过分迟延,也可以在法庭调查结束前进行调查。

第三十一条 公诉人对证据收集的合法性加以证明，可以出示讯问笔录、提讯登记、体检记录、采取强制措施或者侦查措施的法律文书、侦查终结前对讯问合法性的核查材料等证据材料，有针对性地播放讯问录音录像，提请法庭通知侦查人员或者其他人员出庭说明情况。

被告人及其辩护人可以出示相关线索或者材料，并申请法庭播放特定时段的讯问录音录像。

侦查人员或者其他人员出庭，应当向法庭说明证据收集过程，并就相关情况接受发问。对发问方式不当或者内容与证据收集的合法性无关的，法庭应当制止。

公诉人、被告人及其辩护人可以对证据收集的合法性进行质证、辩论。

第三十二条 法庭对控辩双方提供的证据有疑问的，可以宣布休庭，对证据进行调查核实。必要时，可以通知公诉人、辩护人到场。

第三十三条 法庭对证据收集的合法性进行调查后，应当当庭作出是否排除有关证据的决定。必要时，可以宣布休庭，由合议庭评议或者提交审判委员会讨论，再次开庭时宣布决定。

在法庭作出是否排除有关证据的决定前，不得对有关证据宣读、质证。

第三十四条 经法庭审理，确认存在本规定所规定的以非法方法收集证据情形的，对有关证据应当予以排除。法庭根据相关线索或者材料对证据收集的合法性有疑问，而人民检察院未提供证据或者提供的证据不能证明证据收集的合法性，不能排除存在本规定所规定的以非法方法收集证据情形的，对有关证据应当予以排除。

对依法予以排除的证据，不得宣读、质证，不得作为判决的根据。

第三十五条 人民法院排除非法证据后，案件事实清楚，证据确实、充分，依据法律认定被告人有罪的，应当作出有罪判决；证据不足，不能认定被告人有罪的，应当作出证据不足、指控的犯罪不能成立的无罪判决；案件部分事实清楚，证据确实、充分的，依法认定该部分事实。

第三十六条 人民法院对证据收集合法性的审查、调查结论，应当在裁判文书中写明，并说明理由。

第三十七条 人民法院对证人证言、被害人陈述等证据收集合法性的审查、调查,参照上述规定。

第三十八条 人民检察院、被告人及其法定代理人提出抗诉、上诉,对第一审人民法院有关证据收集合法性的审查、调查结论提出异议的,第二审人民法院应当审查。

被告人及其辩护人在第一审程序中未申请排除非法证据,在第二审程序中提出申请的,应当说明理由。第二审人民法院应当审查。

人民检察院在第一审程序中未出示证据证明证据收集的合法性,第一审人民法院依法排除有关证据的,人民检察院在第二审程序中不得出示之前未出示的证据,但在第一审程序后发现的除外。

第三十九条 第二审人民法院对证据收集合法性的调查,参照上述第一审程序的规定。

第四十条 第一审人民法院对被告人及其辩护人排除非法证据的申请未予审查,并以有关证据作为定案根据,可能影响公正审判的,第二审人民法院可以裁定撤销原判,发回原审人民法院重新审判。

第一审人民法院对依法应当排除的非法证据未予排除的,第二审人民法院可以依法排除非法证据。排除非法证据后,原判决认定事实和适用法律正确、量刑适当的,应当裁定驳回上诉或者抗诉,维持原判;原判决认定事实没有错误,但适用法律有错误,或者量刑不当的,应当改判;原判决事实不清楚或者证据不足的,可以裁定撤销原判,发回原审人民法院重新审判。

第四十一条 审判监督程序、死刑复核程序中对证据收集合法性的审查、调查,参照上述规定。

第四十二条 本规定自2017年6月27日起施行。

《最高人民法院、最高人民检察院、公安部、国家安全部、司法部关于办理刑事案件严格排除非法证据若干问题的规定》的理解与适用

党的十八届三中全会明确提出，严禁刑讯逼供、体罚虐待，严格实行非法证据排除规则；四中全会进一步要求，健全落实非法证据排除等法律原则的法律制度，加强对刑讯逼供和非法取证的源头预防。这是党中央在全面推进依法治国、加快建设社会主义法治国家背景下作出的重大司法改革部署。这项改革事关依法惩罚犯罪、切实保障人权，是保证司法公正、提高司法公信力的重要举措，对证据制度乃至刑事诉讼制度改革具有深远影响。2017 年 4 月 18 日，中央全面深化改革领导小组第 34 次会议审议通过《严格排除非法证据规定》。最高人民法院、最高人民检察院、公安部、国家安全部、司法部共同会签并正式下发执行。为便于司法实践中正确理解和把握，现就《严格排除非法证据规定》的制定背景、重要意义、基本原则和主要内容逐一作出说明。

一、制定背景

习近平总书记指出："司法是维护社会公平正义的最后一道防线。如果司法这道防线缺乏公信力，社会公正就会受到普遍质疑，社会和谐稳定就难以保障。"鉴于此，近年来中央持续深入推进司法改革，始终紧扣影响司法公正的关键环节，努力建立公正高效权威的社会主义司法制度。严格实行非法证据排除规则，是其中一项非常重要的改革举措。《严格排除非法证据规定》的制定，主要是基于以下考虑：

1. 严格防范刑事冤假错案的需要

证据是认定案件事实的基础，是保证办案质量的关键。近年来发现并

纠正的呼格吉勒图案等冤假错案,都是在证据和事实认定方面出现错误,都与刑讯逼供、非法取证紧密相关。《严格排除非法证据规定》结合司法实践,特别是重大冤错案件反映的突出问题,明确非法证据的认定标准,完善非法证据的排除程序,对侦查、审查逮捕和审查起诉、辩护、审判等工作分别提出更高的标准、更严的要求,有助于办案机关以及办案人员进一步树立规则意识、证据意识、程序意识,避免因错误采信虚假供述等证据导致事实认定错误,有效防范冤假错案发生。

2. 健全非法证据排除规则的需要

根据中央司法改革部署,2010 年“两高三部”联合出台《非法证据排除规定》,标志着我国正式确立非法证据排除规则。2012 年刑事诉讼法修改,吸纳了《非法证据排除规定》的主要内容,在立法层面确立非法证据排除规则。应当说,非法证据排除规则的确立,对遏制刑讯逼供和非法取证发挥了积极作用,但由于法律规定较为原则,政法各部门对相关规定的理解和认识有较大分歧,司法实践中仍然存在非法证据启动难、证明难、认定难、排除难等问题,严重影响法律实施的效果。《严格排除非法证据规定》紧扣司法实际,注重规定内容的针对性、有效性、可操作性,既便于司法实践操作,又将相关要求上升到工作机制层面,确保政法各部门在司法实践中一体遵循、严格执行。

3. 推进刑事司法理念创新和制度创新的需要

新时期新阶段司法改革的过程,本质上是司法理念和司法制度的创新过程,不创新理念和制度,改革就会停滞不前或者陷于空谈。《严格排除非法证据规定》以维护司法公正为着眼点,全面深入推进刑事司法理念创新和制度创新,既着眼于落实已有法律规定,又积极促成各方对解决实践问题所必需的争议问题达成共识;既着眼于强化巩固科学的司法理念,又立足于建立健全符合司法规律的法律制度。具体言之,《严格排除非法证据规定》在摒弃传统的“重打击、轻保护”“重实体、轻程序”“重口供、轻证据”等思想观念的基础上,以科学的司法理念为引领,建立健全事实认定符合客观真相、办案结果符合实体公正、办案过程符合程序公正的法律制度,为办理刑事案件提供更加明确规范的根据指引。

二、重要意义

十八届三中全会、四中全会决定从加强人权司法保障、保证公正司法等高度,要求严格实行非法证据排除规则,健全落实非法证据排除的法律制度,这表明中央对非法证据排除规则的定位更加科学、合理,凸显出非法证据排除规则的重要价值。政法各部门要充分认识到非法证据排除规则的重要意义,在司法实践中切实予以贯彻落实,确保改革取得预期效果。

1. 对维护司法公正具有重大推进作用

公正是法治的生命线。司法公正对社会公正具有重要引领作用,司法不公对社会公正具有致命破坏作用。证据制度不发达,证据的收集、审查、运用缺乏必要的规则指引,刑讯逼供等非法取证情形缺乏相应的程序后果,势必导致冤假错案风险增加,司法公正难以得到制度保障。严格实行非法证据排除规则,依法排除非法证据,避免将非法证据作为定案的根据,能够有效防止刑讯逼供等非法取证情形的发生,切实维护刑事案件的实体公正。

2. 对加强人权司法保障具有重大推进作用

2004 年,我国将"国家尊重和保障人权"明确写入宪法,这对刑事诉讼领域产生了深远的影响。随着社会经济文化的发展,人权保障和正当程序等现代法治理念逐步深入人心,刑事诉讼不能再将查明事实真相作为唯一目的,而是要综合考量诉讼程序自身的正当性,公民权利的法律保障等内容,在更高层次上实现惩治犯罪与保障人权相统一。严格实行非法证据排除规则,既有助于规范办案人员的取证行为,促使侦查机关转变办案方式,提高执法办案法治化、文明化、规范化水平,也有助于维护公民的基本权利,保障无罪的人不受刑事追究。

3. 对以审判为中心的刑事诉讼制度改革具有重大推进作用

十八届四中全会提出,推进以审判为中心的诉讼制度改革,确保侦查、审查起诉的案件事实证据经得起法律的检验,保证庭审在查明事实、认定证据、保护诉权、公正裁判中发挥决定性作用。严格实行非法证据排除规则,可以促进控、辩、审三方职能优化,对解决庭审虚化问题具有积极作用,是推进以审判为中心的刑事诉讼制度改革特别是推进庭审实质化的关键切入点。具体言之,非法证据排除规则有助于进一步彰显程序性裁判的重要性,促使被告方更加重视程序性辩护；有助于进一步规范控诉职能，促使控诉方强化对证据合法性的审查和证明；有助于督促控辩双方在庭审中对证据合法性问题展开充分辩论，使庭审真正发挥查明事实、认定证据、保护诉权、公正裁判的决定性作用。

三、基本原则

《严格排除非法证据规定》既是落实中央改革精神和要求的重要措施，也是当前和今后较长一段时期指导刑事证据制度改革和刑事审判实践的关键性文件。为强化《严格排除非法证据规定》的指导性和可操作性，在制定过程中主要遵循以下原则：

1. 坚持问题导向

《非法证据排除规定》实施以来，在提高办案质量、统一执法理念、规范司法行为、确保司法公正等方面都取得了一定成效。但实践中还存在一些问题，主要是：对何种取证方式属于非法取证标准不一；对非法取证基础上形成的重复性供述是否排除规定不明；法庭审理时对取证合法性存在争议的证据一律先行当庭调查，造成部分案件庭审过分迟延；公诉机关对取证合法性的证明方式相对单一，证明力不强等等。《严格排除非法证据规定》针对司法实践包括纠正冤假错案反映出来的突出问题，从实体性规则和程序性规则两方面入手加以完善，为进一步严格实行非法证据排除规则提供更加明确的遵循依据。

2. 区分不同情形作出规定

《严格排除非法证据规定》既立足中国国情和司法实际，又坚持有所发展有所进步，区分不同情形作出具体规定，体现改革的科学性和合理性。《严格排除非法证据规定》针对言词证据和实物证据的不同特征为非法取证立标准，明确对非法言词证据实行绝对排除原则，对非法实物证据实行裁量排除；以源头治理为重点，进一步明确侦查机关、检察机关和人民法院在各自诉讼阶段对非法取证的审查方式和职责。

3. 以法律为依据注重制度衔接

《严格排除非法证据规定》在总结实践经验和调研成果的基础上，以刑事诉讼法的相关规定为依据，与相关司法解释、《非法证据排除规定》《关于推进以审判为中心的刑事诉讼制度改革的意见》以及侦查机关、检察机关的相关制度规定，在内容和制度设计上保持有效衔接。

4. 注重循序渐进抓关键问题

非法证据排除制度改革，涉及刑事诉讼各个阶段和侦查、起诉、审判、辩护等各项诉讼职能，有些改革举措还触及深层次的司法体制机制问题，经过政法各部门认真研究，对严格排除非法证据涉及的一系列重要问题，在制度设计上形成共识，并且通过改革深入推进不断加以完善。

四、主要内容

《严格排除非法证据规定》分五个部分，共计 42 条，包括一般规定、侦查、审查逮捕和审查起诉、辩护和审判等内容，以预防和排除非法证据为着眼点，细化非法证据的范围和认定标准，明确刑事诉讼各个阶段排除非法证据的职责和操作程序，基本涵盖非法证据排除制度中亟待改革完善的突出问题。具体如下：

（一）一般规定

对被告人供述合法性的认定是目前非法证据排除规则的核心问题。2012 年刑事诉讼法将采用刑讯逼供等非法方法收集的供述界定为应当排除的非法证据，但如何界定“刑讯逼供”，如何理解“等非法方法”的范围，采用威胁、引诱、欺骗等非法方法收集的供述是否应当排除等等，在规范层面尚不明确，实践中也存在不同认识。《严格排除非法证据规定》第一部分“一般规定”立足刑事诉讼法的原则和规定，结合改革要求和司法实践需要，对上述问题作出了具体规定。

1. 严禁非法取证，坚持证据裁判原则

为加强对刑讯逼供、非法取证的源头预防，《严格排除非法证据规定》第 1 条重申刑事诉讼法规定，明确了侦查机关取证行为的法律边界：“严禁刑讯逼供和以威胁、引诱、欺骗以及其他非法方法收集证据，不得强迫任何人证实自己有罪。”严禁非法取证，关键在于完善侦查讯问制度。中央《改革意见》第 5 条规定，“严格按照有关规定要求，在规范的讯问场所讯问犯罪嫌疑人。严格依照法律规定对对讯问过程全程同步录音录像，逐步实行对所有案件的讯问过程全程同步录音录像”。侦查人员要自觉遵守“两个严格”的取证程序，严禁刑讯逼供、体罚虐待，切实落实不得强迫任何人证实自己有罪的法律要求。

2. 明确刑讯逼供的范围并作出列举式规定

从条文内容看，2010 年《非法证据排除规定》和刑事诉讼法均未明确刑讯逼供的具体内涵。《检察院规则》第 65 条对刑讯逼供作出如下界定："刑讯逼供是指使用肉刑或者变相使用肉刑，使犯罪嫌疑人在肉体或者精神上遭受剧烈疼痛或者痛苦以逼取供述的行为。"《严格排除非法证据规定》第 2 条进一步规定："采取殴打、违法使用戒具等暴力方法或者变相肉刑的恶劣手段，使犯罪嫌疑人、被告人遭受难以忍受的痛苦而违背意愿作出的供述，应当予以排除。"正确理解本条规定，主要有以下要求：

(1)准确认定变相肉刑的范围。在起草《严格排除非法证据规定》过程中，围绕是否对变相肉刑的方法作出列举式规定，存在不同的意见。一种意见认为，为加强人权司法保障，解决实践中变相肉刑认定难的问题，应当通过列举诸如冻、饿、晒、烤、疲劳讯问等手段对变相肉刑作出规定。另一种意见认为，不宜对变相肉刑作出列举式规定，理由是：冻、饿、晒、烤、疲劳讯问等手段与变相肉刑不能画等号，判断是否属于刑讯逼供应当考虑诸多因素，而且冻、饿、晒、烤、疲劳讯问的程度在实践中难以量化，无法操作。《严格排除非法证据规定》最终采纳了第二种意见。但这样规定，并不意味着采用冻、饿、晒、烤或疲劳讯问等方法收集的证据具有合法性，而是为人民法院认定非法证据留下了合理的裁量空间。对于司法实践中侦查人员故意冻、饿、晒、烤或疲劳讯问等情形，人民法院可根据具体情节、是否对被告人在肉体上造成难以忍受的痛苦，或者对被告人身体造成的损伤和严重后果等因素判断是否构成非法证据。

(2)准确把握对刑讯逼供等非法方法的程度要求。《严格排除非法证据规定》明确了对刑讯逼供等非法方法的程度要求，并非采用殴打、违法使用戒具等方法收集的供述都要予以排除，只有使犯罪嫌疑人、被告人遭受难以忍受的痛苦而违背意愿作出的供述，也就是非法方法与取得供述存在因果关系的情形，才予以排除。实践中，要根据案件情况和在案证据正确区分非法取证与不文明司法的行为，避免将所有采用此类方法收集的证据一律作为非法证据予以排除,实现惩罚犯罪与保障人权的有机统一。

3. 明确规定采用威胁方法取得的供述应当予以排除

2012 年刑事诉讼法明确规定,严禁刑讯逼供和以威胁、引诱、欺骗以及其他非法的方法收集证据,但与此同时,关于非法供述证据的界定沿用了《非法证据排除规定》的表述,即"采用刑讯逼供等非法方法收集的犯罪嫌疑人、被告人供述,应当予以排除",并未提及"威胁、引诱、欺骗"方法。这导致实践中对采用威胁、引诱、欺骗方法取得的证据是否应当排除存在较大的争议。一种意见认为,刑事诉讼法采用的是"宽禁止、严排除"的立法模式,虽然原则上禁止采用"威胁、引诱、欺骗"的非法方法,但并未将采用此类非法方法取得的证据明确纳入排除规则的范畴。另一种意见认为,在法律已有明确禁止性规定的前提下,依法排除采用威胁、引诱、欺骗方法取得的证据,既有规范依据,也有利于保障人权,并不存在法律上的障碍。《严格排除非法证据规定》第 3 条规定:"采用以暴力或者严重损害本人及其近亲属合法权益等进行威胁的方法,使犯罪嫌疑人、被告人遭受难以忍受的痛苦而违背意愿作出的供述,应当予以排除。"从规范层面上明确了采用威胁方法取得的供述应当予以排除。正确理解本条规定,主要有以下要求:

(1)准确把握"威胁"的认定标准。尽管与刑讯逼供相比,威胁没有直接对人的身体实施暴力行为,但因涉及对自由意志权这一基本人权的侵犯,故在侵犯人权的程度上接近刑讯逼供,两者均属强迫方法。如果威胁达到了使犯罪嫌疑人、被告人遭受难以忍受的精神痛苦而违背意愿作出供述的程度,就应当对采用此类威胁方法取得供述实行强制排除。

侦查实践中,为了通过讯问获取供述,侦查人员在选择讯问方法时,往往会试图给犯罪嫌疑人施加一定的心理压力,从这个角度讲,威胁与合法侦查策略之间存在一定的交叉。为了有效划分二者之间的法律界限,有必要区分一般意义上的"威胁"和排除规则意义上的"威胁"。在日常生活中,只要以不利的后果作为要挟,都属于威胁。但排除规则意义上的威胁,与供述的自愿性紧密相关,主要是指对犯罪嫌疑人采用威逼胁迫的手段迫使其违背意愿作出供述。对于讯问过程中一般性的威吓、呵斥,由于程度轻微,不足以迫使犯罪嫌疑人违背意愿供述,虽然属于不规范的讯问,但并不构成排除规则意义上的威胁。《严格排除非法证据规定》立足司法实际，对威胁方法作出了具体限定，即以暴力或者严重损害本人及其近亲属合法权益等进行威胁。司法实践中，常见的威胁方式有恐吓犯罪嫌疑人将对其使用暴力，揭露个人隐私，对其近亲属采取强制措施，对其配偶、子女追究相应责任等等。

(2)准确把握以引诱、欺骗等方法收集供述的合法性。从刑事诉讼法规定看，威胁、引诱、欺骗是与刑讯逼供并列的非法方法，并且威胁、引诱、欺骗三种非法方法之间也是并列关系。实际上，刑讯逼供、威胁、引诱、欺骗四种方法之间在违法和侵权的程度上是存在一定差异的。刑讯逼供方法直接侵犯犯罪嫌疑人的人身权和意志自由权，对基本人权的侵犯程度最高；威胁方法虽未直接侵犯犯罪嫌疑人的身体，但对犯罪嫌疑人的精神实施强迫，侵犯了意志自由权，侵权程度仅次于刑讯逼供；引诱、欺骗方法并未对犯罪嫌疑人的身体或者精神实施强迫，未直接侵犯人身权和意志自由权，但可能会影响司法公正。

对于采用引诱、欺骗方法取得的供述是否应当作为非法证据予以排除，在起草《严格排除非法证据规定》过程中，也存在不同意见。一种意见认为，不应当排除采用引诱、欺骗方法取得的供述。主要理由是：法律并未将采用引诱、欺骗方法取得的供述纳入应当排除的非法证据范围，而且引诱、欺骗与讯问技巧难以截然区分，对引诱、欺骗取得的供述是否应当排除，关键看是否系虚假供述。另一种意见认为，应当对采用引诱、欺骗方法收集的供述予以排除。主要理由是：第一，既然刑事诉讼法严禁引诱、欺骗，采用此类方法收集的供述就应当排除，否则，这种缺乏制裁后果的规定在实践中难以落实，有损法律的权威。同时，采用此类方法收集供述，极易导致冤假错案发生。第二，通过总结实践经验，对引诱、欺骗方法的范围作出合理限定，能够与合法讯问策略区分开来。办案人员在办案过程中采用以非法利益进行引诱的方法(例如，对吸毒的犯罪嫌疑人称，只要认罪就可以为其提供毒品)或者以严重违背社会公德的方式进行欺骗的方法(例如，对犯罪嫌疑人谎称其老母遭遇车祸，只有认罪才能见面)，显然不符合公正司法的要求，不仅无法对社会公正起到引领作用，反而可能会产生破坏作用。第三，从国外法律对引诱、欺骗方法的禁止性规定看，主要是防止滥用此类方法导致宗教伦理、社会公德、司法制度的公信力等受到负面影响，一旦出现此种负面影响，司法公正也就无从谈起。《严格排除非法证据规定》综合考虑各种因素，未对这一问题作出明确规定，但司法实践中，如果侦查人员采用以非法利益进行引诱的方法或者以严重违背社会公德的方式进行欺骗的方法收集犯罪嫌疑人、被告人供述，可能严重影响司法公正的，对有关供述应当予以排除。

4. 明确规定采用非法限制人身自由方法取得的供述应当予以排除

刑事诉讼法在列举"刑讯逼供、威胁、引诱、欺骗"等非法方法的基础上，还规定了兜底性的"其他非法方法"。基于非法证据的界定，关于其他非法方法的认定，应当以侵犯宪法权利或者重要的诉讼权利为前提。司法实践中，有的办案单位违反法定程序非法拘禁犯罪嫌疑人，或者在强制措施超过法定期限后仍非法羁押犯罪嫌疑人，应视为刑事诉讼法规定的"其他非法方法"。立足司法实际，《严格排除非法证据规定》第 4 条规定："采用非法拘禁等非法限制人身自由的方法收集的犯罪嫌疑人、被告人供述，应当予以排除。"十八届四中全会要求，完善对限制人身自由司法措施和侦查手段的司法监督，因此将采用非法限制人身自由的方法取得的供述纳入排除范围，与四中全会决定的精神也是契合的。

5. 确立重复性供述的排除规则

根据刑事诉讼法规定，采用刑讯逼供等非法方法收集的犯罪嫌疑人、被告人供述，应当予以排除，但对于后续重复性供述是否排除，即先前的供述系采用刑讯逼供等非法方法收集，但后续讯问并未采用刑讯逼供等非法方法，由此取得的重复性供述是否应当予以排除，法律并没有作出明确规定。《严格排除非法证据规定》第 5 条规定："采用刑讯逼供方法使犯罪嫌疑人、被告人作出供述，之后犯罪嫌疑人、被告人受该刑讯逼供行为影响而作出的与该供述相同的重复性供述，应当一并排除。"同时还设定了两种例外情形。正确理解本条规定，主要有以下要求：

(1)明确重复性排除规则的适用范围。《严格排除非法证据规定》之所以限定为"采用刑讯逼供方法"，而未简单规定"采用刑讯逼供等非法方法"，主要是考虑此类方法直接对犯罪嫌疑人的肉体施加强制，足以影响后续供述的自愿性，相比之下，其他非法方法对犯罪嫌疑人后续供述的自愿性影响要小一些。司法实践中,要准确把握这一基本要求。

(2)准确把握重复性排除规则的例外情形。考虑司法实际需要,重复性供述一概予以排除,不利于实现惩罚犯罪与保障人权的平衡,故有必要规定例外情形。《严格排除非法证据规定》对重复性供述排除规则设定了两种例外情形:一是(侦查阶段)主体变更的例外。侦查机关排除非法证据后,如果继续讯问取得的重复性供述仍不能作为证据使用,将影响侦查阶段排除非法证据的积极性。鉴于此,侦查期间,根据控告、举报或者主动发现等,侦查机关确认或者不能排除以非法方法收集证据而更换侦查人员,其他侦查人员再次讯问时告知诉讼权利和认罪的法律后果,犯罪嫌疑人自愿供述的,之后收集的重复性供述可以作为证据使用。二是诉讼阶段变更的例外。随着诉讼程序的推进,由检察人员、审判人员在后续诉讼阶段进行讯问,一般可以中断侦查阶段非法取证方法的影响。鉴于此,审查逮捕、审查起诉和审判期间,检察人员、审判人员讯问时告知诉讼权利和认罪的法律后果,犯罪嫌疑人、被告人自愿供述的,有关供述可以作为证据使用。

6. 明确证人证言和被害人陈述的排除规则

从诉讼证明的角度看,在一些案件特别是犯罪嫌疑人不认罪的案件中,证人证言、被害人陈述对认定案件事实具有关键性作用。有的案件,如果证人、被害人不配合,侦查人员可能会采取非法方法收集证人证言、被害人陈述。对证人、被害人非法取证,不仅严重损害司法的公正性和公信力,而且通过非法取证所刻意制造的虚假印证,法院在审判过程中难以有效识别,极易导致冤假错案。2012 年刑事诉讼法明确规定,采用暴力、威胁等非法手段取得的证人证言、被害人陈述,应当予以排除。除了暴力、威胁方法外,实践中还存在非法限制证人、被害人人身自由等非法方法,鉴于此,《严格实行非法证据排除规则》第 6 条规定:“采用暴力、威胁以及非法限制人身自由等非法方法收集的证人证言、被害人陈述,应当予以排除。”对此类严重侵犯证人、被害人权利的非法证据,应当实行强制排除。

7. 明确实物证据的排除规则

为了遏制非法搜查、扣押等非法取证行为,有效保障公民宪法权利,《非法证据排除规定》设立了非法实物证据的排除规则,刑事诉讼法基本上沿用了相关规定,只是具体表述略有调整。《严格排除非法证据规定》第 7 条进一步规定:“收集物证、书证不符合法定程序,可能严重影响司法公正的,应当予以补正或者作出合理解释;不能补正或者作出合理解释的,对有关证据应当予以排除。”正确理解这一规定,主要有以下要求:

(1)准确把握非法实物证据的认定标准。基于对公民住宅权、隐私权等的法律保护,许多国家的刑事诉讼法将非法实物证据主要限定为采用非法搜查、扣押等措施取得的实物证据。《严格排除非法证据规定》规范的非法实物证据也主要是针对侦查机关采取非法搜查、扣押等措施收集的实物证据。所谓非法搜查、扣押,主要是指未经依法批准或授权而滥用搜查、扣押措施。《严格排除非法证据规定》之所以规定对非法收集的实物证据实行裁量排除,主要理由是:通过非法搜查、扣押收集物证、书证的行为,尽管侵犯了公民的宪法权利,但毕竟与刑讯逼供等非法方法存在较大差异,此类非法收集实物证据的行为,一般不会改变实物证据的属性和状态,因此,从兼顾实体公正和程序公正的角度,不宜对非法实物证据实行强制排除。司法实践中,人民法院可以综合考虑收集物证、书证违反法定程序以及所造成后果的严重程度等情况,决定是否排除非法实物证据。如果侦查人员在制止犯罪、抓捕犯罪嫌疑人、避免证据灭失等紧急情况下,未经依法批准,采用搜查、扣押等措施收集物证、书证,在作出补正或合理解释后,有关实物证据可以作为证据使用。

(2)准确把握非法证据和瑕疵证据的区别。瑕疵证据通常是指形式要件存在瑕疵(或者缺陷)的证据,比如收集调取的物证、书证,在相关笔录上没有侦查人员签名的;笔录填写的询问时间、讯问人有误或者存在矛盾的,等等。如果其瑕疵能够得到补正或者作出合理解释,具备了证据的形式要件,可以作为诉讼证据使用;但如其瑕疵无法补正或者作出合理解释,就将因此而丧失证据能力,不得作为诉讼证据使用。需要指出的是,非法证据和瑕疵证据都有特定的含义,虽然两者都涉及证据的合法性问题,但存在有重大差异,不能混淆。具体区别如下:第一,违法的程度存在实质差异。非法证据通常是指通过违反法定程序并且侵犯宪法权利或者重要诉讼权利的方式取得的证据,并非所有违反法律规定收集的证据都是非法证据。瑕疵证据虽然也涉及违反取证程序的情形，但此类违法属于轻微违法，并未侵犯宪法权利。这是非法证据与瑕疵证据最本质的区别。第二，法庭的认定方式存在差异。非法证据排除规则涉及的是取证合法性问题，法庭对证据收集合法性的调查，要启动专门的程序，而对于适用瑕疵证据排除规则的情形，无须启动专门的调查程序。司法实践中，有些办案人员未能认识到非法证据和瑕疵证据的区别，或者将非法证据视为瑕疵证据，不予排除，或者将瑕疵证据视为非法证据，直接予以排除，这两种做法都是错误的。

(二)侦查

确立侦查取证的程序规范，是依法认定非法证据、落实非法证据排除规则的内在要求。同时，非法证据排除规则的目的并不单纯在于排除非法证据，更重要的是推动完善侦查取证程序，从源头上防范刑讯逼供和非法取证行为发生。《严格排除非法证据规定》第二部分“侦查”立足法律和相关规定，侧重实践中刑讯逼供等非法取证情形易发的环节，有针对性地明确了侦查取证的程序规范。

1. 侦查机关应当依法全面取证

为提高办案人员的证据意识和程序意识，最大限度地减少关键证据没有收集或者没有依法收集等情形，《严格排除非法证据规定》第 8 条对取证程序作出总的原则性要求：“侦查机关应当依照法定程序开展侦查，收集、调取能够证实犯罪嫌疑人有罪或者无罪、罪轻或者罪重的证据材料。”侦查人员要严格按照法律规范的要求收集证据，既要重视收集被告人有罪、罪重的证据，也要重视收集被告人无罪、罪轻的证据；既要重视收集言词证据，也要重视实物证据的收集和运用；既要重视收集证明犯罪事实的证据材料，也要重视收集能够证明取证合法合规的证据材料，比如讯问笔录、讯问录音录像、提讯登记、体检记录、采取强制措施或者侦查措施的法律文书等，尽可能地减少证据合法性、真实性方面的争议。

2. 严格规范讯问地点

关于讯问地点，刑事诉讼法明确了羁押讯问的要求，即犯罪嫌疑人被送交看守所羁押后，侦查人员对其讯问，应当在看守所内进行。在此基础上，中央政法委《关于切实防止冤假错案的规定》第 1 条明确要求：“讯问犯罪嫌疑人、被告人除情况紧急必须现场讯问外,应当在规定的办案场所进行。侦查机关不得以起赃、辨认为由将犯罪嫌疑人提出看守所外进行讯问。”基于上述规定,《严格排除非法证据规定》第9条对讯问地点作出了严格规范:“拘留、逮捕犯罪嫌疑人后,应当按照法律规定送看守所羁押。犯罪嫌疑人被送交看守所羁押后,讯问应当在看守所讯问室进行。因客观原因侦查机关在看守所讯问室以外的场所进行讯问的,应当作出合理解释。”正确理解本条规定,主要有以下要求:

(1)关于羁押前的讯问地点。拘留、逮捕犯罪嫌疑人后,应当按照法律规定尽快送看守所羁押,除情况紧急必须现场讯问外,讯问应当在规定的办案场所进行。因客观原因侦查机关在看守所讯问室以外的场所进行讯问的,应当作出合理解释。这里提到的客观原因,主要是指拘留后,因犯罪嫌疑人身患严重疾病或者抓捕过程中受伤,需要进行紧急治疗,无法送看守所羁押,但又需要立即进行讯问等情形。

(2)关于羁押期间的讯问地点。犯罪嫌疑人被送交看守所羁押后,讯问应当在看守所内进行,不得将犯罪嫌疑人提押到看守所外讯问。在现有的看守所管理制度下,看守所讯问室内的讯问相对更加规范,能够有效保证羁押讯问的合法性。司法实践中,有的案件出于侦查需要将犯罪嫌疑人提押到看守所外起赃、辨认,为防止在此期间有刑讯逼供等非法取证情形,要确保提押仅限于起赃、辨认等目的,严格禁止将犯罪嫌疑人提到看守所外讯问,必要时应当全程同步录音录像,保证起赃、辨认过程的合法性和客观性。

3. 完善侦查讯问录音录像制度

与讯问笔录相比,讯问录音录像具有客观性、直观性、同步性等特点,能够直接反映出讯问过程是否合法,这也是立法上和实践中格外重视讯问录音录像规范的重要原因。刑事诉讼法和《人民检察院刑事诉讼规则》《公安机关办理刑事案件程序规定》规定了讯问录音录像的规范要求,特别是2014年《公安机关讯问犯罪嫌疑人录音录像工作规定》对公安机关讯问录音录像的案件范围和具体程序作出了系统、全面的规定。由于相关的规范性文件均为部门性规范,为保证政法各部门统一适用,《严格排除非法证据规定》第10条、第11条重申了相关文件中的核心条款,对讯问录音录像的制作提出了具体要求。

(1)明确讯问录音录像的案件范围。《严格排除非法证据规定》第10条第1款规定:“侦查人员在讯问犯罪嫌疑人的时候,可以对讯问过程进行录音录像;对于可能判处无期徒刑、死刑的案件或者其他重大犯罪案件,应当对讯问过程进行录音录像。”这里规定的“可能判处无期徒刑、死刑”是指案件交付审判适用的法定刑或者量刑档次包含无期徒刑、死刑的案件;“其他重大犯罪案件”是指致人重伤、死亡的严重危害公共安全犯罪案件、严重侵犯公民人身权利犯罪案件,以及黑社会性质组织犯罪、严重毒品犯罪等重大故意犯罪案件;另外,根据《检察院规则》第201条的规定,人民检察院立案侦查职务犯罪案件,在每次讯问犯罪嫌疑人的时候,应当对讯问过程实行全程录音、录像。侦查人员应当告知犯罪嫌疑人对讯问过程录音录像,并在讯问笔录中写明。

(2)明确讯问录音录像的制作要求。为严格落实法律规定的讯问录音录像制度,防止因讯问录音录像制作不规范导致不必要的争议,《严格排除非法证据规定》第11条规定:“对讯问过程录音录像,应当不间断进行,保持完整性,不得选择性地录制,不得剪接、删改。”讯问录音录像应当自讯问开始时开始,至犯罪嫌疑人核对讯问笔录、签字确认后结束。因技术故障等原因无法对讯问过程录音录像的,应当立即中止讯问,侦查人员应当告知犯罪嫌疑人中止讯问的原因,并在讯问笔录中写明,由犯罪嫌疑人签字确认。中止讯问情形消失后继续讯问的,应当对讯问过程录音录像。讯问后才发现因技术故障等原因未能录音录像,未在笔录中写明并由犯罪嫌疑人签字确认的,侦查人员应当作出书面说明,技术人员应当对技术故障等原因与修复过程作出书面说明。

(3)正确处理讯问笔录和录音录像存在差异的情形。有的案件,被告人对公诉机关当庭出示的讯问笔录提出异议,经与讯问录音录像进行比对,发现对与犯罪构成要件以及定罪量刑相关的内容,讯问笔录记载的情况与讯问录音录像存在重大实质性差异。此种情况下,究竟是以讯问笔录为准还是以讯问录音录像为准,在实践中存在不同认识。我们认为,鉴于讯问录音录像更能客观地反映讯问和供述的内容,讯问笔录与讯问录音录像的内容有重大实质性差异的，应当以讯问录音录像记录的内容为准。

4. 完善讯问笔录的制作

司法实践中，讯问笔录是固定被告人供述最主要也是最常见的证据，通过讯问笔录显示的讯问时间、地点、提问内容、笔录篇幅等情况，可以对讯问过程的合法性进行审查。《严格排除非法证据规定》第 12 条规定："侦查人员讯问犯罪嫌疑人，应当依法制作讯问笔录。讯问笔录应当交犯罪嫌疑人核对，对于没有阅读能力的，应当向他宣读。对讯问笔录中有遗漏或者差错等情形，犯罪嫌疑人可以提出补充或者改正。"这是对制作讯问笔录提出的基本要求，侦查机关还应当按照刑事诉讼法及公检法配套规定的要求，严格规范讯问笔录的制作。在制作讯问笔录时，侦查人员可以对犯罪嫌疑人的供述进行概括，但涉及本人及同案人犯罪的时间、地点、作案手段、作案工具、作案过程、主观心态、被害人情况等案件关键事实和证据，讯问笔录记载的内容要更为全面、客观，与犯罪嫌疑人供述一致。对于同步制作讯问录音录像的案件，讯问笔录记载的起止时间应当与讯问录音录像资料反映的起止时间一致，同时侦查人员应当结合讯问录音录像对讯问笔录进行核对，对讯问笔录中影响定罪量刑的实质内容有遗漏或者差错等情形，应当依法补正。

5. 严格规范看守所的提讯登记和收押体检制度

看守所的提讯登记和体检记录等证据材料能够直接反映提押、讯问和采取有关措施的法律手续是否完备，尤其是体检记录能够直接反映犯罪嫌疑人身体是否有伤或者存在异常，与证据收集的合法性紧密相关。为及时发现并有效防范刑讯逼供行为，《严格排除非法证据规定》第 13 条分两款对提讯登记和收押体检制度作了严格规范。

（1）严格执行提讯登记制度。看守所应当对提讯进行登记，写明提讯单位、人员、事由、起止时间以及犯罪嫌疑人姓名等情况。这有助于避免提讯时间、地点、事由等不符合法律规定，在供述合法性存在争议时也能够据此核实提讯的细节。

（2）严格执行收押体检制度。看守所收押犯罪嫌疑人，应当进行身体检查。检查时，人民检察院驻看守所检察人员可以在场。检查发现犯罪嫌疑人有伤或者身体异常的,看守所应当拍照或者录像,分别由送押人员、犯罪嫌疑人说明原因,并在体检记录中写明,由送押人员、收押人员和犯罪嫌疑人签字确认。

6. 严格执行重大案件侦查终结前对讯问合法性进行核查制度

为实现对非法证据“早发现、早应对、早排除”,中央《改革意见》提出探索建立重大案件侦查终结前对讯问合法性进行核查制度。《严格排除非法证据规定》第 14 条第 3 款重申中央《改革意见》要求,规定:“对重大案件,人民检察院驻看守所检察人员应当在侦查终结前询问犯罪嫌疑人,核查是否存在刑讯逼供、非法取证情形,并同步录音录像。经核查,确有刑讯逼供、非法取证情形的,侦查机关应当及时排除非法证据,不得作为提请批准逮捕、移送审查起诉的根据。”由驻所检察人员对讯问合法性进行核查,具有亲历性、便利性和相对中立性的优势,有利于将监督关口前移,解决刑讯逼供发现滞后、调查取证困难、证据易于灭失等问题。

7. 侦查阶段排除非法证据的程序

刑事诉讼法规定,在侦查阶段发现有非法证据的,应当依法予以排除,但并未规定排除非法证据的具体程序。为落实法律规定,《严格排除非法证据规定》第 14 条、第 15 条明确了侦查阶段排除非法证据的基本程序。

(1)人民检察院依申请排除。《严格排除非法证据规定》第 14 条第 1 款规定:“犯罪嫌疑人及其辩护人在侦查期间可以向人民检察院申请排除非法证据。对犯罪嫌疑人及其辩护人提供相关线索或者材料的,人民检察院应当调查核实,调查结论书面告知犯罪嫌疑人及其辩护人。对确有以非法方法收集证据情形的,人民检察院应当向侦查机关提出纠正意见。”第 2 款规定,侦查机关对人民检察院审查认定的非法证据,应当予以排除,不得作为提请批准逮捕、移送审查起诉的根据。

(2)侦查机关依职权排除。《严格排除非法证据规定》第 15 条规定:“对侦查终结的案件,侦查机关应当全面审查证明证据收集合法性的证据材料,依法排除非法证据。排除非法证据后,证据不足的,不得移送审查起诉。侦查机关发现办案人员非法取证的,应当依法作出处理,并可另行指派侦查人员重新调查取证。”对办案人员非法取证的情形,更换侦查人员重新调查取证，不仅符合法律精神和规范要求，也可以避免在后续诉讼阶段产生证据合法性争议。

（三）审查逮捕、审查起诉

审查逮捕、审查起诉是刑事诉讼的关键环节，前者决定是否对犯罪嫌疑人采取审前羁押措施，后者决定是否将案件移送法院审判，这两个阶段都涉及证据合法性的审查判断问题。为确保人民检察院充分履行法律监督职责，及时保障犯罪嫌疑人的合法权益，《严格排除非法证据规定》第三部分"审查逮捕、审查起诉"设置了审查逮捕、审查起诉阶段排除非法证据的基本程序。

1. 讯问时的权利告知

《严格排除非法证据规定》第 16 条规定："审查逮捕、审查起诉期间讯问犯罪嫌疑人，应当告知其有权申请排除非法证据，并告知诉讼权利和认罪的法律后果。"讯问犯罪嫌疑人时告知诉讼权利，既是法律的内在要求，也能促使犯罪嫌疑人尽早提出排除非法证据申请，进而尽早解决证据合法性争议。需要指出的是，《严格排除非法证据规定》第 5 条第 2 款设立了重复性供述排除规则的例外情形，其中一个重要的例外就是诉讼阶段变更的例外，即审查逮捕、审查起诉期间，检察人员讯问时告知诉讼权利和认罪的法律后果，犯罪嫌疑人自愿供述的，之后收集的重复性供述可以作为证据使用。为与该规定相衔接，审查逮捕、审查起诉期间检察人员讯问犯罪嫌疑人，应当告知相关诉讼权利和认罪的法律后果，确保犯罪嫌疑人供述的自愿性。

2. 依申请或者依职权排除

与侦查阶段排除非法证据的模式类似，人民检察院在审查逮捕、审查起诉阶段排除非法证据，也分为依申请排除和依职权排除两种模式。《严格排除非法证据规定》第 17 条第 1 款规定："审查逮捕、审查起诉期间，犯罪嫌疑人及其辩护人申请排除非法证据，并提供相关线索或者材料的，人民检察院应当调查核实。调查结论应当书面告知犯罪嫌疑人及其辩护人。"第 2 款规定："人民检察院在审查起诉期间发现侦查人员以刑讯逼供等非法方法收集证据的，应当依法排除相关证据并提出纠正意见，必要时人民检察院可以自行调查取证。"这里需要明确两个问题：第一，依申请排除非法证据的主体。刑事诉讼法没有明确规定具体由人民检察院哪个部门负责这一工作。对此,《检察院规则》第 69 条规定,"对于非法证据的调查核实……在审查起诉阶段由公诉部门负责"。第二,人民检察院对非法证据调查核实的方式。在调查核实过程中,人民检察院可以讯问犯罪嫌疑人,询问办案人员,询问在场人员及证人,听取辩护律师意见,调取讯问笔录、讯问录音、录像,调取、查询犯罪嫌疑人出入看守所的身体检查记录及相关材料,以及进行伤情、病情检查或者鉴定,等等。

3. 对非法证据的处理

《严格排除非法证据规定》第 17 条第 3 款规定:"人民检察院对审查认定的非法证据,应当予以排除,不得作为批准或者决定逮捕、提起公诉的根据。被排除的非法证据应当随案移送,并写明为依法排除的非法证据。"这里所谓的"审查认定的非法证据",并不限定于"确有以非法方法收集证据的情形",而是应当与刑事诉讼法第 58 条作相同理解,即人民检察院经审查确认或者不能排除以非法方法收集证据情形的,对有关证据应当予以排除。

4. 排除非法证据后对案件的处理

《严格排除非法证据规定》第 18 条第 1 款规定:"人民检察院依法排除非法证据后,证据不足,不符合逮捕、起诉条件的,不得批准或者决定逮捕、提起公诉。"实践中,一些案件的关键证据属非法证据,除该证据外可能缺乏必要证据证明犯罪事实,为确保案件质量,人民检察院既要严格依法排除非法证据,又要在排除非法证据后严格把握案件证明标准,不得将定罪证据存在疑问、证据不足的案件提起公诉。

(四)辩护

非法证据排除涉及专门的法律问题,适用专门的法律程序,对被告方的要求相对较高。犯罪嫌疑人、被告人通常只有在辩护律师的帮助下,才能有效地利用非法证据排除规则维护自身的诉讼权利。为依法保障被告人的辩护权,确保被告方有效取得相关线索或者材料,依法申请排除非法证据,《严格排除非法证据规定》第四部分"辩护"规定了被告方申请排除非法证据时享有的相关权利。

1. 犯罪嫌疑人、被告人有申请法律援助的权利

《严格排除非法证据规定》第 19 条规定:"犯罪嫌疑人、被告人申请提供

法律援助的,应当按照有关规定指派法律援助律师。法律援助值班律师可以为犯罪嫌疑人、被告人提供法律帮助,对刑讯逼供、非法取证情形代理申诉、控告。”法律援助值班律师制度是中央《改革意见》针对刑事辩护率低、辩护质量不高等问题,提出的重大改革举措,其中第20条第1款规定:“法律援助机构在看守所、人民法院派驻值班律师,为犯罪嫌疑人、被告人提供及时有效的法律帮助。”目前,司法部正会同最高人民法院、最高人民检察院、公安部、国家安全部起草《关于开展法律援助值班律师工作的意见》,就法律援助值班律师的基本职责、运行模式、工作管理和保障等问题作出具体规定,为犯罪嫌疑人、被告人提供及时有效的法律帮助。

2. 犯罪嫌疑人、被告人申请排除非法证据的,应当提供相关线索或者材料

《严格排除非法证据规定》第20条规定:“犯罪嫌疑人、被告人及其辩护人申请排除非法证据,应当提供涉嫌非法取证的人员、时间、地点、方式、内容等相关线索或者材料。”该规定从兼顾惩罚犯罪和诉讼效率等角度考虑,要求犯罪嫌疑人、被告人在申请排除非法证据的同时,提供可能存在刑讯逼供或者其他非法取证行为的材料或者线索,这样可以防止申请权的滥用,避免造成司法资源的浪费。

关于相关“线索或者材料”,要有具体的指向性,有据可查。如果被告人仅仅泛泛地辩称自己遭到刑讯逼供,而提不出任何涉嫌对其刑讯的人员、时间、地点、方式等细节信息,就未能完成初步的举证责任。相关“线索”是指涉嫌非法取证的人员、时间、地点、方式等线索;相关“材料”是指能够反映非法取证的伤情照片、体检记录、医院病历、讯问笔录、讯问录音录像或者同监室人员的证言等材料。需要强调的是,尽管要求被告方提出排除非法证据申请时应当提供相关线索或者材料,但这只是初步的举证责任,只要使人民法院对证据收集的合法性产生疑问即可,不能让被告方承担侦查人员取证合法性事项的证明责任。

3. 被告方的相关诉讼权利

为确保犯罪嫌疑人、被告人充分利用非法证据排除规则维护自身的合法权益,《严格排除非法证据规定》第21条、第22条明确了被告方的相关诉

讼权利。

（1）查阅、摘抄、复制证据材料的权利。为了强化对辩护人阅卷权的制度保障，《严格排除非法证据规定》第21条规定："辩护律师自人民检察院对案件审查起诉之日起，可以查阅、摘抄、复制讯问笔录、提讯登记、采取强制措施或者侦查措施的法律文书等证据材料。其他辩护人经人民法院、人民检察院许可，也可以查阅、摘抄、复制上述证据材料。"从诉讼证明的角度看，讯问笔录、提讯登记、采取强制措施或者侦查措施的法律文书等证据材料，既是证明取证合法性的根据，有的也是证明案件事实的根据，应当允许辩护人查阅、摘抄、复制。

（2）申请调取相关证据材料的权利。有的案件中，侦查机关没有将相关证据材料随案移送，辩护人无法通过阅卷等常规途径获取相关证据材料，调查取证又面临实际困难，为保障犯罪嫌疑人、被告人的辩护权，《严格排除非法证据规定》第22条规定："犯罪嫌疑人、被告人及其辩护人向人民法院、人民检察院申请调取公安机关、国家安全机关、人民检察院收集但未提交的讯问录音录像、体检记录等证据材料，人民法院、人民检察院经审查认为犯罪嫌疑人、被告人及其辩护人申请调取的证据材料与证明证据收集的合法性有联系的，应当予以调取；认为与证明证据收集的合法性没有联系的，应当决定不予调取并向犯罪嫌疑人、被告人及其辩护人说明理由。"赋予辩护人申请人民法院、人民检察院调取相关证据的权利，有助于解决目前非法证据排除过程中困扰辩护方的取证难题，确保控辩平等对抗。

（五）审判

非法证据排除规则的确立，对审判程序产生了深远的影响。一些案件，证据收集合法性争议成为庭审程序中控辩双方的主要争议。证据收集合法性争议，作为证据质证的先决性问题，需要通过专门程序进行调查并作出处理，这需要传统的庭审程序做出相应的调整。《严格排除非法证据规定》第五部分"审判"规定了审判阶段排除非法证据的具体程序。

1. 程序启动

刑事诉讼法第58条规定："法庭审理过程中，审判人员认为可能存在本法第五十六条规定的以非法方法收集证据情形的，应当对证据收集的合法性进行法庭调查。当事人及其辩护人、诉讼代理人有权申请人民法院对以非法方法收集的证据依法予以排除。”可以看出,我国实行依职权和依申请排除非法证据并行的模式。从司法实践来看,主要是由被告人及其辩护人申请排除非法证据。《严格排除非法证据规定》第 23 条、第 24 条规定了被告人及其辩护人相应的权利和义务。

(1)权利告知。非法证据排除规则涉及较为复杂的程序问题,为确保被告人知晓申请排除非法证据的权利,法院有必要在开庭前尽早提示被告人及其辩护人有权申请排除非法证据。《严格排除非法证据规定》第 23 条第 1 款规定:“人民法院向被告人及其辩护人送达起诉书副本时,应当告知其有权申请排除非法证据。”

(2)申请时限。为避免被告人及其辩护人在庭审过程中突然提出排除非法证据申请而导致庭审中断,有必要督促其在庭前程序中尽早提出申请,以便检察机关做好相应的准备工作,更好地履行证明责任。《严格排除非法证据规定》第 23 条第 2 款规定:“被告人及其辩护人申请排除非法证据,应当在开庭审理前提出,但在庭审期间发现相关线索或者材料等情形除外。人民法院应当在开庭审理前将申请书和相关线索或者材料的复制件送交人民检察院。”

(3)对申请的审查。为与第 20 条内容相衔接,《严格排除非法证据规定》第 24 条规定了法庭对被告人及其辩护人所提申请的审查方式:“被告人及其辩护人在开庭审理前申请排除非法证据,未提供相关线索或者材料,不符合法律规定的申请条件的,人民法院对申请不予受理。”需要指出的是,如果被告人及其辩护人在被驳回申请后收集到新的线索或者材料,则可以再次提出申请,这样既为被告方提供必要的程序救济,充分维护被告人的诉讼权利,也有助于确保程序公正和裁判结果的可接受性。

2. 庭前会议对证据收集合法性争议的处理

刑事诉讼法设立庭前会议程序,为庭前初步处理非法证据排除问题提供了重要平台。人民法院对证据收集合法性争议,可以召开庭前会议了解情况、听取意见。为避免因被告方当庭突然提出排除非法证据申请导致庭审中断,影响审判顺利进行,《严格排除非法证据规定》第 25 条、第 26 条规定了庭前会议对证据收集合法性争议的处理机制。

(1)明确应当召开庭前会议的情形。2012 年《法院解释》第 99 条规定:"开庭审理前,当事人及其辩护人、诉讼代理人申请排除非法证据,人民法院经审查,对证据收集的合法性有疑问的,应当依照刑事诉讼法第一百八十二条第二款的规定召开庭前会议,就非法证据排除等问题了解情况,听取意见。"我们认为,庭前会议制度的确立,为证据收集合法性争议的处理提供了更加广阔的空间,也为防止证据收集合法性争议全部进入法庭审理提供了有效缓冲的环节,意义重大。为充分保障被告人的合法权益,应当在司法解释基础上进一步明确庭前会议的适用范围。鉴于此,《严格排除非法证据规定》第 25 条第 1 款规定,"被告人及其辩护人在开庭审理前申请排除非法证据,按照法律规定提供相关线索或材料的,人民法院应当召开庭前会议"。也就是说,只要被告人及其辩护人能够按照法律规定提供相关线索或材料的,召开庭前会议就是一个必经的程序。

(2)明确庭前会议的证明方式。为充分发挥庭前会议程序在解决证据收集合法性争议方面的预期功能,需要促使控辩双方就争议问题充分交换意见,积极进行协商。鉴于此,《严格排除非法证据规定》第 25 条第 1 款规定,"人民检察院应当通过出示有关证据材料等方式,有针对性地对证据收集的合法性作出说明。人民法院可以核实情况,听取意见"。将法律规定的"了解情况"调整为"核实情况",强调法院有效梳理争点,明确争议。法院在充分听取控辩双方意见的基础上,应当引导控辩双方明确争点,必要时可以核实有关争议问题。人民法院召开庭前会议后,发现控辩双方的争议焦点有待进一步明确,或者出现新的争议,人民检察院需要补充收集证据的,也可以再次甚至多次召开庭前会议。

(3)明确控辩双方撤回证据或者申请的情形。为强化庭前会议的有效性,避免控辩双方随意反悔,《严格排除非法证据规定》第 25 条第 2 款、第 3 款规定:"人民检察院可以决定撤回有关证据,撤回的证据,没有新的理由,不得在庭审中出示。被告人及其辩护人可以撤回排除非法证据的申请。撤回申请后,没有新的线索或者材料,不得再次对有关证据提出排除申请。"也就是说,如果人民检察院认为确认或者不能排除以非法方法收集证据的情形,可以决定撤回有关证据,不作为指控犯罪的根据。人民检察院决定撤回的证据,没有新的理由,不得在庭审中出示。同理,如果被告方认为人民检察院出示的证据材料足以证实证据收集的合法性,也可以决定撤回申请。被告方撤回申请后,没有新的线索或者材料,不得再次对有关证据提出非法证据申请。需要强调的是,如果被告人未参加庭前会议,辩护人需有被告人明确授权,否则不得随意撤回申请。

(4)明确庭前会议对证据合法性争议的处理。为实现法庭集中高效审理,《实施意见》第9条对庭前会议中控辩双方达成的合意决定赋予约束力,规定:“控辩双方在庭前会议中就相关事项达成一致意见,又在庭审中提出异议的,应当说明理由。”但如果双方未能达成一致意见的,是否一律进入法庭调查程序?我们认为,被告人及其辩护人在开庭审理前申请排除非法证据,按照法律规定提供相关线索或材料的,人民法院全部应当召开庭前会议,但如果经庭前会议审查后,对证据收集合法性已经没有疑问却仍然要求都要进入法庭调查程序,不仅浪费司法资源,还将架空庭前会议制度。鉴于此,《严格排除非法证据规定》第26条规定:“公诉人、被告人及其辩护人在庭前会议中对证据收集是否合法未达成一致意见,人民法院对证据收集的合法性有疑问的,应当在庭审中进行调查;人民法院对证据收集的合法性没有疑问的,且没有新的线索或材料表明可能存在非法取证的,可以决定不再进行调查。”

3.庭审阶段对证据收集合法性争议的处理

在目前的审判制度下,庭前会议对非法证据排除问题的处理,更多是为庭审做好准备,庭审仍然是解决证据收集合法性争议的关键环节。如何设计庭审阶段证据收集合法性的调查程序,是非法证据排除程序的核心问题。《严格排除非法证据规定》第27条至第37条明确了庭审阶段对证据收集合法性争议的调查和处理程序。

(1)庭前会议与庭审的衔接。为提高法庭审理的效率和针对性,《严格排除非法证据规定》第28条规定:“公诉人宣读起诉书后,法庭应当宣布开庭审理前对证据收集合法性的审查及处理情况。”根据该规定,法庭在法庭调查开始前,就要宣布庭前程序对证据收集合法性的审查及处理情况,并根据案件具体情况决定如何开展后续的庭审。

（2）对于当庭提出的排除非法证据申请的审查及处理。尽管基于诉讼效率的考虑，应当要求被告人及其辩护人应当在开庭审理前申请排除非法证据，以确保庭审顺利进行，但始终不能降低对被告人诉讼权利的法律保护。因此，只要被告人不是故意规避有关规定，而是因为各种主客观的原因未能在开庭审理前提出申请，就应当准许。鉴于此，《严格排除非法证据规定》第29条规定："被告人及其辩护人在开庭审理前未申请排除非法证据，在法庭审理过程中提出申请的，应当说明理由。对前述情形，法庭经审查，对证据收集的合法性有疑问的，应当进行调查；没有疑问的，应当驳回申请。法庭当庭驳回排除非法证据申请后，被告人及其辩护人没有新的线索或者材料，以相同理由再次提出申请的，法庭不再审查。"

（3）以先行调查为原则，以法庭调查结束前调查为例外。2010年《非法证据排除规定》第5条第1款规定："被告人及其辩护人在开庭审理前或者庭审中，提出被告人审判前供述是非法取得的，法庭在公诉人宣读起诉书之后，应当先行当庭调查。"《法院解释》在《非法证据排除规定》基础上，规定了"先行当庭调查与法庭调查结束前一并调查相结合"的庭审调查规则。上述规定在当时有一定积极意义，法庭可以较为灵活地调整庭审流程，避免因纠缠于证据收集合法性问题而影响庭审的顺利进行。但实践中，有的法院对被告方提出的排除非法证据申请，通常不先行调查，而都留待法庭调查结束前一并调查，最后对该问题不作裁判、不置可否。这种做法极易容易架空非法证据排除规则。鉴于此，《严格排除非法证据规定》第30条规定："庭审期间，法庭决定对证据收集的合法性进行调查的，应当先行当庭调查。但为防止庭审过分迟延，也可以在法庭调查结束前进行调查。"具体言之，对被告人及其辩护人在开庭审理前提出排除非法证据申请的情形，如控辩双方在庭前会议中未能达成一致意见，法庭就应当先行当庭调查。但对于多名被告人及其辩护人申请排除非法证据，或者案件中有其他犯罪事实与被申请排除的证据没有关联等情形，为防止庭审过分迟延，可以在法庭调查结束前进行调查。在对证据收集合法性的法庭调查程序结束前，不得对有关证据出示、宣读。

(4)证据收集合法性的证明责任和证明方式。根据刑事诉讼法的规定，人民检察院承担证明被告人有罪的举证责任。基于该要求，人民检察院除了要证明指控的犯罪构成要件事实成立外，也要证明其用于证明犯罪构成要件事实成立的证据具有合法性。在诉讼过程中，被告方对相关证据的合法性提出质疑，实质上是对控诉方主张该证据具有合法性这一事实的否认，控诉方需要承担提供证据责任并承担举证不能的不利后果。鉴于此，《严格排除非法证据规定》第 31 条规定："公诉人对证据收集的合法性加以证明，可以出示讯问笔录、提讯登记、体检记录、采取强制措施或者侦查措施的法律文书、侦查终结前对讯问合法性的核查材料等证据材料，有针对性地播放讯问录音录像，提请法庭通知侦查人员或者其他人员出庭说明情况。"根据这一规定，公诉人对证据收集的合法性主要有以下几种证明方式：第一，出示讯问笔录、提讯登记、体检记录、批准采取强制措施或者侦查措施的法律文书等证据材料。此类证据材料能够直接反映提押、讯问和采取有关措施的法律手续是否完备，与证据收集的合法性紧密相关。需要注意的是，这里规定的"出示讯问笔录"，与法庭在证据调查阶段"对讯问笔录宣读、质证"存在本质区别。这里规定的"出示讯问笔录"，关注的是供述的证据能力问题，因供述的合法性尚存争议，故此时不能宣读讯问笔录的具体内容，只是通过出示讯问笔录，基于讯问笔录显示的讯问时间、地点、提问内容、笔录篇幅等事项，审查讯问过程的合法性。相比之下，"对讯问笔录宣读、质证"关注的是供述的证明力问题，即在确认讯问笔录具有证据能力的前提下，通过当庭宣读、质证，决定能否将之作为定案的根据。第二，出示侦查终结前对讯问合法性的核查材料。对讯问合法性的核查笔录和同步录音录像可以直接反映被告人是否提出过刑讯逼供或者非法取证问题，对确认证据收集合法性具有重要作用。与侦查讯问笔录和讯问录音录像的出示方式不同，公诉人出示对讯问合法性的核查材料时，可以宣读核查材料的相关内容或者播放核查录音录像，被告人可以进行质证、辩论。对于被告人提出排除非法证据申请的重大案件，法庭要着重审查检察人员在侦查终结前是否对讯问合法性进行核查，是否对核查过程同步录音录像，录音录像是否存在剪接、删改等情形。第三，有针对性地播放讯问录音录像。在被告人供述的合法性尚存争议的情况下，与不能宣读讯问笔录同理，也不能全部播放讯问录音录像。所谓“有针对性地播放”，应当是指针对被告人及其辩护人提出异议的时段播放；对被告人及其辩护人没有提出异议的时段，没有必要播放。实践中，被告人及其辩护人对某次讯问笔录的合法性提出异议，要求公诉人当庭播放特定时段的讯问录音录像，但公诉人拒不播放该段讯问录音录像，或者播放被告方未提出异议的其他时段的讯问录音录像，这种做法不符合法律和司法解释要求。第四，可以提请法庭通知收集证据的侦查人员或者其他人员出庭说明情况，不得以侦查人员签名并加盖公章的说明材料替代侦查人员出庭。侦查人员或者其他人员出庭，应当向法庭说明证据收集过程，并就相关情况接受发问。对发问方式不当或者内容与证据收集的合法性无关的，法庭应当制止。经人民法院通知，侦查人员不出庭说明情况，不能排除以非法方法收集证据情形的，对有关证据应当予以排除。以上规定既有助于严格实行非法证据排除规则，也有助于督促办案机关注意收集证明取证合法性的证据材料，减少不必要的证据合法性争议。

(5)控辩双方围绕证据收集合法性的质证、辩论。公诉人、被告人及其辩护人可以对证据收集的合法性进行质证、辩论。为保障被告人及其辩护人的质证权，《严格排除非法证据规定》第 27 条规定：“被告人及其辩护人申请人民法院通知侦查人员或者讯问时在场的其他人员出庭，人民法院认为现有证据材料不能证明证据收集的合法性，确有必要通知上述人员出庭作证或者说明情况的，可以通知上述人员出庭。”第 31 条第 2 款规定：“被告人及其辩护人可以出示相关线索或者材料，并申请法庭播放特定时段的讯问录音录像。”在法庭审理中，公诉人、被告人及其辩护人可以对证据收集的合法性进行质证、辩论。如果法庭对控辩双方提供的证据有疑问的，可以宣布休庭，对证据进行调查核实，必要时可以通知公诉人、辩护人到场。

(6)法庭对证据收集合法性争议的裁判方式。对于被告方提出的排除非法证据申请，法庭启动专门的调查程序后，就涉及对证据收集合法性争议的最终处理。为规范对证据收集合法性争议的处理程序，《严格排除非法证据规定》第 33 条规定：“法庭对证据收集的合法性进行调查后，应当当庭作出是否排除有关证据的决定。必要时，可以宣布休庭，由合议庭评议或者提交审判委员会讨论,再次开庭时宣布决定。在法庭作出是否排除有关证据的决定前,不得对有关证据宣读、质证。”正确理解本条规定,主要有以下要求:

第一,法庭对证据收集的合法性进行调查后,原则上应当当庭作出决定。这是因为,只有首先解决证据合法性争议,才能确定有关证据能否作为诉讼证据使用。实践中,一些法院不愿或者不敢当庭对证据收集合法性争议作出决定,是导致非法证据排除规则未能真正落实的重要原因。

第二,特殊情形下可以休庭后作出决定。有的案件,由于案情疑难、重大、复杂,加之争议证据又是案件的关键证据,合议庭短时间难以达成一致意见,或者合议庭认为难以作出决定的,可以宣布休庭,由合议庭进行评议或者提交审判委员会讨论,再次开庭时宣布决定。通过这种原则与例外相结合的处理方式,既能确保按照法律规定和诉讼原理对证据收集的合法性争议当庭作出处理,又能确保特殊案件的处理符合司法实际的需要。

第三,无论是当庭还是休庭后作出决定,在法庭作出相关决定之前不得对有关证据宣读、质证。

第四,关于法庭作出决定的方式。鉴于刑事诉讼法未对排除非法证据申请的处理结果单独规定救济途径,因此,法庭对证据收集的合法性进行调查后,可以采用口头决定方式当庭作出处理,并将相关情况记录在案。当事人对法庭有关该问题的处理结果不服,可以在上诉程序中一并提出。

(7)证据收集合法性的证明标准。证据收集合法性事实是犯罪构成事实附带的事实,与犯罪构成要件事实的证明存在紧密关联。因此,证据收集合法性事实的证明标准与犯罪构成事实的证明标准在本质上应当是一致的。《严格排除非法证据规定》第34条规定:“经法庭审理,确认存在本规定所规定的以非法方法收集证据情形的,对有关证据应当予以排除。法庭根据相关线索或者证据对证据收集的合法性有疑问,而人民检察院未提供证据或者提供的证据不能证明证据收集的合法性,不能排除存在本规定所规定的以非法方法收集证据情形的,对有关证据应当予以排除。对依法予以排除的证据,不得宣读、质证,不得作为判决的根据。”根据本条规定,法庭对非法证据的认定,可以分为两种情形:第一,确认以非法方法收集证据的情形。如果被告人及其辩护人提出排除非法证据的申请后,提供了明确的证据材料,能够证明办案人员对其实施了刑讯逼供等非法取证行为,例如,被告人提供了讯问后遭到刑讯逼供形成的血衣,并且体表存在明显的身体损伤,相关证人亦证实办案人员有刑讯逼供行为,此时就能够“确认以非法方法收集证据”。第二,不能排除以非法方法收集证据的情形。这一证明标准是从人民检察院对证据收集合法性负有举证责任出发作出的规定。实际上,“不能排除以非法方法收集证据”,是对证据收集合法性事实适用“证据确实、充分”证明标准的内在要求。如果被告人及其辩护人向人民法院提出排除非法证据的申请,法院经审查发现人民检察院未能对证据收集的合法性提供证据,或者提供的证据未能达到确实、充分的证据标准,就属于“不能排除以非法方法收集证据”的情形。

(8)排除非法证据后案件的处理方式。《严格排除非法证据规定》第35条规定:“人民法院排除非法证据后,案件事实清楚,证据确实、充分,依据法律认定被告人有罪的,应当作出有罪判决;证据不足,不能认定被告人有罪的,应当作出证据不足、指控的犯罪不能成立的无罪判决;案件部分事实清楚,证据确实、充分的,依法认定该部分事实。”需要明确,非法证据排除规则解决的是特定证据的证据能力问题,排除非法证据并不意味着案件一定要宣告无罪,案件最终如何处理还要取决于其他证据情况。实践中,被告人及其辩护人通常是对案件中部分证据的合法性提出争议,即使认定有关证据是非法证据,仍然要看其他在案证据是否足以认定犯罪事实。

(9)对证据收集合法性裁决的裁判说理。证据收集合法性问题,既是庭审中控辩双方关注和争议的焦点,也是法庭认定证据、查明事实的基础。法庭对排除非法证据申请的审查情况,以及启动证据收集合法性调查程序后的处理结果,应当在裁判文书中写明审查、调查结论并说明理由。这既是裁判说理的内在要求,也是控辩双方了解裁判理由并据此决定是否提出抗诉、上诉的根据。同时,通过不断积累有关证据收集合法性问题的案例,也有助于各地法院互相借鉴经验,充分发挥普通案例的参考功能。鉴于此,《严格排除非法证据规定》第36条规定:“人民法院对证据收集的合法性的审查、调查结论,应当在裁判文书中写明,并说明理由。”

需要说明的是,人民法院对证人证言、被害人陈述等证据收集合法性的审查、调查,参照上述规定进行。

4. 控辩双方对证据收集合法性裁判的救济程序

对于控辩双方对证据收集合法性裁判不服的情形,2012 年刑事诉讼法并未规定专门的救济程序,《法院解释》对此作出了原则性规定,要求二审法院对证据收集合法性争议进行审查并依法作出相应处理。《严格排除非法证据规定》第 38 条至第 40 条立足司法实践,对相关问题作出具体规定。

(1)明确控辩双方对一审有关证据收集合法性的处理结果不服的救济程序。控辩双方对证据收集合法性裁判不服,不能单独就此提出上诉、抗诉,但可在上诉、抗诉中将之作为部分理由。如果控辩双方在上诉、抗诉中对一审有关证据收集合法性的审查、调查结论提出异议,二审法院应当进行审查。

(2)明确被告人二审期间首次提出排除非法证据申请的处理方式。被告人及其辩护人在二审程序中首次申请排除非法证据的,应当说明其未在一审中提出申请的理由,二审法院应当进行审查。如果被告人及其辩护人在审判前及一审过程中没有提出排除非法证据的申请,通常就表明其对证据收集合法性没有异议,但考虑到中国目前的刑事案件辩护率较低,一些被告人缺乏律师帮助,未能及时行使排除非法证据的申请权,或者被告人及其辩护人在第一审庭审后才发现涉嫌非法取证的相关线索或者材料等情形,基于对被告人辩护权的程序保障,允许其在二审期间申请排除非法证据,但应当要求其提供正当理由。

(3)明确人民检察院对证据收集合法性的举证时限。对于被告人及其辩护人在一审程序中申请排除非法证据的情形,人民检察院应当积极举证证明取证合法性,有效消除证据收集合法性争议。为避免因人民检察院怠于举证而引发不必要的程序争议,如果人民检察院在一审程序中未出示证明证据收集合法性的证据,一审法院依法排除有关证据的,人民检察院在二审期间不得出示之前未出示的证据,但一审后发现的新证据除外。

(4)明确二审程序中对证据收集合法性的调查及处理。有的案件,被告人及其辩护人在一审期间提出排除非法证据申请,但一审法院没有对申请进行审查,并以有关证据作为定案根据,此种情形应当如何处理,在实践中存在不同认识。《严格非法证据排除规定》第40条第1款明确规定:“第一审人民法院对被告人及其辩护人排除非法证据的申请没有审查,并以有关证据作为定案根据,可能影响公正审判的,第二审人民法院可以裁定撤销原判,发回原审人民法院重新审判。”

对于第一审人民法院对依法应当排除的非法证据未予排除的,第二审人民法院可以依法排除相关证据。排除非法证据后,应当按照下列情形分别作出处理:(1)原判决认定事实和适用法律正确、量刑适当的,应当裁定驳回上诉或者抗诉,维持原判;(2)原判决认定事实没有错误,但适用法律有错误,或者量刑不当的,应当改判;(3)原判决事实不清楚或者证据不足的,可以裁定撤销原判,发回原审人民法院重新审判。

需要明确的是,审判监督程序、死刑复核程序中对证据收集合法性的审查、调查,参照上述规定。

最高人民法院、最高人民检察院、公安部、国家安全部、司法部关于推进以审判为中心的刑事诉讼制度改革的意见

为贯彻落实《中共中央关于全面推进依法治国若干重大问题的决定》的有关要求，推进以审判为中心的刑事诉讼制度改革，依据宪法法律规定，结合司法工作实际，制定本意见。

一、未经人民法院依法判决，对任何人都不得确定有罪。人民法院、人民检察院和公安机关办理刑事案件，应当分工负责，互相配合，互相制约，保证准确、及时地查明犯罪事实，正确应用法律，惩罚犯罪分子，保障无罪的人不受刑事追究。

二、严格按照法律规定的证据裁判要求，没有证据不得认定犯罪事实。侦查机关侦查终结，人民检察院提起公诉，人民法院作出有罪判决，都应当做到犯罪事实清楚，证据确实、充分。

侦查机关、人民检察院应当按照裁判的要求和标准收集、固定、审查、运用证据，人民法院应当按照法定程序认定证据，依法作出裁判。

人民法院作出有罪判决，对于证明犯罪构成要件的事实，应当综合全案证据排除合理怀疑，对于量刑证据存疑的，应当作出有利于被告人的认定。

三、建立健全符合裁判要求、适应各类案件特点的证据收集指引。探索建立命案等重大案件检查、搜查、辨认、指认等过程录音录像制度。完善技术侦查证据的移送、审查、法庭调查和使用规则以及庭外核实程序。统一司法鉴定标准和程序。完善见证人制度。

四、侦查机关应当全面、客观、及时收集与案件有关的证据。

侦查机关应当依法收集证据。对采取刑讯逼供、暴力、威胁等非法方法收集的言词证据，应当依法予以排除。侦查机关收集物证、书证不符合法定程序，可能严重影响司法公正，不能补正或者作出合理解释的，应当依法予以排除。

对物证、书证等实物证据，一般应当提取原物、原件，确保证据的真实性。需要鉴定的，应当及时送检。证据之间有矛盾的，应当及时查证。所有证据应当妥善保管，随案移送。

五、完善讯问制度，防止刑讯逼供，不得强迫任何人证实自己有罪。严格按照有关规定要求，在规范的讯问场所讯问犯罪嫌疑人。严格依照法律规定对讯问过程全程同步录音录像，逐步实行对所有案件的讯问过程全程同步录音录像。

探索建立重大案件侦查终结前对讯问合法性进行核查制度。对公安机关、国家安全机关和人民检察院侦查的重大案件，由人民检察院驻看守所检察人员询问犯罪嫌疑人，核查是否存在刑讯逼供、非法取证情形，并同步录音录像。经核查，确有刑讯逼供、非法取证情形的，侦查机关应当及时排除非法证据，不得作为提请批准逮捕、移送审查起诉的根据。

六、在案件侦查终结前，犯罪嫌疑人提出无罪或者罪轻的辩解，辩护律师提出犯罪嫌疑人无罪或者依法不应追究刑事责任的意见，侦查机关应当依法予以核实。

七、完善补充侦查制度。进一步明确退回补充侦查的条件，建立人民检察院退回补充侦查引导和说理机制，明确补充侦查方向、标准和要求。规范补充侦查行为，对于确实无法查明的事项，公安机关、国家安全机关应当书面向人民检察院说明理由。对于二次退回补充侦查后，仍然证据不足、不符合起诉条件的，依法作出不起诉决定。

八、进一步完善公诉机制，被告人有罪的举证责任，由人民检察院承担。对被告人不认罪的，人民检察院应当强化庭前准备和当庭讯问、举证、质证。

九、完善不起诉制度，对未达到法定证明标准的案件，人民检察院应当依法作出不起诉决定，防止事实不清、证据不足的案件进入审判程序。完善撤回起诉制度，规范撤回起诉的条件和程序。

十、完善庭前会议程序，对适用普通程序审理的案件，健全庭前证据展示制度，听取出庭证人名单、非法证据排除等方面的意见。

十一、规范法庭调查程序，确保诉讼证据出示在法庭、案件事实查明在法庭。证明被告人有罪或者无罪、罪轻或者罪重的证据，都应当在法庭上出示，依法保障控辩双方的质证权利。对定罪量刑的证据，控辩双方存在争议的，应当单独质证；对庭前会议中控辩双方没有异议的证据，可以简化举证、质证。

十二、完善对证人、鉴定人的法庭质证规则。落实证人、鉴定人、侦查人员出庭作证制度，提高出庭作证率。公诉人、当事人或者辩护人、诉讼代理人对证人证言有异议，人民法院认为该证人证言对案件定罪量刑有重大影响的，证人应当出庭作证。

健全证人保护工作机制，对因作证面临人身安全等危险的人员依法采取保护措施。建立证人、鉴定人等作证补助专项经费划拨机制。完善强制证人到庭制度。

十三、完善法庭辩论规则，确保控辩意见发表在法庭。法庭辩论应当围绕定罪、量刑分别进行，对被告人认罪的案件，主要围绕量刑进行。法庭应当充分听取控辩双方意见，依法保障被告人及其辩护人的辩论辩护权。

十四、完善当庭宣判制度，确保裁判结果形成在法庭。适用速裁程序审理的案件，除附带民事诉讼的案件以外，一律当庭宣判；适用简易程序审理的案件一般应当当庭宣判；适用普通程序审理的案件逐步提高当庭宣判率。规范定期宣判制度。

十五、严格依法裁判。人民法院经审理，对案件事实清楚，证据确实、充分，依据法律认定被告人有罪的，应当作出有罪判决。依据法律规定认定被告人无罪的，应当作出无罪判决。证据不足，不能认定被告人有罪的，应当按照疑罪从无原则，依法作出无罪判决。

十六、完善人民检察院对侦查活动和刑事审判活动的监督机制。建立健全对强制措施的监督机制。加强人民检察院对逮捕后羁押必要性的审查，规范非羁押性强制措施的适用。进一步规范和加强人民检察院对人民法院确有错误的刑事判决和裁定的抗诉工作，保证刑事抗诉的及时性、准确性和全面性。

十七、健全当事人、辩护人和其他诉讼参与人的权利保障制度。

依法保障当事人和其他诉讼参与人的知情权、陈述权、辩论辩护权、申请权、申诉权。犯罪嫌疑人、被告人有权获得辩护，人民法院、人民检察院、公安机关、国家安全机关有义务保证犯罪嫌疑人、被告人获得辩护。

依法保障辩护人会见、阅卷、收集证据和发问、质证、辩论辩护等权利，完善便利辩护人参与诉讼的工作机制。

十八、辩护人或者其他任何人，不得帮助犯罪嫌疑人、被告人隐匿、毁灭、伪造证据或者串供，不得威胁、引诱证人作伪证以及进行其他干扰司法机关诉讼活动的行为。对于实施上述行为的，应当依法追究法律责任。

十九、当事人、诉讼参与人和旁听人员在庭审活动中应当服从审判长或独任审判员的指挥，遵守法庭纪律。对扰乱法庭秩序、危及法庭安全等违法行为，应当依法处理；构成犯罪的，依法追究刑事责任。

二十、建立法律援助值班律师制度，法律援助机构在看守所、人民法院派驻值班律师，为犯罪嫌疑人、被告人提供法律帮助。

完善法律援助制度，健全依申请法律援助工作机制和办案机关通知辩护工作机制。对未履行通知或者指派辩护职责的办案人员，严格实行责任追究。

二十一、推进案件繁简分流，优化司法资源配置。完善刑事案件速裁程序和认罪认罚从宽制度，对案件事实清楚、证据充分的轻微刑事案件，或者犯罪嫌疑人、被告人自愿认罪认罚的，可以适用速裁程序、简易程序或者普通程序简化审理。

最高人民法院
关于全面推进以审判为中心的
刑事诉讼制度改革的实施意见

为贯彻落实《最高人民法院、最高人民检察院、公安部、国家安全部、司法部关于推进以审判为中心的刑事诉讼制度改革的意见》,确保有罪的人受到公正惩罚、无罪的人不受刑事追究,实现公正司法,依照法律规定,结合审判实际,对人民法院全面推进以审判为中心的刑事诉讼制度改革提出如下意见:

一、坚持严格司法原则,树立依法裁判理念

1. 坚持证据裁判原则,认定案件事实,必须以证据为根据。重证据,重调查研究,不轻信口供,没有证据不得认定案件事实。

2. 坚持非法证据排除原则,不得强迫任何人证实自己有罪。经审查认定的非法证据,应当依法予以排除,不得作为定案的根据。

3. 坚持疑罪从无原则,认定被告人有罪,必须达到犯罪事实清楚,证据确实、充分的证明标准。不得因舆论炒作、上访闹访等压力作出违反法律的裁判。

4. 坚持程序公正原则,通过法庭审判的程序公正实现案件裁判的实体公正。发挥庭审在查明事实、认定证据、保护诉权、公正裁判中的决定性作用,确保诉讼证据出示在法庭、案件事实查明在法庭、诉辩意见发表在法庭、裁判结果形成在法庭。

二、规范庭前准备程序,确保法庭集中审理

5. 对被告人及其辩护人申请排除非法证据,证据材料较多、案情重大复杂，或者社会影响重大等案件，人民法院可以召开庭前会议。

庭前会议在法庭或者其他办案场所进行，由审判人员主持，控辩双方参加，必要时可以通知被告人到场。

6. 人民法院可以在庭前会议中组织控辩双方展示证据，听取控辩双方对在案证据的意见，并梳理存在争议的证据。对控辩双方在庭前会议中没有争议的证据，可以在庭审中简化举证、质证。

人民法院可以在庭前会议中听取控辩双方对与审判相关问题的意见，询问控辩双方是否提出申请或者异议，并归纳控辩双方的争议焦点。对控辩双方没有争议或者达成一致意见的事项，可以在庭审中简化审理。

被害方提起附带民事诉讼的，可以在庭前会议中进行调解。

7. 控辩双方对管辖、回避、出庭证人名单等事项提出申请或者异议，可能导致庭审中断的，人民法院可以在庭前会议中对有关事项依法作出处理，确保法庭集中、持续审理。

对案件中被告人及其辩护人申请排除非法证据的情形，人民法院可以在庭前会议中核实情况、听取意见。人民检察院可以决定撤回有关证据；撤回的证据，没有新的理由，不得在庭审中出示。被告人及其辩护人可以撤回排除非法证据的申请；撤回申请后，没有新的线索或者材料，不得再次对有关证据提出排除申请。

8. 人民法院在庭前会议中听取控辩双方对案件事实证据的意见后，对明显事实不清、证据不足的案件，可以建议人民检察院补充侦查或者撤回起诉。

对人民法院在庭前会议中建议撤回起诉的案件，人民检察院不同意的，人民法院开庭审理后，没有新的事实和理由，一般不准许撤回起诉。

9. 控辩双方在庭前会议中就相关事项达成一致意见，又在庭审中提出异议的，应当说明理由。

召开庭前会议应当制作笔录，由参加人员核对后签名。

审判人员应当制作庭前会议报告，说明庭前会议的基本情况、程序性事项的处理结果、控辩双方的争议焦点以及就相关事项达成的一致意见。

10. 对召开庭前会议的案件，在法庭调查开始前，法庭应当宣布庭前会议报告的主要内容,实现庭前会议与庭审的衔接。

三、规范普通审理程序,确保依法公正审判

11. 证明被告人有罪或者无罪、罪轻或者罪重的证据,都应当在法庭上出示,依法保障控辩双方的质证权。

对影响定罪量刑的关键证据和控辩双方存在争议的证据,一般应当单独质证。

12. 法庭应当依照法定程序审查、核实、认定证据。证据未经当庭出示、辨认、质证等法庭调查程序查证属实,不得作为定案的根据。

13. 采取技术侦查措施收集的证据,当庭质证可能危及有关人员的人身安全,或者可能产生其他严重后果的,应当采取不暴露有关人员身份、不公开技术侦查措施和方法等保护措施。

法庭决定在庭外对技术侦查证据进行核实的,可以召集公诉人、侦查人员和辩护律师到场。在场人员应当履行保密义务。

14. 控辩双方对证人证言有异议,人民法院认为证人证言对案件定罪量刑有重大影响的,应当通知证人出庭作证。控辩双方申请证人出庭的,人民法院通知证人出庭后,申请方应当负责协助相关证人到庭。

证人没有正当理由不出庭作证的,人民法院在必要时可以强制证人到庭。

根据案件情况,可以实行远程视频作证。

15. 控辩双方对鉴定意见有异议,人民法院认为鉴定人有必要出庭的,应当通知鉴定人出庭作证。

16. 证人、鉴定人、被害人因出庭作证,本人或者其近亲属的人身安全面临危险的,人民法院应当采取不公开其真实姓名、住址、工作单位和联系方式等个人信息,或者不暴露其外貌、真实声音等保护措施。必要时,可以建议有关机关采取专门性保护措施。

人民法院应当建立证人出庭作证补助专项经费机制,对证人出庭作证所支出的交通、住宿、就餐等合理费用给予补助。

17. 人民法院应当依法履行指定辩护和通知辩护职责,确保被告人依法获得法律援助。

配合有关部门逐步扩大法律援助范围,健全法律援助值班律师制度,为派驻人民法院的值班律师提供办公场所及必要的工作条件。

18. 法庭应当依法保障控辩双方在庭审中的发问、质证、辩论等诉讼权利。对控辩双方当庭提出的申请或者异议,法庭应当作出处理。

法庭可以在审理过程中归纳控辩双方的争议焦点,引导控辩双方针对影响定罪量刑的实质性问题进行辩论。对控辩双方的发言与案件无关、重复或者扰乱法庭秩序等情形,法庭应当予以提醒、制止。

19. 法庭应当充分听取控辩双方的量刑建议和意见,根据查明的事实、情节,参照量刑指导意见规范量刑,保证量刑公正。

20. 法庭应当加强裁判说理,通过裁判文书展现法庭审理过程。对控辩双方的意见和争议,应当说明采纳与否的理由。对证据采信、事实认定、定罪量刑等实质性问题,应当阐释裁判的理由和依据。

四、完善证据认定规则,切实防范冤假错案

21. 采取刑讯逼供、暴力、威胁等非法方法收集的言词证据,应当予以排除。

收集物证、书证不符合法定程序,可能严重影响司法公正,不能补正或者作出合理解释的,对有关证据应当予以排除。

22. 被告人在侦查终结前接受检察人员对讯问合法性的核查询问时,明确表示侦查阶段不存在刑讯逼供、非法取证情形,在审判阶段又提出排除非法证据申请,法庭经审查对证据收集的合法性没有疑问的,可以驳回申请。

检察人员在侦查终结前未对讯问合法性进行核查,或者未对核查过程全程同步录音录像,被告人在审判阶段提出排除非法证据申请,人民法院经审查对证据收集的合法性存在疑问的,应当依法进行调查。

23. 法庭决定对证据收集的合法性进行调查的,应当先行当庭调查。但为防止庭审过分迟延,也可以在法庭调查结束前进行调查。

24. 法庭对证据收集的合法性进行调查的,应当重视对讯问过程录音录像的审查。讯问笔录记载的内容与讯问录音录像存在实质性差异的,以讯问录音录像为准。

对于法律规定应当对讯问过程录音录像的案件,公诉人没有提供讯问录音录像，或者讯问录音录像存在选择性录制、剪接、删改等情形，现有证据不能排除以非法方法收集证据情形的，对有关供述应当予以排除。

25. 现有证据材料不能证明证据收集合法性的，人民法院可以通知有关侦查人员出庭说明情况。不得以侦查人员签名并加盖公章的说明材料替代侦查人员出庭。

经人民法院通知，侦查人员不出庭说明情况，不能排除以非法方法收集证据情形的，对有关证据应当予以排除。

26. 法庭对证据收集的合法性进行调查后，应当当庭作出是否排除有关证据的决定。必要时，可以宣布休庭，由合议庭评议或者提交审判委员会讨论，再次开庭时宣布决定。

在法庭作出是否排除有关证据的决定前，不得对有关证据宣读、质证。

27. 通过勘验、检查、搜查等方式收集的物证、书证等证据，未通过辨认、鉴定等方式确定其与案件事实的关联的，不得作为定案的根据。

28. 收集证据的程序、方式存在瑕疵，严重影响证据真实性，不能补正或者作出合理解释的，有关证据不得作为定案的根据。

29. 证人没有出庭作证，其庭前证言真实性无法确认的，不得作为定案的根据。证人当庭作出的证言与其庭前证言矛盾，证人能够作出合理解释，并与相关证据印证的，可以采信其庭审证言；不能作出合理解释，而其庭前证言与相关证据印证的，可以采信其庭前证言。

经人民法院通知，鉴定人拒不出庭作证的，鉴定意见不得作为定案的根据。

30. 人民法院作出有罪判决，对于定罪事实应当综合全案证据排除合理怀疑。

定罪证据不足的案件，不能认定被告人有罪，应当作出证据不足、指控的犯罪不能成立的无罪判决。定罪证据确实、充分，量刑证据存疑的，应当作出有利于被告人的认定。

五、完善繁简分流机制，优化司法资源配置

31. 推进速裁程序改革，逐步扩大速裁程序适用范围，完善速裁程序运行机制。

对被告人认罪的轻微案件,探索实行快速审理和简便裁判机制。

32. 推进认罪认罚从宽制度改革,对适用速裁程序、简易程序或者普通程序简化审理的被告人认罪案件,法庭应当告知被告人享有的诉讼权利,依法审查被告人认罪认罚的自愿性和真实性,确认被告人了解认罪认罚的性质和法律后果。

法庭确认被告人自愿认罪认罚,同意适用简化审理程序的,应当落实从宽处罚的法律制度。被告人当庭不认罪或者不同意适用简化审理程序的,应当适用普通程序审理。

33. 适用速裁程序审理的案件,应当当庭宣判。适用简易程序审理的案件,一般应当当庭宣判。适用普通程序审理的案件,逐步提高当庭宣判率。

《最高人民法院关于全面推进以审判为中心的刑事诉讼制度改革的实施意见》的理解与适用

党的十八届四中全会首次提出，推进以审判为中心的诉讼制度改革，这是我国司法体制改革迈出的重要一步。这项改革事关依法惩罚犯罪、切实保障人权，是保证司法公正、提高司法公信力的重要举措，是关系到司法体制改革全局的重大制度改革，对刑事诉讼制度改革和创新具有重要基础支撑作用。2016年6月27日，中央全面深化改革领导小组第25次会议审议通过《改革意见》。最高人民法院、最高人民检察院、公安部、国家安全部、司法部共同会签《改革意见》并正式下发执行。为全面贯彻十八届四中全会的改革精神，特别是严格落实中央《改革意见》的要求，确保有罪的人受到公正惩罚、无罪的人不受刑事追究，最高人民法院制定了《实施意见》。这是贯彻落实中央推进以审判为中心的刑事诉讼制度改革的关键举措，也是深化司法体制改革、推进严格司法的内在要求。为便于在改革和实践中正确理解和把握，现就《实施意见》的制定背景、重要意义、基本原则和主要内容逐一作出说明。

一、《实施意见》的制定背景

推进以审判为中心的刑事诉讼制度改革，是中央在全面推进依法治国背景下提出的重大司法改革部署。中央深改组审议通过的《改革意见》既明确了改革的指导方针和政策依据，也为改革提供了制度蓝图和路径指引。最高人民法院制定《实施意见》作为配套举措，主要是基于以下考虑：

一是全面贯彻落实中央司法体制改革的精神和要求。中央提出推进以审判为中心的刑事诉讼制度改革，为新时期完善司法体制、优化诉讼制度创造了难得的历史契机。中央《改革意见》共21条，内容提纲挈领，对证据规则和侦查、起诉、辩护、审判等制度提出了系统明确的改革要求，体现了推进以审判为中心的刑事诉讼制度改革的精髓和要义，有助于解决长期以来影响和制约司法公正的体制机制性问题。需要指出的是，中央《改革意见》重点关注改革的总体要求和主要任务，具有较强的原则性和概括性，能否实现预期目标，关键在于贯彻落实。中央深改组审议通过《改革意见》后，最高人民法院根据中央要求，紧扣中央改革文件的精神和要求，结合审判实际认真研究制定法院系统的《实施意见》，注重配套改革措施的针对性、有效性、可操作性，力争将中央改革文件的各项举措不折不扣地落实到位。可以说，《实施意见》既是全面贯彻落实中央改革精神和要求的重要抓手，也是法院系统持续深入推进改革的具体指引。

二是全面深入推进刑事司法理念创新和制度创新。中央提出推进以审判为中心的诉讼制度改革，标志着司法体制改革开始进入全新时期和攻坚阶段。新时期新阶段司法改革的过程，本质上是司法理念和司法制度的创新过程，不创新理念和制度，改革就会停滞不前或者陷于空谈。中央明确改革任务和要求后，最高人民法院在推进改革过程中创新理念思路、体制机制、方法手段，通过研究制定《实施意见》，全面深入推进刑事司法理念创新和制度创新，既着眼于强化巩固科学的司法理念，又立足于建立健全符合司法规律的法律制度。具体言之，既要摒弃传统的“重打击、轻保护”“重实体、轻程序”“重口供、轻证据”等不符合司法规律的思想观念，在办案过程中讲法律、讲程序、讲证据、讲人权，又要以科学的司法理念为引领，健全事实认定符合客观真相、办案结果符合实体公正、办案过程符合程序公正的法律制度。在中央改革文件基础上，《实施意见》通过进一步推进理念创新和制度创新，力争形成实实在在、行之有效的改革成果，稳步有序扎实有力地推进改革。

三是指导全国法院持续深入推进刑事诉讼制度改革。推进以审判为中心的诉讼制度改革，是一项事关司法体制改革全局的重大改革举措，要通过更新司法理念、改进司法方式、优化职权配置、重构诉讼程序，逐步形成以审判为中心的刑事诉讼格局。中央出台《改革意见》确定顶层设计方案后，政法机关在推进改革过程中必须与中央的改革精神和要求保持一致，不能各行其是。最高人民法院在前期指导各地法院积极探索改革方案基础上，通过制定《实施意见》，继续指导全国法院围绕庭审实质化、非法证据排除、证人出庭作证等关键性问题进行深入探索，提出切实可行并且经得起实践检验的具体改革举措，总结形成符合中央要求并且可复制、可推广的成功改革经验，持续深入推进刑事诉讼制度改革。

二、《实施意见》的重要意义

近年来，随着2010年"两个证据规定"等重要改革文件陆续出台，以及2012年刑事诉讼法作出系统性修改，刑事诉讼制度不断发展完善，但由于有罪推定等错误司法观念尚未根除，一些关键性的法律制度尚未确立，刑讯逼供、非法取证等违法办案情形一再出现，重大刑事冤假错案时有发生，严重影响司法的公正性和公信力。中央审时度势提出推进以审判为中心的诉讼制度改革，并专门出台《改革意见》，具有里程碑式的历史意义和至关重要的现实意义。最高人民法院制定《实施意见》，有助于全面贯彻落实中央改革的精神和要求，确保改革取得预期效果。

一是推动确立审判在刑事诉讼中的中心地位和决定性作用。司法活动具有特殊的属性和规律。强调刑事诉讼以审判为中心，是审判权作为最终的判断权和裁决权的性质所决定的。习近平总书记在四中全会决定的说明中指出："充分发挥审判特别是庭审的作用，是确保案件处理质量和司法公正的重要环节。"这一论断充分揭示出审判特别是庭审在刑事诉讼中的关键关口功能，充分展示出发挥审判功能与确保司法公正的内在紧密关联，是符合司法原理和诉讼规律的。《实施意见》立足审判实际，全面深入推进以审判为中心的诉讼制度改革，有助于进一步完善刑事诉讼制度，充分发挥审判特别是庭审的功能，努力推动实现"诉讼以审判为中心""审判以庭审为中心"，构建以审判为中心的刑事诉讼格局。

强调"诉讼以审判为中心"，有助于发挥审判在刑事诉讼中的关键关口功能，积极引导并努力确保侦查、审查起诉的案件事实证据经得起法律的检验。在刑事诉讼领域，侦查、起诉、审判是前后相继的三个诉讼环节，也是防范冤假错案的三道程序防线。其中，审判作为诉讼中决定被告人罪责刑问题的决定性环节，是防范冤假错案的关键性防线。一旦审判未能发挥应有功能,案件质量将受到直接影响,司法公正将缺乏根本保障,甚至可能导致冤假错案发生。

强调“审判以庭审为中心”,有助于落实证据裁判、非法证据排除、疑罪从无等法律原则,保证庭审在查明事实、认定证据、保护诉权、公正裁判中发挥决定性作用。公正规范的庭审,有助于查明案件事实真相,有助于体现诉讼程序公正,有助于解决控辩双方争议。这是审判在诉讼中发挥最终裁判决定性作用的制度基础。一旦庭审弱化、虚化,将直接削弱审判的功能,进而影响案件的实体公正和程序公正。

二是推动解决影响和制约刑事司法公正的体制机制性问题。问题是时代的声音,是改革的导向。在刑事诉讼领域,影响和制约司法公正的问题纷繁复杂、盘根错节,只有理清主要矛盾,着力解决带有根本性的体制机制性问题,才能确保改革取得预期成效。习近平总书记在四中全会决定的说明中指出:“在司法实践中,存在办案人员对法庭审判重视不够,常常出现一些关键证据没有收集或者没有依法收集,进入庭审的案件没有达到‘案件事实清楚、证据确实充分’的法定要求,使审判无法顺利进行。”实践表明,案件中的事实证据问题始终是影响司法公正的突出问题;侦查、审查起诉的事实证据达不到法定证明标准,是当前制约公正审判的突出问题。

当前阶段受各种体制机制性问题的影响和制约,人民法院的审判活动经常面临“无法顺利进行”的困境,即侦查、审查起诉阶段未能发现和解决的事实证据问题,最终要在审判阶段兜底解决,人民法院一旦受理达不到法定证明标准的案件,就往往陷入“定放两难”的境地,如果勉强下判,不仅违反法律规定,还极有可能导致冤假错案;如果依法放人,又难以承受来自社会各方的巨大压力。这是造成长期以来“疑罪从无”原则难以落实,“疑罪从轻”“疑罪从挂”成为司法“潜规则”,超期羁押难以禁绝、冤假错案时有发生的深层次原因。《实施意见》以问题为导向,致力于解决实践中制约公正审判的制度难题,有助于推动政法机关在刑事诉讼过程中抓源头、重制约、守底线,从根本上解决司法实践中起点错、跟着错、错到底的问题。

三是推动建立健全冤假错案的有效防范和及时纠正机制。冤假错案虽然是个别现象,但它对法治的冲击力和破坏力是致命性的。推进以审判为中心的诉讼制度改革，底线标准就是要切实防范冤假错案。习近平总书记在四中全会决定的说明中指出："这项改革有利于促使办案人员增强责任意识，通过法庭审判的程序公正实现案件裁判的实体公正，有效防范冤假错案产生。"

目前发现和纠正的冤假错案大多是陈年旧案，但其中反映的深层次制度问题，在当前的司法实践中仍然不同程度存在，仍然严重制约着司法公正。因此，对冤假错案的严重危害性要始终保持清醒认识，对发生冤假错案的现实可能性要始终保持高度警惕。反思目前发现和纠正的冤假错案，除了有罪推定等错误司法观念尚未根除外，深层次的原因还在于一些关键性的诉讼制度未能落到实处，政法机关的职能作用没有得到充分发挥。例如，尽管法律严禁刑讯逼供、非法取证，倡导尊重和保障人权，但由于非法证据排除、证人出庭作证等关键制度的规定不够明确、要求不够具体，办案人员认识不够一致、执行不够严格，加上不科学的考核指标等因素影响，司法实践中普遍存在非法证据排除难、证人出庭率低、律师辩护率低等问题，严重制约司法公正。《实施意见》以防范冤假错案为根本出发点，通过有针对性地完善证据制度和诉讼程序，有助于健全落实证据裁判、非法证据排除、疑罪从无等法律原则的法律制度，完善公检法各机关"分工负责、互相配合、互相制约"的体制机制，夯实防范冤假错案的制度基础，筑牢防范冤假错案的程序防线。

三、《实施意见》的基本原则

推进以审判为中心的诉讼制度改革，涉及政法各机关、刑事诉讼各环节，是牵一发而动全身的系统性、综合性改革，必须坚持系统思维和辩证思维，由政法各机关统筹协调、步调一致地加以推进，防止简单化和片面化，切实把中央的改革精神和要求落到实处。《实施意见》既是落实中央改革精神和要求的配套性措施，也是当前和今后较长一段时期指导刑事审判制度改革和刑事审判实践的关键性文件。为强化《实施意见》的指导性和可操作性，在制定过程中主要遵循以下原则：

一是遵循刑事诉讼的基本规律。在刑事诉讼过程中，尽管侦查、审查起诉阶段也涉及对犯罪事实和犯罪嫌疑人刑事责任等问题的认定，但相比之下,审判阶段对罪责刑问题的认定和解决才具有终局性、权威性。强调刑事诉讼以审判为中心,是审判权作为最终的判断权和裁决权的性质所决定的,是落实刑事诉讼法“未经人民法院依法判决,对任何人都不得确定有罪”基本原则的必然要求。《实施意见》立足中央改革精神和要求,以“确保有罪的人受到公正惩罚、无罪的人不受刑事追究”为宗旨,坚持严格司法和公正审判等原则理念,进一步明确审判的要求和标准,努力促使侦查、审查起诉活动始终围绕审判程序进行,确保侦查、审查起诉的办案标准符合审判的法定定案标准,从源头上防止事实不清、证据不足的案件或者违反法定程序的案件“带病”进入审判程序。在设计具体的程序和规则时,始终坚持证据裁判、非法证据排除、疑罪从无和程序公正等基本原则,确保法庭居中裁判,控辩双方诉讼地位平等,通过法庭审判的程序公正实现案件裁判的实体公正。

二是聚焦公正审判的制度难题。中央深改组审议通过《改革意见》时指出:“要着眼于解决影响刑事司法公正的突出问题,把证据裁判要求贯彻到刑事诉讼各环节,健全非法证据排除制度,严格落实证人、鉴定人出庭作证,完善刑事法律援助,推进案件繁简分流,建立更加符合司法规律的刑事诉讼制度。”这些都是实践中制约公正审判的制度性问题,也是长期以来难以解决的老大难问题。中央改革文件紧扣上述问题,对证据规则和侦查、起诉、辩护和审判等制度分别提出了针对性的改革要求。在此基础上,《实施意见》聚焦实践中反映突出的制度难题,从确保公正审判的角度,既充分整合现有的法律原则和法律规定,又结合司法规律探索创新制度机制,提出了更加系统化、具体化的改革举措。考虑到实践问题的复杂性,《实施意见》并未试图一蹴而就地解决所有的制度难题,而是坚持循序渐进的原则,对当前可以解决的问题提出明确具体的改革要求,对有待逐步解决的问题提出初步的探索性解决方案。

三是统筹兼顾多元的诉讼价值。刑事诉讼领域具有多元的价值追求,《实施意见》统筹兼顾各种诉讼价值,致力于确保改革顺利进行并取得良好效果。要致力于促进惩罚犯罪和保障人权的有机统一,科学评估改革举措的预期效果,避免一强调惩罚犯罪就忽视保障人权,一强调保障人权就放松惩罚犯罪。要致力于实现实体公正和程序公正的有机统一,将坚守程序规则、捍卫程序公正作为防范冤假错案的制度保障，促使办案人员学会并适应在程序规则范围内执法办案。要致力于追求司法公正和司法效率的有机统一，坚持“公正优先、兼顾效率”的原则，司法效率必须服从于司法公正，在保证司法公正前提下尽可能提高司法效率，避免不必要的程序烦琐和诉讼拖延。要致力于实现互相配合和互相制约的有机统一，既在分工负责基础上强调互相配合，避免相互掣肘、各行其是，又强调坚持原则，依法办案，避免迁就照顾、将错就错，从而形成有力的相互制约机制，筑牢防范冤假错案的制度防线。

四、《实施意见》的主要内容

《实施意见》分五个部分，共计33条，包括严格司法原则、庭前准备程序、普通审理程序、证据认定规则和繁简分流机制等内容，涵盖审判程序和证据制度等领域亟待改革完善的突出问题，对人民法院全面推进以审判为中心的刑事诉讼制度改革具有重要意义。具体如下：

（一）坚持严格司法原则，树立依法裁判理念

原则和理念是制度的基础。有什么样的原则和理念，就会有什么样的制度和实践。十八届四中全会首次提出推进严格司法，并将之作为推进以审判为中心的刑事诉讼制度改革的指导原则。坚持严格司法原则，就是要切实贯彻落实宪法法律规定，使纸面上的法律真正成为实践中的法律。《实施意见》第一部分强调“坚持严格司法原则，树立依法裁判理念”，要求人民法院严格落实公正审判的各项原则和要求，推动建立符合司法规律的刑事审判制度。

1. 严格落实证据裁判原则。证据裁判原则作为刑事诉讼的基石性原则，是对侦查、起诉、审判各环节统一适用的要求。中央《改革意见》第2条第2款规定：“侦查机关、人民检察院应当按照裁判的要求和标准收集、固定、审查、运用证据，人民法院应当按照法定程序认定，依法作出裁判。”严格落实证据裁判原则，主要有以下要求：

一是必须以证据为根据认定案件事实。刑事诉讼事关重大，不容丝毫偏差，为切实防范冤假错案，必须坚持以证据为根据，依法准确认定案件事实。侦查机关侦查终结、人民检察院提起公诉，都是为审判所做的程序准

备,只有人民法院基于全案证据认定的案件事实才具有终局性、权威性。人民法院要严格依据在案证据认定案件事实,不能迳行将起诉指控的事实认定为案件事实,也不能无视案件事实证据存在的问题勉强作出裁判。

二是重视实物证据的收集和运用。刑事诉讼法明确要求,重证据,重调查研究,不轻信口供。此前在司法实践中,一些办案人员受传统观念影响,办案过于依赖口供,不重视收集其他证据特别是实物证据;一旦获取口供就简单结案,不注意核查口供中的疑问,也不重视收集实物证据来佐证口供。由于犯罪嫌疑人、被告人翻供的情形比较普遍,加之法律已经确立非法证据排除规则,对于以口供为主、证据体系薄弱的案件,一旦口供的真实性或者合法性存疑,不能作为定案的根据,就难以认定案件事实,事后再想补查补正往往已丧失条件。这是司法实践中出现疑罪的重要原因。在执法办案标准不断提高、新型犯罪层出不穷的新形势下,为了夯实案件的证据基础,必须要切实改变"口供至上"的观念和做法,重视实物证据的收集和运用,实现办案模式从"由供到证"向"由证到供"的根本转变。需要指出的是,强调减少对口供的依赖,并不是说不重视口供的功能,而是要避免"唯口供论"的做法,并且要依法规范收集口供;强调重视实物证据的收集和运用,也不是说所有的案件必须有实物证据才能定案,而是要求对存在实物证据的案件,要重视实物证据的收集和运用。

2. 严格落实非法证据排除原则。实践表明,刑讯逼供、非法取证,是导致冤假错案的罪魁祸首。十八届三中全会决定要求,严禁刑讯逼供、体罚虐待,严格实行非法证据排除规则。十八届四中全会进一步指出,加强对刑讯逼供和非法取证的源头预防,健全落实非法证据排除等法律原则的法律制度。严格落实非法证据排除原则,主要有以下要求:

一是重视审查取证程序合法性。为切实防止刑讯逼供,落实不得强迫任何人证实自己有罪的要求,中央《改革意见》第 5 条规定了"两个严格"的讯问程序规则,即严格依照有关规定要求,在规范的讯问场所讯问犯罪嫌疑人;严格依照法律规定对讯问过程全程同步录音录像,逐步实行对所有案件的讯问过程全程同步录音录像。同时要求探索建立重大案件侦查终结前对讯问合法性进行核查制度。人民法院在审判过程中要严格落实中央《改革意见》的新规定、新要求,重视审查取证程序合法性,督促办案机关强化对刑讯逼供和非法取证的源头预防,对非法证据尽早发现、尽早排除。

二是严格依法排除非法证据。证据必须具有证据能力,否则不能作为诉讼证据使用,更不能作为定案的根据。人民法院在审判过程中,要严格区分证据能力和证明力两个不同的范畴,重视对证据能力的审查,依法认定、严格排除各类非法证据,不能将证据的合法性和真实性混为一谈。同时要严格规范证据合法性的审查、调查程序,建立健全程序性裁判规则,依法处理证据合法性争议。

3. 严格落实疑罪从无原则。由于各种主客观原因,总有一些案件"虚实之证等、是非之理均"。这是人类认识活动的客观规律,也是司法活动的基本规律。为有效防范冤假错案,保障无罪的人不受刑事追究,要严格执行法定证明标准,对于疑罪案件不能认定被告人有罪。严格落实疑罪从无原则,主要有以下要求:

一是严格执行法定证明标准。刑事诉讼法确定的证明标准,是认定被告人有罪的刚性标准;坚持疑罪从无原则,是法律的硬性要求。中央《改革意见》第15条规定,"证据不足,不能认定被告人有罪的,应当按照疑罪从无原则,依法作出无罪判决"。坚持疑罪从无原则,可能会暂时"放纵"一些人,但这是维护刑事司法公正必须付出的代价。人民法院应当切实落实疑罪从无原则,杜绝疑罪从有、从轻、从挂等错误做法,真正做到有罪则判,无罪放人。

二是坚持依法独立公正审判。近年来发现的一些冤假错案,多是由于审判活动受到外界不当干扰,人民法院面对外界压力未能坚持依法独立公正审判,作出违背事实和法律的裁判。实践表明,坚持依法独立公正审判,是确保办案质量的基本前提,丝毫不能放松。为确保人民法院依法独立公正行使审判权,中央陆续出台《领导干部干预司法活动、插手具体案件处理的记录、通报和责任追究规定》和《保护司法人员依法履行法定职责规定》等重要文件,对于审判活动受到不当干扰等情形,可以依照有关规定作出处理,不能因为舆论炒作、上访闹访等压力作出违反法律的裁判。

4. 严格落实程序公正原则。正当程序具有规范和制约权力、尊重和保障人权等重要价值,是保证公正司法、提高司法公信力的制度基础。程序规则的适用有时可能不利于查明真相,但坚守程序规则,坚持程序公正优先,既是法治的内在要求,也是防范冤假错案的根本保障。严格落实程序公正原则,主要有以下要求:

一是确保审判阶段控辩平等对抗。控辩双方平等对抗是公正审判的基本要求。目前在公诉案件中,控诉方与辩护方在诉讼能力方面存在较大差距,控强辩弱的问题较为突出。为确保审判程序的公正性,有必要逐步提高辩护率,为被告人提供必要的法律帮助,依法保障被告人在审判阶段的各项诉讼权利。

二是全面规范法庭审理程序。司法实践中,一些法官判案主要依赖案卷笔录,"先入为主""先定后审""庭审流于形式"等问题较为严重。为维护庭审的终局性、权威性,要切实改变"重实体、轻程序"的观念和做法,自觉遵守刑事诉讼法有关规定,严格按照法定程序审判案件,完善法庭调查、法庭辩论程序,规范程序性裁判的审理规程,充分发挥庭审在查明事实、认定证据、保护诉权、公正裁判中的决定性作用,确保诉讼证据出示在法庭、案件事实查明在法庭、控辩意见发表在法庭、裁判结果形成于法庭。

(二)规范庭前准备程序,确保法庭集中审理

充分的庭前准备,是确保庭审公正高效进行的基础。控辩双方通过庭前会议可以加强沟通,减少不必要的争议。法庭可以通过庭前会议了解情况、听取意见,确定控辩双方争议焦点和庭审的重点难点。中央《改革意见》第10条规定:"完善庭前会议程序对适用普通程序审理的案件,健全庭前证据展示制度,听取出庭证人名单、非法证据排除等方面的意见。"根据中央改革文件的明确要求,《实施意见》第二部分强调"规范庭前准备程序,确保法庭集中审理",要求人民法院进一步强化庭前准备程序,保证法庭集中、高效审理。

1. 完善庭前会议程序。2012年刑事诉讼法确立了庭前会议程序,有关司法解释进一步明确了庭前会议的相关要求。由于法律和司法解释的规定较为原则,没有设置具体的操作程序,也没有明确庭前会议的效力等问题,导致实践中庭前会议的适用率较低。为进一步规范庭前会议的运作,充分

发挥庭前会议的预期功能,《实施意见》主要有以下要求:

一是明确庭前会议的基本规程。由于庭前会议本身需要耗费一定的司法资源,因此不是越多越好,只有那些存在可能导致庭审中断的程序性争议的案件和重大疑难复杂的案件,才有必要召开庭前会议。也就是说,庭前会议不是所有案件审判活动的必经程序。为合理限定庭前会议的适用范围,《实施意见》第5条第1款规定:"对被告人及其辩护人申请排除非法证据,证据材料较多、案情重大复杂,或者社会影响重大等案件,人民法院可以召开庭前会议。"

关于庭前会议的召开方式,《实施意见》第5条第2款规定:"庭前会议在法庭或者其他办案场所进行,由审判人员主持,控辩双方参加,必要时可以通知被告人到场。"从立法定位看,庭前会议是庭审的准备程序,并非正式的庭审,并不解决定罪量刑等实体性问题。同时,庭前会议中侧重由控辩双方协商解决相关的问题,原则上无须公开进行。作为庭前准备程序,庭前会议应当在正式开庭审理之前召开,但需要确保控辩审各方做好相应的准备。同时,由于庭前会议并非正式的庭审,因此召开地点并无严格的要求,既可以在人民法院的会议室进行,也可以在法庭进行。庭前会议可以由合议庭全体成员或者由承办人单独组织召开,但法官助理不能独立主持召开庭前会议。召开庭前会议,根据案件情况,必要时可以通知被告人参加。由于庭前会议涉及专门的法律问题,因此,被告人应当在辩护人的帮助下参与庭前会议,并且在辩护人的帮助下协商解决相关问题。

二是明确庭前会议的主要内容。2012年刑事诉讼法规定,庭前会议中可以对"回避、出庭证人名单、非法证据排除"等事项了解情况、听取意见。基于司法实践需要,有关司法解释对庭前会议可以处理的程序性申请和异议作出进一步的规定,涵盖了常见的程序性问题。从立法定位看,只要是可能导致庭审中断、影响庭审顺利进行的程序性问题,都可以在庭前会议中解决。《实施意见》第7条第1款进一步明确规定:"控辩双方对管辖、回避、出庭证人名单等事项提出申请或者异议,可能导致庭审中断的,人民法院可以在庭前会议中对有关事项依法作出处理,确保法庭集中、持续审理。"对于司法实践中较为常见的被告人及其辩护人申请排除非法证据的情形,《实施意见》第7条第2款作了重点规定，同时明确要求，在庭前会议中人民检察院决定撤回证据或者被告人决定撤回排除非法证据申请的，没有新的理由或者线索，撤回的证据不得在庭审中出示，被告人不得再次提出相关申请。

除解决控辩双方提出的程序性异议和申请外，人民法院还应当通过庭前会议组织证据展示并整理争议焦点。《实施意见》第6条第1款、第2款规定：人民法院可以在庭前会议中组织控辩双方展示证据，听取控辩双方对在案证据的意见，并梳理存在争议的证据；可以听取控辩双方对与审判相关问题的意见，询问控辩双方是否提出申请或者异议，并归纳控辩双方的争议焦点。通过证据展示，控辩双方可以了解对方准备在法庭上出示的证据材料，避免诉讼突袭。法庭可以通过了解情况、听取意见，整理和明确控辩双方的争议焦点，进而在庭审中可以围绕争议问题组织控辩双方积极举证、质证和辩论，突出庭审调查的针对性，提高庭审辩论的充分性，确保庭审的成效。

此外，如果被害方提起附带民事诉讼，人民法院可以在庭前会议中进行调解。在庭前以调解方式处理附带民事诉讼，能有效促使被告人、被害人达成和解，使被害人尽早得到赔偿。与庭后调解相比，庭前调解更加有利于实现量刑均衡和案结事了，因此，如果召开庭前会议，可以一并进行调解。

三是明确庭前会议对控辩双方的效力。刑事诉讼法和司法解释对庭前会议的规定较为原则，并未明确规定庭前会议的效力问题。由于控辩双方在庭前会议中达成合意决定的效力问题缺乏明确规定，导致庭前会议难以充分发挥预期功能。对此，《实施意见》第9条第1款规定："控辩双方在庭前会议中就相关事项达成一致意见，又在庭审中提出异议的，应当说明理由。"对庭前会议中控辩双方达成的合意决定赋予约束力，符合法律规定的精神和改革要求，有助于实现法庭集中高效审理。

2. 完善庭前会议与庭审的衔接机制。为充分发挥庭前会议的预期功能，应当实现庭前会议与庭审的顺利衔接。庭前会议程序中梳理争点、解决争议的情况，有必要在开庭审理时公开宣布，确保人民法院基于庭前会议的准备情况有效开展庭审。关于庭前会议与庭审的衔接机制，《实施意见》主要有以下要求：

一是固定庭前会议的准备情况。为全面、完整记录庭前会议的过程和内容,便于与后续法庭审理程序顺利衔接,《实施意见》第 9 条规定:“召开庭前会议应当制作笔录,由参加人员核对后签名。审判人员应当制作庭前会议报告,说明庭前会议的基本情况、程序性事项的处理结果、控辩双方的争议焦点以及就相关事项达成的一致意见。”

二是在庭审时宣布庭前会议报告的主要内容。为提高法庭审理的效率和针对性,《实施意见》第 10 条规定:“对召开庭前会议的案件在法庭调查开始前,法庭应当宣布庭前会议报告的主要内容,实现庭前会议与庭审的衔接。”根据中央的改革精神和要求,刑事案件的处理应当以法庭审理为中心,案件的定罪量刑等实质性问题均应当在法庭上解决。即使庭前会议梳理了相关的事实证据争点,庭审中也要针对相关问题进行调查、质证和辩论,尤其是定案的关键证据,要坚持一证一质、充分质证,不能过于简化,更不能省略举证、质证程序,进而确保案件的实体公正和程序公正。

3. 规范撤回起诉程序。为防止“事实不清、证据不足”的案件进入审判程序,对于不符合开庭要求的案件有必要进行相应的分流处理,切实发挥庭前准备程序的过滤功能。根据中央《改革意见》要求,有必要进一步规范撤回起诉程序。

一是建立开庭前建议人民检察院补充侦查或者撤回起诉制度。1996 年刑事诉讼法取消退回补充侦查制度后,对公诉案件实行程序性审查,导致一些事实不清、证据不足的案件随意进入审判程序,既浪费审判资源,又使人民法院面临定放两难的困境。为将审判程序防范冤假错案的关口提前,《实施意见》第 8 条第 1 款规定:“人民法院在庭前会议中听取控辩双方对案件事实证据的意见后,对明显事实不清、证据不足的案件,可以建议人民检察院补充侦查或者撤回起诉。”关于这一制度的具体设计,有待进一步研究。

二是规范庭审环节的撤回起诉问题。《实施意见》第 8 条第 2 款规定:“对人民法院在庭前会议中建议撤回起诉的案件,人民检察院不同意的,人民法院开庭审理后,没有新的事实和理由,一般不准许撤回起诉。”这是因为,司法实践中,对于进入庭审程序的公诉案件,人民法院准许撤回起诉后,人民检察院简单补充证据后再次提起公诉,这种程序回流严重影响法庭裁判的权威性,也是造成超期羁押的重要原因。强调诉讼以审判为中心,应当确保司法裁判的终局性和权威性,人民法院开庭审理后,没有新的事实和理由,应当严格限制撤回起诉,对于证据不足、指控的犯罪不能成立的,应当依法宣告被告人无罪。

(三)规范普通审理程序,确保依法公正审判

强调诉讼以审判为中心,一审庭审是重心,庭审规程是关键。在落实繁简分流原则基础上,对被告人不认罪的案件,要通过精密规范的普通程序进行审理,贯彻落实直接言词原则,着力改变过去庭审以案卷为中心的做法,避免庭审流于形式,使庭审真正成为确认和解决被告人罪责刑问题的决定性环节。《实施意见》第三部分强调"规范普通审理程序,确保依法公正审判",要求人民法院积极推进庭审实质化,通过公正规范的庭审切实发挥应有的把关、制约作用,促使公检法三机关依法规范侦查、起诉和审判活动,共同维护司法公正。

1. 规范证据调查程序。证据是认定案件事实、解决控辩争议的基础。法庭审判应当紧紧围绕证据进行,将证据调查作为法庭调查的核心内容,靠证据"说话",以事实"服人"。法庭在证据调查环节,要充分听取控辩双方对证据的质证意见,通过规范的举证、质证程序发现和解决证据争议,依法准确认定案件事实。关于证据调查程序,《实施意见》有以下要求:

一是明确举证、质证的原则要求。举证、质证是庭审证据调查的关键环节,也是法庭发现和解决案件事实证据问题的重要途径。控诉方的指控是否成立,辩护方的辩解能否得到法庭认可,最终都取决于证据。中央《改革意见》第11条规定,"证明被告人有罪或者无罪、罪轻或者罪重的证据,都应当在法庭上出示,依法保障控辩双方的质证权"。控辩双方通过公开的举证、质证程序向法庭全面出示证据,充分发表质证意见,进行有针对性的论证和反驳,有助于确保诉讼证据出示在法庭、案件事实查明在法庭。《实施意见》重申中央改革文件的要求,对被告人不认罪、适用普通程序审理的案件,法庭要结合庭前证据展示制度,督促控辩双方全面出示已经收集在案的证据材料,特别要注意维护被告人的质证权,依法解决事实证据争议。同时,法庭要注意审查办案机关是否随案移送所有证据,避免因选择性举证而

影响案件事实的准确认定。

二是明确证据的质证方式。为实现庭前会议与庭审的有效衔接,兼顾庭审的质量和效率,中央《改革意见》第 11 条规定,“对定罪量刑的证据,控辩双方存在争议的,应当单独质证;对庭前会议中控辩双方没有异议的证据,可以简化举证、质证”。在此基础上,《实施意见》第 11 条第 2 款进一步强调:“对影响定罪量刑的关键证据和控辩双方存在争议的证据,一般应当单独质证。”为避免庭审质证流于形式,法庭要坚决杜绝对关键证据和争议证据“打包质证”“捆绑质证”的做法,规范证据的质证方式,推进司法证明的实质化。同时,对于被告人认罪、适用简化程序审理的案件,可以采用相对简化的质证方式:对控辩双方没有争议的证据,可以仅就证据的名称及其证明的事项作出说明;对控辩双方存在争议,或者法庭认为有必要调查核实的证据,应当进行质证。

三是明确未经质证不得认证规则。根据法律规定,控辩双方向法庭提交的证据,只有经过法定程序查证属实,才能作为定案的根据。《实施意见》第 12 条进一步要求,“证据未经当庭出示、辨认、质证等法庭调查程序查证属实,不得作为定案的根据”。这既是对法庭审判的规范,也是对侦查、审查起诉的要求。一方面,法庭应当严格依照法定程序审查、核实、认定证据,严格执行法律规定的证据规则,避免因证据把关不严而影响办案质量。另一方面,法庭严格把握证据采纳标准,促使侦查、审查起诉的事实证据接受庭审的严格检验,有助于增强办案人员的责任意识、证据意识、规则意识、程序意识,从根本上提高取证水平和案件质量。

四是明确技术侦查证据的质证规则。对于侦查机关采取技术侦查措施收集的证据材料,是否应当随案移送并当庭质证,实践中存在较大争议,在一些案件中严重制约审判工作顺利进行。中央《改革意见》第 3 条要求,完善技术侦查证据的移送、审查、法庭调查和使用规则以及庭外核实程序。根据法律规定和改革要求,所有证据,包括技术侦查证据,都应当随案移送并接受法庭质证。不过,考虑到技术侦查证据具有一定特殊性,既要遵循未经质证不得认证原则,也要兼顾相关的法益。《实施意见》第 13 条规定:“采取技术侦查措施收集的证据,当庭质证可能危及有关人员的人身安全,或者可能产生其他严重后果的，应当采取不暴露有关人员身份、不公开技术侦查措施和方法等保护措施。法庭决定在庭外对技术侦查证据进行核实的，可以召集公诉人、侦查人员和辩护律师到场。在场人员应当履行保密义务。”为规范技术侦查证据的使用，有必要进一步完善举证、质证和庭外核实程序。

2. 完善证人、鉴定人出庭作证制度。证人、鉴定人出庭率低，庭审主要围绕书面证据进行，始终是困扰公正审判的突出问题。中央《改革意见》第12条要求，落实证人、鉴定人出庭作证制度，提高出庭作证率。在审判阶段充分体现直接言词原则的要求，有助于维护被告人的质证权，确保法庭准确审查证人证言、鉴定意见的可靠性。关于证人、鉴定人出庭作证制度，《实施意见》主要有以下要求：

一是提高证人、鉴定人出庭作证率。作为证人出庭作证，是公民应尽的法律义务。2012年刑事诉讼法修改，规定了强制证人出庭和证人保护等制度，但由于各种原因，证人、鉴定人出庭率低的问题依然存在。法律要求证人、鉴定人出庭，主要是为了解决事实证据争议，并不是所有案件中的所有证人、鉴定人都有必要出庭作证。立足法律规定和司法实际，有必要进一步明确应当出庭的证人、鉴定人范围。根据中央改革文件的要求，《实施意见》第14条第1款规定，“控辩双方对证人证言有异议，人民法院认为证人证言对案件定罪量刑有重大影响的，应当通知证人出庭作证”。基于该条规定，尽管人民法院可以审查证人出庭的必要性，但这种审查应当侧重于形式审查，只要控辩双方对关键证人的证言提出异议，原则上就应当通知证人出庭。关于鉴定人出庭问题，《实施意见》第15条规定：“控辩双方对鉴定意见有异议，人民法院认为鉴定人有必要出庭的，应当通知鉴定人出庭作证。”控辩双方特别是人民检察院要积极落实举证责任要求，组织动员证人、鉴定人出庭作证。控辩双方申请证人出庭的，人民法院通知证人出庭后，申请方应当负责协助相关证人到庭。证人没有正当理由不出庭作证的，人民法院在必要时可以强制证人到庭。此外，要充分借助现代科技手段推进改革，根据案件情况，可以通过远程视频作证等方式解决证人出庭作证难题。人民法院要完善证人、鉴定人出庭的具体机制，切实提高证人、鉴定人出庭率，推进庭审实质化改革取得看得见的成效。

二是明确证人、鉴定人出庭作证保障机制。法律是权利和义务的统一体。证人履行出庭作证义务的同时,依法享有受到法律保护和获得经济补偿的权利。根据中央改革文件的要求,《实施意见》第16条第1款规定:"证人、鉴定人、被害人因出庭作证,本人或者其近亲属的人身安全面临危险的,人民法院应当采取不公开其真实姓名、住址、工作单位和联系方式等个人信息,或者不暴露其外貌、真实声音等保护措施。必要时,可以建议有关机关采取专门性保护措施。"人民法院应当建立健全出庭作证风险评估机制,结合案件实际需要有针对性地采取有效的保护措施,并积极会同有关部门完善专门性保护机制。同时,《实施意见》第16条第2款规定:"人民法院应当建立证人出庭作证补助专项经费机制,对证人出庭作证所支出的交通、住宿、就餐等合理费用给予补助。"这些都是解决出庭作证后顾之忧,提高出庭积极性的重要举措,需要进一步研究制定具体的配套方案。

3. 完善法律援助制度。刑事辩护率低,辩护质量不高,是长期以来制约司法公正的难题。为加强人权司法保障,确保控辩双方在法庭上平等对抗,有必要进一步完善法律援助制度,充分发挥律师在维护程序公正、切实防范冤假错案等方面的积极作用。关于法律援助制度,《实施意见》主要有以下要求:

一是健全法律援助的实施机制。针对现阶段辩护率低的问题,有必要充分发挥法律援助的制度功能。中央《改革意见》第20条第2款规定,"健全依申请法律援助工作机制和办案机关通知辩护工作机制。对未履行通知或者指派辩护职责的办案人员,严格实行责任追究"。《实施意见》第17条第1款进一步要求:"人民法院应当依法履行指定辩护和通知辩护职责,确保被告人依法获得法律援助。"在此基础上,有必要积极配合有关部门逐步扩大法律援助范围,逐步实行对被告人不认罪的案件或者重罪案件提供法律援助,切实提高辩护率,为深入推进庭审实质化创造必要条件。此外,有必要提高法律援助律师的准入标准,既在程序上确保控辩双方平等对抗,又能够在实质上依法维护被告人的合法权益。

二是健全法律援助值班律师制度。中央《改革意见》第20条第1款规定:"建立法律援助值班律师制度法律援助机构在看守所、人民法院派驻值班律师,为犯罪嫌疑人、被告人提供及时有效的法律帮助。”在此基础上,《实施意见》第 17 条第 2 款要求,健全法律援助值班律师参与诉讼机制,为派驻人民法院的值班律师提供办公场所及必要的工作条件。随着值班律师制度不断完善,有必要探索扩展值班律师的法律职能,促使值班律师实质性地参与刑事诉讼全过程,为犯罪嫌疑人、被告人提供及时有效的法律帮助,依法维护犯罪嫌疑人、被告人的合法权益,减少不必要的法律争议。

4. 完善法庭审理规程。为维护庭审的终局性、权威性,要进一步规范法庭审理规程,完善法庭调查、法庭辩论程序,确保控辩双方实质性地参与庭审,实现控辩双方平等对抗,通过法庭审判的程序公正实现案件裁判的实体公正,促使侦查、起诉按照审判的标准和要求进行,提升整个刑事程序的法治化、规范化水平。关于法庭审理规程,除前述规定以外,《实施意见》主要有以下要求:

一是依法保障控辩双方的诉讼权利。法庭要坚持居中裁判,不偏不倚,特别要注意杜绝追诉倾向,依法保障被告人及其辩护人的辩护辩论权。《实施意见》第 18 条第 1 款规定:“法庭应当依法保障控辩双方在庭审中的发问、质证、辩论等诉讼权利。对控辩双方当庭提出的申请或者异议,法庭应当作出处理。”除了依法维护控辩双方平等对抗的庭审构造之外,法庭还要通过庭审实质性地解决控辩双方的争议问题,既不能回避问题,也不能简单驳回各种申请。

二是完善法庭辩论规则。法官不是被动的听审者,而是庭审的主导者和案件的裁判者。《实施意见》第 18 条第 2 款规定:“法庭可以在审理过程中归纳控辩双方的争议焦点,引导控辩双方针对影响定罪量刑的实质性问题进行辩论。对控辩双方的发言与案件无关、重复或者扰乱法庭秩序等情形,法庭应当予以提醒、制止。”法官要提高庭审驾驭能力,积极引导控辩双方理性辩论,促使庭审规范有序进行,维护庭审的庄严性和权威性。同时,在充分听取控辩双方意见基础上,要有效归纳、依法处理案件中的事实和法律争议,避免程序烦琐主义,防止庭审不必要地冗长拖沓。

三是完善法庭量刑程序。近年来,最高人民法院持续推进量刑规范化改革,既在实体层面制定发布量刑指导意见,又在程序层面提出建立相对独立的量刑程序。对于适用普通程序审理的案件,在庭审中实行定罪、量刑程序相对分离,有助于解决司法实践中重定罪、轻量刑的问题。《实施意见》第19条规定:"法庭应当充分听取控辩双方的量刑建议和意见,根据查明的事实、情节,参照量刑指导意见规范量刑,保证量刑公正。"随着量刑程序逐步完善,要进一步规范量刑建议和量刑意见,重视对量刑事实的法庭调查,提高量刑辩论的针对性,促使办案机关重视调查量刑事实,全面收集量刑证据。

四是强化裁判说理机制。裁判充分说理是公正审判的逻辑延伸和内在要求。《实施意见》第20条规定:"法庭应当加强裁判说理,通过裁判文书展现法庭审理过程。对控辩双方的意见和争议,应当说明采纳与否的理由。对证据采信、事实认定、定罪量刑等实质性问题,应当阐释裁判的理由和依据。"裁判文书作为人民法院依法裁判的重要载体,要紧扣案件的实质性问题,对控辩双方的争议依法作出回应,充分体现裁判的理由和依据,提高裁判结果的社会认可度。裁判文书上网制度全面推开后,要更加重视裁判文书说理,借助大数据提炼裁判规则,充分发挥类案裁判规则的指导功能,为办案机关依法开展诉讼活动提供必要的参考。

(四)规范证据认定规则,切实防范冤假错案

证据是诉讼的核心问题,没有证据,就没有公正。冤假错案之所以发生,归根结底是案件事实证据存在问题。推进以审判为中心的诉讼制度改革,关键是在刑事诉讼全过程、各环节严格贯彻证据裁判原则的要求。为促使侦查机关、人民检察院按照裁判的要求和标准收集、固定、审查、运用证据,人民法院有必要规范证据的认定规则,严格按照法定程序认定证据,依法作出裁判。《实施意见》第四部分"规范证据认定规则,切实防范冤假错案",要求严格实行非法证据排除规则,完善非法证据排除程序,细化各类证据的排除规则,完善法律规定的证明标准。

1.严格实行非法证据排除规则。刑事诉讼法确立非法证据排除规则,对遏制刑讯逼供、非法取证发挥了积极作用,但由于法律规定较为原则,各部门对相关规定的理解和认识有较大分歧,导致司法实践中存在非法证据认定难、排除难等问题,既影响法律实施效果,又埋下冤假错案隐患。中央

《改革意见》第 4 条第 2 款规定:“侦查机关应当依法收集证据对采取刑讯逼供、暴力、威胁等非法方法收集的言词证据,应当依法予以排除。侦查机关收集物证、书证不符合法定程序,可能严重影响司法公正,不能补正或者作出合理解释的,应当依法予以排除。”为切实防范冤假错案、维护程序公正,对各类非法证据,即使看起来客观真实、非常重要,也不能作为诉讼证据使用,更不能作为定案的根据。根据十八届三中全会、四中全会的改革要求,中央正在制定严格实行非法证据排除规则的改革文件,进一步明确非法证据的范围和认定标准,规范非法证据的排除程序,有助于逐步减少、妥善解决证据合法性争议。此外,中央《改革意见》规定了“两个严格”的讯问程序规则(严格按照有关规定要求,在规范的讯问场所讯问犯罪嫌疑人。严格依照法律规定对讯问过程全程同步录音录像,逐步实行对所有案件的讯问过程全程同步录音录像),为确保“两个严格”的要求落到实处,对严重违反“两个严格”要求的情形有必要给予必要的程序制裁,督促办案人员严格遵守取证程序。

2. 完善证据合法性调查程序。2010 年“两高三部”《关于办理刑事案件排除非法证据若干问题的规定》和 2012 年刑事诉讼法及配套司法解释,初步构建了证据合法性调查程序。随着非法证据排除规则逐步深入人心,被告人权利意识逐步增强,证据合法性争议已经成为庭审中最常见的争议问题。为妥善处理证据合法性争议,《实施意见》有以下要求:

一是推动落实侦查终结前讯问合法性核查制度。中央《改革意见》第 5 条第 2 款规定,“对公安机关、国家安全机关和人民检察院侦查的重大案件,由人民检察院驻看守所检察人员询问犯罪嫌疑人,核实是否存在刑讯逼供、非法取证情形,并同步录音录像。经核查,确有刑讯逼供、非法取证情形的,侦查机关应当及时排除非法证据,不得作为提请批准逮捕、移送审查起诉的根据”。这是讯问制度的重大创新,对遏制刑讯逼供、非法取证具有重要意义。为落实讯问合法性核查制度,《实施意见》第 22 条规定了审判环节的配套实施机制。一方面,被告人在侦查终结前接受检察人员对讯问合法性的核查询问时,明确表示侦查阶段不存在刑讯逼供、非法取证情形,在审判阶段又提出排除非法证据申请,法庭经审查对证据收集的合法性没有疑问的,可以驳回申请。该规定有助于促使被告人认真对待检察机关对讯问合法性的核查询问,如案件中存在刑讯逼供、非法取证情形,被告人应当在该环节及时提出申请,以便尽早发现、尽早排除非法证据,避免在审判阶段随意提出证据合法性异议或者将证据合法性争议拖延到审判阶段。另一方面,检察人员在侦查终结前未对讯问合法性进行核查,或者未对核查过程全程同步录音录像,被告人在审判阶段提出排除非法证据申请,人民法院经审查对证据收集的合法性存在疑问的,应当依法进行调查。该规定有助于促使检察机关依法落实侦查终结前对讯问合法性进行核查的要求,并严格规范核查程序,充分发挥核查程序在减少和解决证据合法性争议方面的积极功能。

二是规范庭审阶段证据合法性调查程序。证据收集合法性争议涉及的是证据资格问题,决定争议证据能否作为诉讼证据使用,鉴于此,法庭应当在对犯罪事实进行法庭调查之前,通过专门调查程序作出处理。立足审判实际,《实施意见》第 23 条确立了“先行当庭调查为原则,法庭调查结束前进行调查为例外”的证据合法性调查模式。庭审期间,法庭决定对证据收集的合法性进行调查的,应当先行当庭调查。但为防止庭审过分迟延,也可以在法庭调查结束前进行调查。具体言之,在被告人及其辩护人在开庭审理前提出排除非法证据申请的情形,如控辩双方在庭前会议中未能达成一致意见,原则上应当先行当庭调查。对多名被告人及其辩护人当庭申请排除非法证据等情形,如坚持先行当庭调查可能导致庭审中断,同时,案件中还有其他相对独立的犯罪事实可以调查的,为防止庭审过分迟延,也可以在法庭调查结束前一并对证据收集的合法性进行审查。对证据合法性进行调查过程中,要积极引导控辩双方围绕证据合法性充分辩论,督促公诉机关举证证明取证合法性,依法妥善解决证据合法性争议,确保庭审顺利进行。

三是明确审查和排除非法证据的规则指引。刑事诉讼法确立讯问过程录音录像制度后,讯问录音录像成为证明供述合法性的关键证据。法庭对证据合法性进行调查的,应当重视对讯问录音录像的审查。《实施意见》第 24 条第 1 款规定,讯问笔录记载的内容与讯问录音录像存在实质性差异的,以讯问录音录像为准。以讯问录音录像制度为基础,《实施意见》第 24 条第 2 款确立了相应的证据排除规则:“对于法律规定应当对讯问过程录音录像的案件,公诉人没有提供讯问录音录像,或者讯问录音录像存在选择性录制、剪接、删改等情形,现有证据不能排除以非法方法收集证据情形的,对有关供述应当予以排除。"同时,《实施意见》第25条第1款确立了侦查人员在必要时出庭的要求,现有证据材料不能证明证据收集合法性的,人民法院可以通知有关侦查人员出庭说明情况;不得以侦查人员签名并加盖公章的说明材料替代侦查人员出庭。以侦查人员出庭制度为基础,《实施意见》第25条第2款确立了相应的证据排除规则:"经人民法院通知,侦查人员不出庭说明情况,不能排除以非法方法收集证据情形的,对有关证据应当予以排除。"这些规定既有助于严格实行非法证据排除规则,也有助于督促办案机关注意收集证明取证合法性的证据材料,减少不必要的证据合法性争议。

四是明确证据合法性争议的裁判方式。一些人民法院不愿当庭对证据合法性争议作出裁判,这是非法证据排除规则难以贯彻落实的重要原因。为督促人民法院依法对证据合法性争议作出处理,《实施意见》第26条第1款明确了证据合法性争议的裁判方式。法庭对证据收集的合法性进行调查后,应当当庭作出是否排除有关证据的决定。必要时,可以宣布休庭,由合议庭评议或者提交审判委员会讨论,再次开庭时宣布决定。同时,《实施意见》第26条第2款还规定:"在法庭作出是否排除有关证据的决定前,不得对有关证据宣读、质证。"基于证据能力和证明力的区分,对证据合法性存在争议的情形,法庭要先通过专门程序解决证据能力争议,然后才能进入证据的质证程序,综合评估证据的证明力问题。

3. 明确各类证据的采信规则。2010年"两高三部"《关于办理死刑案件审查判断证据若干问题的规定》和2012年刑事诉讼法及配套司法解释,规定了各类证据的审查判断要求和采信规则。立足审判实践中常见的证据问题,《实施意见》进一步明确了有关证据的采信规则,主要有以下要求:

一是明确诉讼证据的关联性规则。关联性是诉讼证据的基本属性。对于收集在案的关键证据,应当通过规范的程序和方法确定其与案件事实是否存在关联。为充分挖掘证据的证明价值,《实施意见》第27条规定:"通过勘验、检查、搜查等方式收集的物证、书证等证据,未通过辨认、鉴定等方式确定其与案件事实的关联的,不得作为定案的根据。"例如,对于现场提取的可能与犯罪有关的指纹、血迹、精斑、毛发等证据，要通过指纹鉴定、DNA 鉴定等方式与被告人、被害人的相应样本进行比对，确定上述证据与案件事实之间是否存在关联。如果通过上述方式进行比对得出同一认定结论，就表明该证据具有关联性；如果未通过上述方式进行比对，未能确定证据与案件事实的关联，有关证据就不得作为定案的根据。

二是明确瑕疵证据的排除规则。由于各种主客观原因，一些证据的收集程序、方式存在瑕疵，影响了证据的证据能力。瑕疵证据只是证据形式要件不完备，并不属于非法证据，不能直接予以排除。从规范意义上讲，瑕疵证据可以被视为证据能力待定的证据，其是否具有证据能力，取决于瑕疵能否得到补正或者合理解释。《实施意见》第 28 条规定："收集证据的程序、方式存在瑕疵，严重影响证据真实性，不能补正或者作出合理解释的，有关证据不得作为定案的根据。"如果证据瑕疵能够得到补正或者作出合理解释，具备了证据的形式要件，就可以作为诉讼证据使用；但如果证据瑕疵无法补正或者作出合理解释，影响到证据的真实性，就不得作为诉讼证据使用。法庭要认真对待关键证据存在的瑕疵，必要时可以通知取证人员出庭说明情况，从而督促办案机关依法规范取证，从源头上减少瑕疵证据的出现。

三是明确传闻证据的排除规则。为落实直接言词原则的要求，除了要推动证人、鉴定人出庭作证之外，有必要确立传闻证据的排除规则。需要指出的是，尽管强调证人应当出庭作证，但并不意味着证人当庭作出的证言必然优于庭前证言。由于证人可能受各种因素影响改变证言，法庭要结合在案证据评估证人证言的真实性。《实施意见》第 29 条规定，证人没有出庭作证，其庭前证言真实性无法确认的，不得作为定案的根据。证人当庭作出的证言与其庭前证言矛盾，证人能够作出合理解释，并与相关证据印证的，可以采信其庭审证言；不能作出合理解释，而其庭前证言与相关证据印证的，可以采信其庭前证言。对于鉴定意见，法律规定了更加严格的要求。经人民法院通知，鉴定人拒不出庭作证的，鉴定意见不得作为定案的根据。通过推行传闻证据排除规则，既有助于控辩双方积极组织证人、鉴定人出庭作证，也能够避免法庭因采纳不真实的书面证据而错误认定案件事实。

四是明确证据审查判断的要求和指引。各类犯罪案件都有自身的特点和规律。中央《改革意见》第3条要求:“建立健全符合裁判要求、适应各类案件特点的证据收集指引。”从审判的角度看,准确把握各类案件的特点,确定各类案件的犯罪构成要素和证据要素,归纳提炼证据审查判断的要求和指引,有助于理顺法庭认定证据的思路,及时发现、妥善解决事实证据存在的问题,也有助于督促办案机关按照裁判的要求全面、客观、及时收集与案件有关的证据,避免忽视或者遗漏关键证据。中央《改革意见》提到的“符合裁判要求”,主要是指法庭认定证据的要求。刑事诉讼法和“两个证据规定”明确规定了各类证据的审查判断要求和排除规则,例如,非法证据、没有关联的证据、不能作出合理解释的瑕疵证据、不可靠的意见证据和传闻证据,依法不能作为证据使用(或者不能作为定案的根据),这些都是裁判的要求,也是取证的指引。

4. 明确了证明标准的具体要求。法律规定的证明标准,是防范冤假错案的底线要求。中央《改革意见》第2条第1款规定:“侦查机关侦查终结,人民检察院提起公诉,人民法院作出有罪判决,都应当做到犯罪事实清楚,证据确实、充分。”为切实防范冤假错案,在刑事诉讼各环节都要严格执行法定证明标准,不能各行其是,更不能打折扣。为严格落实法定证明标准,《实施意见》有以下要求:

一是细化案件事实的证明标准。基于定罪事实和量刑事实的区分,中央《改革意见》第2条第3款进一步细化了案件事实的证明标准:“人民法院作出有罪判决,对于证明犯罪构成要件的事实,应当综合全案证据排除合理怀疑,对于量刑证据存疑的,应当作出有利于被告人的认定。”《实施意见》第30条重申中央改革文件的要求,对实践中不同类型的事实证据疑问,要适用不同的处理方式。为统一定罪事实的证据标准,有必要探索运用大数据对量大面广的刑事案件证明标准进行集中攻关,形成可操作性强、可数据化的统一标准,减少政法机关对事实证据问题的认识分歧。

二是明确疑罪案件的处理方式。中央《改革意见》明确要求坚持疑罪从无原则,《实施意见》第30条第2款就此规定,定罪证据不足的案件,不能认定被告人有罪,应当作出证据不足、指控的犯罪不能成立的无罪判决。需要指出的是,刑事诉讼法所规定的疑罪,是指定罪证据不足,不能认定被告人有罪,即现有证据不足以证实被告人实施了控诉方指控的犯罪行为。案件中一般的细枝末节问题和不影响定罪事实的疑点,不可轻率适用疑罪从无原则。对于疑罪案件,要严格落实疑罪从无原则,不得违心下判或者降格作出“留有余地”的判决。

(五)完善繁简分流机制,优化司法资源配置

强调诉讼以审判为中心,审判以庭审为中心,并非要求所有案件都要进入审判程序,也不是要求所有进入审判程序的案件一律适用标准化的普通程序审理。2012 年刑事诉讼法修改扩大简易程序的适用范围,适当调整简易程序的审理方式,但简化幅度仍然有限,繁简分流的功能作用不够明显。根据中央改革要求,《实施意见》第五部分“完善繁简分流机制,优化司法资源配置”,要求以解决争议为着眼点,研究设计适用于不同类型案件的审判程序,实现“疑案精审”“简案快审”,将有限的司法资源集中于被告人不认罪案件,为实现程序精密化、推进庭审实质化奠定制度基础。

1. 推进速裁程序改革。为优化配置司法资源,提高案件办理质量和效率,第十二届全国人大常委会第九次会议授权最高人民法院、最高人民检察院在北京等 18 个城市开展刑事案件速裁程序试点工作。这是一项重大的司法制度改革和诉讼程序创新。前期试点证明,速裁程序符合司法实践需求,很有必要,成效明显,大幅度提高了轻罪案件的办案效率,对节约司法资源、优化诉讼程序发挥了积极作用。人民法院要进一步推进速裁程序改革,逐步扩大速裁程序适用范围,加强对被告人程序选择权、获得律师帮助权等诉讼权利的法律保护,完善速裁程序运行机制,探索实行快速审理和简便裁判机制,进一步推进审判阶段的案件分流,将更多的司法资源用于重大复杂疑难案件。

2. 推进认罪认罚从宽制度改革。十八届四中全会提出,完善刑事诉讼中认罪认罚从宽制度。第十二届全国人大常委会第二十二次会议授权最高人民法院、最高人民检察院在北京等 18 个城市开展认罪认罚从宽试点工作。认罪认罚从宽制度在速裁程序基础上,优化完善被告人认罪认罚案件的审理程序,有助于深入贯彻落实宽严相济刑事政策,在确保司法公正基础上进一步提高司法效率。人民法院要积极推进认罪认罚从宽制度试点工作,探

索构建速裁程序、简易程序、普通程序有序衔接、繁简分流的多层次诉讼制度体系。对适用简化审理程序的被告人认罪案件,法庭应当告知被告人享有的诉讼权利,依法审查被告人认罪认罚的自愿性和真实性,确认被告人了解认罪认罚的性质和法律后果。同时,对于被告人自愿认罪认罚,同意适用简化审理程序的案件,应当落实从宽处罚的法律制度。

3. 完善当庭宣判制度。为落实集中审理原则,法庭要实现对案件的不间断审理,并尽可能当庭作出裁判,确保裁判结果形成在法庭,避免案件的审理和裁决受到外部压力的不当影响。根据中央改革文件的要求,《实施意见》第33条规定:"适用速裁程序审理的案件,应当当庭宣判;适用简易程序审理的案件一般应当当庭宣判;适用普通程序审理的案件逐步要提高当庭宣判率。"司法实践中,要科学把握当庭宣判的案件范围,不能为了片面追求当庭宣判率而不加区分地对所有案件一律当庭宣判。要进一步规范定期宣判制度,对于案情重大复杂,无法当庭宣判的情形,要争取尽快宣判。

人民法院办理刑事案件排除非法证据规程（试行）

为贯彻落实最高人民法院、最高人民检察院、公安部、国家安全部、司法部《关于推进以审判为中心的刑事诉讼制度改革的意见》和《关于办理刑事案件严格排除非法证据若干问题的规定》，规范非法证据排除程序，准确惩罚犯罪，切实保障人权，有效防范冤假错案，根据法律规定，结合司法实际，制定本规程。

第一条　采用下列非法方法收集的被告人供述，应当予以排除：

（一）采用殴打、违法使用戒具等暴力方法或者变相肉刑的恶劣手段，使被告人遭受难以忍受的痛苦而违背意愿作出的供述；

（二）采用以暴力或者严重损害本人及其近亲属合法权益等进行威胁的方法，使被告人遭受难以忍受的痛苦而违背意愿作出的供述；

（三）采用非法拘禁等非法限制人身自由的方法收集的被告人供述。

采用刑讯逼供方法使被告人作出供述，之后被告人受该刑讯逼供行为影响而作出的与该供述相同的重复性供述，应当一并排除，但下列情形除外：

（一）侦查期间，根据控告、举报或者自己发现等，侦查机关确认或者不能排除以非法方法收集证据而更换侦查人员，其他侦查人员再次讯问时告知诉讼权利和认罪的法律后果，被告人自愿供述的；

（二）审查逮捕、审查起诉和审判期间，检察人员、审判人员讯问时告知诉讼权利和认罪的法律后果，被告人自愿供述的。

第二条　采用暴力、威胁以及非法限制人身自由等非法方法收集的证人证言、被害人陈述，应当予以排除。

第三条 采用非法搜查、扣押等违反法定程序的方法收集物证、书证,可能严重影响司法公正的,应当予以补正或者作出合理解释;不能补正或者作出合理解释的,对有关证据应当予以排除。

第四条 依法予以排除的非法证据,不得宣读、质证,不得作为定案的根据。

第五条 被告人及其辩护人申请排除非法证据,应当提供相关线索或者材料。"线索"是指内容具体、指向明确的涉嫌非法取证的人员、时间、地点、方式等。"材料"是指能够反映非法取证的伤情照片、体检记录、医院病历、讯问笔录、讯问录音录像或者同监室人员的证言等。

被告人及其辩护人申请排除非法证据,应当向人民法院提交书面申请。被告人书写确有困难的,可以口头提出申请,但应当记录在案,并由被告人签名或者捺印。

第六条 证据收集合法性的举证责任由人民检察院承担。

人民检察院未提供证据,或者提供的证据不能证明证据收集的合法性,经过法庭审理,确认或者不能排除以非法方法收集证据情形的,对有关证据应当予以排除。

第七条 开庭审理前,承办法官应当阅卷,并对证据收集的合法性进行审查:

(一)被告人在侦查、审查起诉阶段是否提出排除非法证据申请;提出申请的,是否提供相关线索或者材料;

(二)侦查机关、人民检察院是否对证据收集的合法性进行调查核实;调查核实的,是否作出调查结论;

(三)对于重大案件,人民检察院驻看守所检察人员在侦查终结前是否核查讯问的合法性,是否对核查过程同步录音录像;进行核查的,是否作出核查结论;

(四)对于人民检察院在审查逮捕、审查起诉阶段排除的非法证据,是否随案移送并写明为依法排除的非法证据。

人民法院对证据收集的合法性进行审查后,认为需要补充证据材料的,应当通知人民检察院在三日内补送。

第八条 人民法院向被告人及其辩护人送达起诉书副本时，应当告知其有权在开庭审理前申请排除非法证据并同时提供相关线索或者材料。上述情况应当记录在案。

被告人申请排除非法证据，但没有辩护人的，人民法院应当通知法律援助机构指派律师为其提供辩护。

第九条 被告人及其辩护人申请排除非法证据，应当在开庭审理前提出，但在庭审期间发现相关线索或者材料等情形除外。

第十条 被告人及其辩护人申请排除非法证据，并提供相关线索或者材料的，人民法院应当召开庭前会议，并在召开庭前会议三日前将申请书和相关线索或者材料的复制件送交人民检察院。

被告人及其辩护人申请排除非法证据，未提供相关线索或者材料的，人民法院应当告知其补充提交。被告人及其辩护人未能补充的，人民法院对申请不予受理，并在开庭审理前告知被告人及其辩护人。上述情况应当记录在案。

第十一条 对于可能判处无期徒刑、死刑或者黑社会性质组织犯罪、严重毒品犯罪等重大案件，被告人在驻看守所检察人员对讯问的合法性进行核查询问时，明确表示侦查阶段没有刑讯逼供等非法取证情形，在审判阶段又提出排除非法证据申请的，应当说明理由。人民法院经审查对证据收集的合法性没有疑问的，可以驳回申请。

驻看守所检察人员在重大案件侦查终结前未对讯问的合法性进行核查询问，或者未对核查询问过程全程同步录音录像，被告人及其辩护人在审判阶段提出排除非法证据申请，提供相关线索或者材料，人民法院对证据收集的合法性有疑问的，应当依法进行调查。

第十二条 在庭前会议中，人民法院对证据收集的合法性进行审查的，一般按照以下步骤进行：

（一）被告人及其辩护人说明排除非法证据的申请及相关线索或者材料；

（二）公诉人提供证明证据收集合法性的证据材料；

（三）控辩双方对证据收集的合法性发表意见；

(四)控辩双方对证据收集的合法性未达成一致意见的,审判人员归纳争议焦点。

第十三条 在庭前会议中,人民检察院应当通过出示有关证据材料等方式,有针对性地对证据收集的合法性作出说明。人民法院可以对有关材料进行核实,经控辩双方申请,可以有针对性地播放讯问录音录像。

第十四条 在庭前会议中,人民检察院可以撤回有关证据。撤回的证据,没有新的理由,不得在庭审中出示。

被告人及其辩护人可以撤回排除非法证据的申请。撤回申请后,没有新的线索或者材料,不得再次对有关证据提出排除申请。

第十五条 控辩双方在庭前会议中对证据收集的合法性达成一致意见的,法庭应当在庭审中向控辩双方核实并当庭予以确认。对于一方在庭审中反悔的,除有正当理由外,法庭一般不再进行审查。

控辩双方在庭前会议中对证据收集的合法性未达成一致意见,人民法院应当在庭审中进行调查,但公诉人提供的相关证据材料确实、充分,能够排除非法取证情形,且没有新的线索或者材料表明可能存在非法取证的,庭审调查举证、质证可以简化。

第十六条 审判人员应当在庭前会议报告中说明证据收集合法性的审查情况,主要包括控辩双方的争议焦点以及就相关事项达成的一致意见等内容。

第十七条 被告人及其辩护人在开庭审理前未申请排除非法证据,在庭审过程中提出申请的,应当说明理由。人民法院经审查,对证据收集的合法性有疑问的,应当进行调查;没有疑问的,应当驳回申请。

人民法院驳回排除非法证据的申请后,被告人及其辩护人没有新的线索或者材料,以相同理由再次提出申请的,人民法院不再审查。

第十八条 人民法院决定对证据收集的合法性进行法庭调查的,应当先行当庭调查。对于被申请排除的证据和其他犯罪事实没有关联等情形,为防止庭审过分迟延,可以先调查其他犯罪事实,再对证据收集的合法性进行调查。

在对证据收集合法性的法庭调查程序结束前,不得对有关证据宣读、质证。

第十九条 法庭决定对证据收集的合法性进行调查的,一般按照以下步骤进行:

(一)召开庭前会议的案件,法庭应当在宣读起诉书后,宣布庭前会议中对证据收集合法性的审查情况,以及控辩双方的争议焦点;

(二)被告人及其辩护人说明排除非法证据的申请及相关线索或者材料;

(三)公诉人出示证明证据收集合法性的证据材料,被告人及其辩护人可以对相关证据进行质证,经审判长准许,公诉人、辩护人可以向出庭的侦查人员或者其他人员发问;

(四)控辩双方对证据收集的合法性进行辩论。

第二十条 公诉人对证据收集的合法性加以证明,可以出示讯问笔录、提讯登记、体检记录、采取强制措施或者侦查措施的法律文书、侦查终结前对讯问合法性的核查材料等证据材料,也可以针对被告人及其辩护人提出异议的讯问时段播放讯问录音录像,提请法庭通知侦查人员或者其他人员出庭说明情况。不得以侦查人员签名并加盖公章的说明材料替代侦查人员出庭。

庭审中,公诉人当庭不能举证或者为提供新的证据需要补充侦查,建议延期审理的,法庭可以同意。

第二十一条 被告人及其辩护人可以出示相关线索或者材料,并申请法庭播放特定讯问时段的讯问录音录像。

被告人及其辩护人向人民法院申请调取侦查机关、人民检察院收集但未提交的讯问录音录像、体检记录等证据材料,人民法院经审查认为该证据材料与证据收集的合法性有关的,应当予以调取;认为与证据收集的合法性无关的,应当决定不予调取,并向被告人及其辩护人说明理由。

被告人及其辩护人申请人民法院通知侦查人员或者其他人员出庭说明情况,人民法院认为确有必要的,可以通知上述人员出庭。

第二十二条 法庭对证据收集的合法性进行调查的,应当重视对讯问录音录像的审查,重点审查以下内容:

(一)讯问录音录像是否依法制作。对于可能判处无期徒刑、死刑的案

件或者其他重大犯罪案件,是否对讯问过程进行录音录像;

(二)讯问录音录像是否完整。是否对每一次讯问过程录音录像,录音录像是否全程不间断进行,是否有选择性录制、剪接、删改等情形;

(三)讯问录音录像是否同步制作。录音录像是否自讯问开始时制作,至犯罪嫌疑人核对讯问笔录、签字确认后结束;讯问笔录记载的起止时间是否与讯问录音录像反映的起止时间一致;

(四)讯问录音录像与讯问笔录的内容是否存在差异。对与定罪量刑有关的内容,讯问笔录记载的内容与讯问录音录像是否存在实质性差异,存在实质性差异的,以讯问录音录像为准。

第二十三条 侦查人员或者其他人员出庭的,应当向法庭说明证据收集过程,并就相关情况接受发问。对发问方式不当或者内容与证据收集的合法性无关的,法庭应当制止。

经人民法院通知,侦查人员不出庭说明情况,不能排除以非法方法收集证据情形的,对有关证据应当予以排除。

第二十四条 人民法院对控辩双方提供的证据来源、内容等有疑问的,可以告知控辩双方补充证据或者作出说明;必要时,可以宣布休庭,对证据进行调查核实。法庭调查核实证据,可以通知控辩双方到场,并将核实过程记录在案。

对于控辩双方补充的和法庭庭外调查核实取得的证据,未经当庭出示、质证等法庭调查程序查证属实,不得作为证明证据收集合法性的根据。

第二十五条 人民法院对证据收集的合法性进行调查后,应当当庭作出是否排除有关证据的决定。必要时可以宣布休庭,由合议庭评议或者提交审判委员会讨论,再次开庭时宣布决定。

第二十六条 经法庭审理,具有下列情形之一的,对有关证据应当予以排除:

(一)确认以非法方法收集证据的;

(二)应当对讯问过程录音录像的案件没有提供讯问录音录像,或者讯问录音录像存在选择性录制、剪接、删改等情形,现有证据不能排除以非法方法收集证据的;

（三）侦查机关除紧急情况外没有在规定的办案场所讯问，现有证据不能排除以非法方法收集证据的；

（四）驻看守所检察人员在重大案件侦查终结前未对讯问合法性进行核查，或者未对核查过程同步录音录像，或者录音录像存在选择性录制、剪接、删改等情形，现有证据不能排除以非法方法收集证据的；

（五）其他不能排除存在以非法方法收集证据的。

第二十七条 人民法院对证人证言、被害人陈述、物证、书证等证据收集合法性的审查、调查程序，参照上述规定。

第二十八条 人民法院对证据收集合法性的审查、调查结论，应当在裁判文书中写明，并说明理由。

第二十九条 人民检察院、被告人及其法定代理人提出抗诉、上诉，对第一审人民法院有关证据收集合法性的审查、调查结论提出异议的，第二审人民法院应当审查。

第三十条 被告人及其辩护人在第一审程序中未提出排除非法证据的申请，在第二审程序中提出申请，有下列情形之一的，第二审人民法院应当审查：

（一）第一审人民法院没有依法告知被告人申请排除非法证据的权利的；

（二）被告人及其辩护人在第一审庭审后发现涉嫌非法取证的相关线索或者材料的。

第三十一条 人民检察院应当在第一审程序中全面出示证明证据收集合法性的证据材料。

人民检察院在第一审程序中未出示证明证据收集合法性的证据，第一审人民法院依法排除有关证据的，人民检察院在第二审程序中不得出示之前未出示的证据，但在第一审程序后发现的除外。

第三十二条 第二审人民法院对证据收集合法性的调查，参照上述第一审程序的规定。

第三十三条 第一审人民法院对被告人及其辩护人排除非法证据的申请未予审查，并以有关证据作为定案的根据，可能影响公正审判的，第二审人民法院应当裁定撤销原判,发回原审人民法院重新审判。

第三十四条 第一审人民法院对依法应当排除的非法证据未予排除的,第二审人民法院可以依法排除相关证据。排除非法证据后,应当按照下列情形分别作出处理:

(一)原判决认定事实和适用法律正确、量刑适当的,应当裁定驳回上诉或者抗诉,维持原判;

(二)原判决认定事实没有错误,但适用法律有错误,或者量刑不当的,应当改判;

(三)原判决事实不清或者证据不足的,可以在查清事实后改判;也可以裁定撤销原判,发回原审人民法院重新审判。

第三十五条 审判监督程序、死刑复核程序中对证据收集合法性的审查、调查,参照上述规定。

第三十六条 本规程自2018年1月1日起试行。

《人民法院办理刑事案件排除非法证据规程（试行）》的理解与适用

为认真贯彻党的十八届三中、四中全会改革要求，严格落实中央深改组审议通过的《改革意见》《严格排除非法证据规定》等文件，最高人民法院制定《法院排非规程》。《法院排非规程》共计36条，重申中央改革文件对非法证据范围的规定，重点针对非法证据排除程序适用中存在的启动难、证明难、认定难、排除难等问题，进一步明确人民法院审查和排除非法证据的具体规则和流程，有助于审判人员进一步树立规则意识、证据意识、程序意识，有效防范冤假错案发生。

一、明确非法证据的认定标准和排除方式

1. 明确被告人供述的排除规则。对被告人供述合法性的认定是目前非法证据排除规则的核心问题。《法院排非规程》重申中央改革文件对非法证据范围的规定，明确规定采用刑讯逼供、威胁、非法限制人身自由等方法收集的供述应当予以排除。同时，《法院排非规程》重点强调了重复性供述排除规则及两种例外情形：采用刑讯逼供方法使被告人作出供述，之后被告人受该刑讯逼供行为影响而作出的与该供述相同的重复性供述，应当一并排除，但下列情形除外：（1）侦查期间，根据控告、举报或者主动发现等，侦查机关确认或者不能排除以非法方法收集证据而更换侦查人员，其他侦查人员再次讯问时告知诉讼权利和认罪的法律后果，被告人自愿供述的；（2）审查逮捕、审查起诉和审判期间，检察人员、审判人员讯问时告知诉讼权利和认罪的法律后果，被告人自愿供述的。

2. 明确证人证言和被害人陈述的排除规则。采取暴力、威胁以及非法限制人身自由等方法收集证人证言、被害人陈述，不仅严重损害司法的公正性和公信力,而且通过非法取证所刻意制造的虚假印证,极易导致冤假错案。《法院排非规程》明确,采用暴力、威胁以及非法限制人身自由等非法方法收集的证人证言、被害人陈述,应当予以排除。

3. 明确实物证据的排除规则。为有效保护公民住宅权、隐私权等宪法权利,《法院排非规程》重申《严格排除非法证据规定》相关规定,确立了非法实物证据的排除规则,并将非法实物证据进一步限定为采用非法搜查、扣押等措施取得的实物证据,即采用非法搜查、扣押等违反法定程序的方法收集物证、书证,可能严重影响司法公正的,应当予以补正或者作出合理解释;不能补正或者作出合理解释的,对有关证据应当予以排除。所谓"非法搜查、扣押",主要是指未经依法批准或授权而滥用搜查、扣押措施。

司法实践中,要正确区分非法证据和瑕疵证据。刑事诉讼法规定的非法证据有特定的含义,只有通过违反法定程序并且严重侵犯人权(或者严重影响司法公正)的非法方法收集的证据,才属于"非法证据";瑕疵证据虽然也涉及违反取证程序的情形,但一般是指收集证据的时间、地点、签名等技术性违法,并不侵犯被告人基本权利,例如,询问证人的地点不符合规定的,收集调取的物证、书证,在勘查笔录、提取笔录上没有侦查人员等相关人员签名的等,这些并非非法证据排除制度意义上的"非法证据"。实践中,多地法院将非法证据与瑕疵证据相混淆,不当地扩大了非法证据的范围,冲淡了非法证据排除制度的功能和价值,应当引起重视。

二、庭前会议对证据收集合法性争议的处理

1. 庭前全面阅卷。为全面掌握案件情况,确保法庭集中审理,承办法官在开庭审理前应当阅卷,并对证据收集的合法性进行审查:(1)被告人在侦查、审查起诉阶段是否提出排除非法证据申请;提出申请的,是否提供相关线索或者材料。(2)侦查机关、人民检察院是否对证据收集的合法性进行调查核实;调查核实的,是否作出调查结论。(3)对于重大案件,人民检察院驻看守所检察人员在侦查终结前是否核查讯问的合法性,是否对核查过程同步录音录像;进行核查的,是否作出核查结论。(4)对于人民检察院在审查逮捕、审查起诉阶段排除的非法证据,是否随案移送并写明为依法排除的非法证据。对证据收集的合法性进行审查后,人民法院认为需要补充证据材料的，应当通知人民检察院在三日内补送。

2. 权利告知。人民法院向被告人及其辩护人送达起诉书副本时，应当告知其有权在开庭审理前申请排除非法证据并同时提供相关线索或者材料。上述情况应当记录在案。在开庭审理前告知被告人有权申请排除非法证据，可以有效防止被告人到庭审阶段才提出相关申请，保证庭审的集中性和有序性。同时，为确保被告方有效取得相关线索或者材料，依法申请排除非法证据，被告人申请排除非法证据，但没有辩护人的，人民法院应当通知法律援助机构指派律师为其提供辩护。

3. 关于申请的提出及对申请的审查。为防止被告人滥用申请权，避免造成司法资源的浪费，《法院排非规程》对被告人提出申请的条件、形式及时限等问题进行了规范。

(1)申请的条件。被告人及其辩护人申请排除非法证据，应当提供相关线索或者材料。“线索”是指内容具体、指向明确的涉嫌非法取证的人员、时间、地点、方式等；“材料”是指能够反映非法取证的伤情照片、体检记录、医院病历、讯问笔录、讯问录音录像或者同监室人员的证言等。如果被告人仅仅泛泛地辩称自己遭到刑讯逼供，而提不出任何涉嫌对其刑讯的人员、时间、地点、方式等细节信息，就未能完成初步的举证责任。(2)申请的形式。被告人及其辩护人申请排除非法证据，应当向人民法院提交书面申请。被告人书写确有困难的，可以口头提出申请，但应当记录在案，并由被告人签名或者捺印。(3)申请的时限。被告人及其辩护人申请排除非法证据，应当在开庭审理前提出，但在庭审期间发现相关线索或者材料等情形除外。

根据司法实际，人民法院受理被告人的申请后，对申请的审查及处理方式可分为以下三种情形：(1)被告人及其辩护人申请排除非法证据，并提供相关线索或者材料的，人民法院应当召开庭前会议，并在召开庭前会议三日前将申请书和相关线索或者材料的复制件送交人民检察院。(2)被告人及其辩护人申请排除非法证据，未提供相关线索或者材料的，人民法院应当告知其补充提交。被告人及其辩护人未能补充的，人民法院对申请不予受理，并在开庭审理前告知被告人及其辩护人。(3)对于可能判处无期徒刑、死刑或者黑社会性质组织犯罪、严重毒品犯罪等重大案件，被告人在驻看守所检察人员对讯问的合法性进行核查询问时，明确表示侦查阶段没有刑讯逼供等非法取证情形，在审判阶段又提出排除非法证据申请的，应当说明理由，人民法院经审查对证据收集的合法性没有疑问的，可以驳回申请；驻看守所检察人员在重大案件侦查终结前未对讯问的合法性进行核查询问，或者未对核查询问过程全程同步录音录像，被告人及其辩护人在审判阶段提出排除非法证据申请，提供相关线索或者材料，人民法院对证据收集的合法性有疑问的，应当依法进行调查。

4. 庭前会议中证据的出示方式。为充分发挥庭前会议程序在解决证据收集合法性争议方面的预期功能，需要促使控辩双方就争议问题充分交换意见，积极进行协商。关于在庭前会议中能否播放讯问录音录像和通知相关人员到会的问题，在起草过程中形成三种意见：第一种意见认为，在庭前会议中能否播放录音录像或者通知相关人员到会，情况比较复杂，可交由审判人员根据案件情况作出判断，不宜具体规定；第二种意见认为，为了避免庭前会议取代法庭审理的质疑，应当明确禁止在庭前会议中播放录音录像或者通知相关人员到会，待庭审一并解决；第三种意见认为，录音录像与讯问笔录等书面材料性质相同，对于有讯问录音录像的案件，在庭前会议中播放录音录像有助于尽早解决证据合法性争议，确保法庭集中审理。根据试点工作和征求意见情况，我们同意第三种意见，即人民法院可以对有关材料进行核实，经控辩双方申请，可以有针对性地播放讯问录音录像。

5. 庭前会议对证据收集合法性争议的处理方式。立足司法实际，《法院排非规程》将庭前会议对证据收集合法性的处理方式概括为四种情形：(1)在庭前会议中，人民检察院可以撤回有关证据。撤回的证据，没有新的理由，不得在庭审中出示。(2)被告人及其辩护人可以撤回排除非法证据的申请；撤回申请后，没有新的线索或者材料，不得再次对有关证据提出排除申请。(3)控辩双方在庭前会议中对证据收集的合法性达成一致意见的，法庭应当在庭审中向控辩双方核实并当庭予以确认。对于一方在庭审中反悔的，除有正当理由外，法庭一般不再进行审查。(4)对于控辩双方在庭前会议中对证据收集是否合法未达成一致意见的情形，《严格排除非法证据规定》第26条规定，人民法院对证据收集的合法性有疑问的，应当在庭审中进行调查;人民法院对证据合法性没有疑问,且没有新的线索或材料表明可能存在非法取证的,可以决定不再进行调查。但有意见认为,该规定容易引起以庭前会议取代法庭调查的质疑。根据司法实际和试点工作情况,《法院排非规程》规定:“控辩双方在庭前会议中对证据收集的合法性未达成一致意见,人民法院应当在庭审中进行调查,但公诉人提供的相关证据材料确实、充分,能够排除非法取证情形,且没有新的线索或者材料表明可能存在非法取证的,庭审调查举证、质证可以简化。”这一规定对《严格排除非法证据规定》予以细化和完善,实现了庭前会议和法庭调查的衔接,既是对庭前会议功能和效力的肯定,也可以避免庭前会议处理结果面临不必要的争议,与《严格排除非法证据规定》在本质上是一致的。

三、法庭审理阶段对证据收集合法性争议的处理

1. 对当庭提出的排除非法证据申请的处理。被告人及其辩护人在开庭审理前未申请排除非法证据,在庭审过程中提出申请的,应当说明理由。人民法院经审查,对证据收集的合法性有疑问的,应当进行调查;没有疑问的,应当驳回申请。人民法院驳回排除非法证据的申请后,被告人及其辩护人没有新的线索或者材料,以相同理由再次提出申请的,人民法院不再审查。

2. 以先行调查为原则,以法庭调查结束前调查为例外。人民法院决定对证据收集的合法性进行法庭调查的,应当先行当庭调查。对于被申请排除的证据和其他犯罪事实没有关联等情形,为防止庭审过分迟延,可以先调查其他犯罪事实,再对证据收集的合法性进行调查。需要强调的是,在对证据收集合法性的法庭调查程序结束前,不得对有关证据出示、宣读。

3. 证据收集合法性的证明责任和证明方式。证据收集合法性的举证责任由人民检察院承担。公诉人对证据收集的合法性加以证明,可以出示讯问笔录、提讯登记、体检记录、采取强制措施或者侦查措施的法律文书、侦查终结前对讯问合法性的核查材料等证据材料,也可以针对被告人及其辩护人提出异议的讯问时段播放讯问录音录像,提请法庭通知侦查人员或者其他人员出庭说明情况。需要注意的是,这里规定的“出示讯问笔录”“播放讯问录音录像”,关注的是供述的证据能力问题,因供述的合法性尚存争议,故此时不能具体宣读讯问笔录或者播放讯问录音录像的具体供述,只是基于讯问笔录、讯问录音录像显示的讯问时间、地点、提问内容等事项,审查讯问过程的合法性。与侦查讯问笔录和讯问录音录像不同,对讯问合法性的核查材料可以直接反映被告人是否提出过刑讯逼供或者非法取证问题,公诉人出示相关核查材料时,可以宣读核查材料的具体内容或者播放核查录音录像,被告人可以进行质证、辩论。在对证据收集的合法性进行调查时,不得以侦查人员签名并加盖公章的说明材料替代侦查人员出庭。侦查人员或者其他人员出庭的,应当向法庭说明证据收集过程,并就相关情况接受发问。经人民法院通知,侦查人员不出庭说明情况,不能排除以非法方法收集证据情形的,对有关证据应当予以排除。

4. 证据收集合法性的证明标准。经法庭审理,具有下列情形之一的,对有关证据应当予以排除:(1)确认以非法方法收集证据的。(2)应当对讯问过程录音录像的案件没有提供讯问录音录像,或者讯问录音录像存在选择性录制、剪接、删改等情形,现有证据不能排除以非法方法收集证据的。(3)侦查机关除紧急情况外没有在规定的办案场所讯问,现有证据不能排除以非法方法收集证据的。(4)驻看守所检察人员在重大案件侦查终结前未对讯问合法性进行核查,或者未对核查过程同步录音录像,或者录音录像存在选择性录制、剪接、删改等情形,现有证据不能排除以非法方法收集证据的。(5)其他不能排除存在以非法方法收集证据的。

5. 法庭对证据收集合法性争议的裁判方式。人民法院对证据收集的合法性进行调查后,应当当庭作出是否排除有关证据的决定。必要时可以宣布休庭,由合议庭评议或者提交审判委员会讨论,再次开庭时宣布决定。但无论是当庭还是休庭后作出决定,在法庭作出相关决定之前不得对有关证据宣读、质证。

四、二审阶段对证据收集合法性争议的处理

《法院排非规程》立足司法实际,对二审阶段关于证据收集合法性争议的处理作出具体规定,可以概括为以下三种情形:

1. 被告人在一审期间没有申请排除非法证据,在二审期间才提出申请的。《法院排非规程》对二审法院应当审查的情形作了限定:“被告人及其辩护人在第一审程序中未提出排除非法证据的申请,在第二审程序中提出申请,有下列情形之一的,第二审人民法院应当审查:(1)第一审人民法院没有依法告知被告人申请排除非法证据的权利的;(2)被告人及其辩护人在第一审庭审后发现涉嫌非法取证的相关线索或者材料的。”

2. 被告人在一审期间申请排除非法证据,但一审法院未予审查的。第一审人民法院对被告人及其辩护人排除非法证据的申请未予审查,并以有关证据作为定案的根据,可能影响公正审判的,第二审人民法院应当裁定撤销原判,发回原审人民法院重新审判。

3. 控辩双方对一审法院的审查结论提出异议的。控辩双方对证据收集合法性裁判不服,不能单独就此提出上诉、抗诉,但可在上诉、抗诉中将之作为理由。人民检察院、被告人及其法定代理人提出抗诉、上诉,对第一审人民法院有关证据收集合法性的审查、调查结论提出异议的,第二审人民法院应当审查。第一审人民法院对依法应当排除的非法证据未予排除的,第二审人民法院可以依法排除相关证据。

需要强调的是,为避免因人民检察院怠于举证而引发不必要的程序争议,如果人民检察院在第一审程序中未出示证明证据收集合法性的证据,第一审人民法院依法排除有关证据的,人民检察院在第二审程序中不得出示之前未出示的证据,但在第一审程序后发现的除外。

后　记

党的十八届三中全会提出，严禁刑讯逼供、体罚虐待，严格实行非法证据排除规则；十八届四中全会进一步要求，健全落实非法证据排除等法律原则的法律制度，加强对刑讯逼供和非法取证的源头预防。这是党中央在全面依法治国、全面深化改革背景下作出的重大司法改革部署，是保证司法公正、提高司法公信力的重要举措对证据制度乃至刑事诉讼制度改革具有深远影响。根据中央改革要求，最高人民法院会同中央政法各部门研究制定《严格排除非法证据规定》，2017 年 4 月 18 日经中央全面深化改革领导小组第 34 次会议审议通过，2017 年 6 月 27 日正式公开发布。

《严格排除非法证据规定》以“准确惩罚犯罪、切实保障人权、促进司法公正”为宗旨，重视对刑讯逼供和非法取证的源头预防，强化侦查机关、检察机关、人民法院对非法证据的审查和排除职责，从侦查、起诉、辩护、审判等方面明确非法证据的认定标准和排除程序。《严格排除非法证据规定》分五个部分，共计 42 条，重点针对司法实践包括纠正冤假错案反映出来的突出问题，从实体性规则和程序性规则两方面入手加以完善，为进一步严格实行非法证据排除规则提供更加明确的遵循依据，既是落实中央改革精神和要求的重要措施，也是当前和今后较长一段时期指导刑事证据制度改革和刑事审判实践的关键性文件。

为帮助广大刑事法官学习、贯彻好《严格排除非法证据规定》，我们编辑了本书，供审判实践中学习、参考。

本书由最高人民法院刑三庭原庭长戴长林主编。戴长林同志现任天津大学法学院教授，兼任中国审判理论研究会常务理事、国家法官学院教授、国家检察官学院教授，牵头参与推进中国共产党十八届四中全会“推进以审判为中心的诉讼制度改革”、十八届三中全会“严格实行非法证据排除规则改革”和“量刑规范化改革”等多项重大司法改革项目，主持起草多项中央司法改革文件和司法解释。本书《〈关于办理刑事案件严格排除非法证据若干问题的规定〉的理解与适用》由刑三庭部分法官撰稿、审议，副庭长罗国良具体审改。

本书的出版得到了法律出版社领导和编辑的大力支持和帮助，在此并致谢忱！

由于时间仓促，如有不妥之处，敬请不吝指正。

编　者

二〇一八年十月十五日

图书在版编目（CIP）数据

非法证据排除规定和规程理解与适用 / 戴长林主编
. -- 北京：法律出版社，2018
ISBN 978－7－5197－2924－0

Ⅰ. ①非… Ⅱ. ①戴… Ⅲ. ①证据－研究－中国
Ⅳ. ①D925.013.4

中国版本图书馆 CIP 数据核字（2018）第 281673 号

非法证据排除规定和规程理解与适用
FEIFA ZHENGJU PAICHU GUIDING HE GUICHENG LIJIE YU SHIYONG

戴长林 主编

责任编辑 李 群 李 璐
装帧设计 汪奇峰

编辑统筹 法律应用·大众读物出版第一分社

出版 法律出版社
总发行 中国法律图书有限公司
经销 新华书店
印刷 固安华明印业有限公司
责任印制 胡晓雅

开本 720 毫米×960 毫米 1/16
印张 16.25
字数 226 千
版本 2019 年 1 月第 1 版
印次 2019 年 1 月第 1 次印刷

法律出版社/北京市丰台区莲花池西里 7 号（100073）
网址/www.lawpress.com.cn
投稿邮箱/info@lawpress.com.cn
举报维权邮箱/jbwq@lawpress.com.cn
销售热线/010－63939792
咨询电话/010－63939796

中国法律图书有限公司/北京市丰台区莲花池西里 7 号（100073）
全国各地中法图分、子公司销售电话：
统一销售客服/400－660－6393
第一法律书店/010－63939781/9782　西安分公司/029－85330678
重庆分公司/023－67453036
上海分公司/021－62071639/1636　深圳分公司/0755－83072995

书号：ISBN 978－7－5197－2924－0　**定价**：75.00 元
（如有缺页或倒装，中国法律图书有限公司负责退换）